高等院校交通运输工程专业试用教材

交通运输工程

冯树民　编

知识产权出版社

前　言

交通运输是人类社会生产、经济、生活中一个不可缺少的重要环节，交通运输应满足工农业生产和人民生活的需要，是保证人们在政治、经济、文化、军事等方面联系交往的手段，同时也是衔接生产和消费的一个重要环节。现代化交通运输主要包括铁路、道路、水路、航空和管道五种运输方式，各有其不同的技术经济特征与使用范围。必须综合协调发展，充分发挥各种运输方式的优势，扬长避短，才能最大限度地节省运输建设投资和运输费用，而且为各种方式的加速发展，不断更新技术和提高服务质量提供条件。

本书是在编者课程讲授基础上，结合从事交通运输研究工作的实践经验，紧密联系交通运输学科的发展编写的。主要目的是使读者概括了解铁路、道路、水路、航空及管道五种现代化基本运输系统的基本知识、基本概念和基本原理；了解各种交通运输之间的关系以及国内外交通运输发展的新技术、新趋势；概括了解各种运输工作的组织管理，掌握其原理和方法；了解综合运输体系的基本概念及组织方法。

本书力求文字简明扼要，着重讲清有关的基本知识、基本概念和基本原理，使它成为具有科普知识的书籍，帮助读者对交通运输有一个较全面系统的了解。

恩师陈洪仁先生对本书进行了精心的修改，提供了许多宝贵的资料和意见，在此表示由衷的谢意。

在本书编写过程中，江西省城乡规划设计研究院的邹成伟所长给予了很大帮助，对其中许多问题提出了宝贵意见，并参与了部分章节的资料整理工作；曲广妍硕士对本书的文字及图片进行了整理；刘翠硕士参与了本书的校对工作。在此，对上述同志的工作表示衷心的感谢。

由于本书的内容较广，涉及多个专业，限于编者的水平，书中如有不妥之处，敬请读者批评指正。

编者

2004 年 9 月于哈尔滨工业大学

目　录

第一章　概　述

第一节　交通运输

一、交通与运输

交通是指运输工具在运输网络上的流动，运输是指借助公共运输线及其设施和运输工具来实现人与物空间位移的一种经济活动和社会活动。交通强调的是运输工具（交通工具）在运输网络（交通网络）上的流动情况，而与运输工具上所运载人员、物资的有无和多少没有关系。运输强调的是运输工具上载运人员和物资的多少及位移的距离，而并不关心使用何种运输工具和运输方式。交通量与运输量这两项指标的概念最能说明这一点。例如，在公路运输中，公路交通量是指单位时间内（例如 1 昼夜或 1 小时）通过某道路断面的车辆数，与运输对象无关，若说某断面的昼夜交通量是 5000 辆车，这 5000 辆车都是空车或都是重车，或空车重车都有，都不会使交通量有任何改变。运输量则不同，是指一定时期内运送人员或物资的数量。空车行驶不产生运输量，即使都是重载，如果运输对象每辆载运的数量不同，所产生的总运输量也会出现不同的情况。在铁路运输中，行车量与运输量的关系也是如此。

交通与运输反映的是同一事物的两个方面，或者说是同一过程的两个方面。同一过程是指运输工具在运输网络上的流动过程；两个方面指的是：交通关心的是运输工具的流动情况（流量的大小、拥挤的程度），运输关心的是流动中的运输工具上的载运情况（载人与物的有无与多少，将其输送了多远的距离）。在有载时，交通的过程同时就是运输的过程。因此，运输以交通为前提，没有交通就不存在运输；没有运输的交通，也就失去了交通存在的必要。交通仅仅是一种手段，而运输才是最终的目的。交通与运输既相互区别，又密切相关，统一在一个整体之中。

根据对交通与运输意义及两者关系的分析，可以将交通运输这一概念的意义概括为运输工具在运输网络上的流动和运输工具上载运的人员与物资在两地之间位移这一经济活动的总称。交通运输的研究是探讨通过交通工具在运输网络上的流动，如何将人和物迅速、安全、经济、便利、准时地从甲地运到乙地，以创造空间效用和时间效用。

二、交通运输系统的组成

交通运输系统是指国民经济体系中的运输能量，由铁路、道路、航空、水运和管道五种基本方式，以及仓储公司、旅行社、邮政包裹服务、联运公司和运输承包公司等多种运输代理商组成（见图 1－1）。

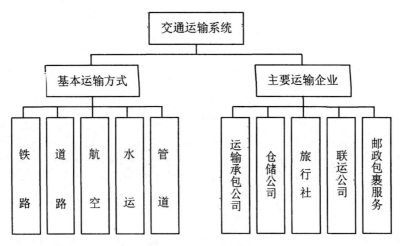

图 1 - 1　交通运输系统图

本书所介绍的交通运输系统是指五种基本运输系统及由多种运输方式所组成的综合运输系统。一个交通运输系统主要由下列四个基本部分组成：

（1）运载工具——如火车、汽车、船舶、飞机等，用以装载所运送的旅客和货物；

（2）站场——如火车站、汽车站、机场、港口等，作为运输的起点、中转点和终点，以供旅客和货物从运载工具上下和装卸；

（3）线路——如铁路、道路、河道、航路等，作为运输的通道，供运载工具由一个站场点行驶到另一个站场点；

（4）控制和管理系统——保证运载工具在线路上安全和有效率地运行而设置的各种监视、控制和管理装置和设施，如各种信号、标志、通信、导航及规则等，还包括为运输提供服务的各类人员。

三、交通运输的意义

交通运输是文明社会从混乱走向有序所需要的工具之一，它深入到人类生存的方方面面。从经济、环境、社会和政治各个方面来看，交通运输无疑是世界上最重要的行业。要是没有交通运输，小到不可能经营一家杂货铺，大到不可能打赢一场战争。因此，经常有人将交通运输对国家和社会的功能与重要性，比喻为人体的血管，是人体输送养分、保存活力与维持生命的管道。

（一）交通运输的经济意义

通过交通运输，可以改变商品的空间位置，创造商品的空间价值；可以保证商品在需用的时间送到适当的地点，从而创造商品的时间价值。交通运输有助于降低生产成本、降低产品价格、减轻消费者的负担、提高土地价值及利于国土开发。

良好的运输条件能促进生产要素的流动，便于形成规模经济和提高效率，从而刺激经济的增长；良好的运输条件能扩大消费和产品的范围及帮助企业获取更多资源；良好的运输条件还能使厂家扩展其产品销售的地区范围，由此而促成地区专业分工和规模经济，使消费者能有更宽广的机会来选择价廉物美的商品。

（二）交通运输的国家意义

交通运输使人们得以便利地往来接触，促进相互间的沟通与了解，并促进科学文化的发展，这都是一个国家各民族团结与发展的必要条件。

国防是维护国家生存所不能缺少的重要环节，即使在和平时期，也应该保持足以防卫国家安全的国防力量，而交通运输正是这种力量中非常重要的组成部分。优良的交通运输系统，使人员物资能快速集中流动，是克敌致胜的重要因素。

（三）交通运输的社会意义

交通运输业的发展将为社会提供就业机会，并进而促进旅游的发展。交通运输系统的作用涉及社会生活的各个方面。例如，运输设施所在地对周围的社区就有明显的影响，铁路和高速公路割裂了乡镇和邻里的关系，而公路交叉枢纽点则成为制造业和零售、批发商的选址目标。一个地区或城市的地位和声望常常取决于它是否具备交通运输中心的条件。

（四）交通运输的政治意义

交通运输系统的建设和维护要依靠政府。设计合理的线路，筹措铁路、公路建设的费用，以及发展港口和航道等，都需要政府的参与。要确保国家的统一协调，也需要有完善的运输系统，这是指运输网络要保证政府领导能便捷地和他们所管辖的人民接近和交流。当客货运输系统的成本过高，主要使用群体难以承担时，政府有责任进行资助。政府还要制定各种规章制度，使用户能有在竞争环境中进行选择的机会。

（五）交通运输对环境的影响

交通运输的重大经济意义及国家、社会和政治意义，并不是不要代价的。交通运输对环境所造成的污染和自然资源的消耗正是这种代价的重要部分。交通运输与环境问题是指交通运输给环境带来的影响，如汽车、火车、飞机、轮船等运输工具的排气对大气的污染、噪声和振动，船舶排水和事故造成的水域污染，水陆运输线路和运输设施对环境诸因素的影响等。在交通运输对环境的影响中，有益的甚少，有害的却很多。这些有害影响构成了交通公害。交通公害主要有以下几个方面：

1. 大气污染

大气中由于空气以外的物质对人类健康和生活环境造成危害的状态叫大气污染。汽车、火车、飞机、船舶等运输工具的排气中有许多有害成分，严重地污染大气，给广大人民的健康和正常生活带来极大的危害。空气污染物中，很大一部分来自汽车，特别是汽油车。飞机、铁路机车和船舶的污染影响很小。

2. 交通噪声

噪声即吵闹之声或嘈杂之声，是所有不愉快声音的统称。它会使人或动物感到痛苦，同时也伤害听觉系统。交通噪声主要由飞机、火车、轮船和公路机动车等运输工具产生。在城市中，交通噪声主要由汽车产生。

道路机动车的交通噪声由多个噪声源产生，包括发动机、轮胎、排气、吸气和嗽叭声。机动车在发动时，由于发动机的旋转数增加，所产生的噪声也随之增加。轮船和火车的汽笛发出非常刺耳的噪声。在架空铁道下听到的电气火车的噪声也高达 100dB（A）。喷气式飞机起飞时的噪声也可达 65 ~ 95 dB（A）。

3. 交通振动

由于机动车和火车运行而引起的地面振动，称为交通振动。交通振动是由于地面不平、轨道有接缝，运输工具运行时冲击地面或轨道而发生的，它沿着地面有衰减地向四周传播。

4. 交通水体污染

交通水体污染源主要是船舶的排污水、油轮的漏油和事故，其次是港区排到水域内的工业废水和生活污水。在内河污染的情况下，一段河流受到污染，可以影响到整个河道的生态环境；同时河水中的污染物还可以通过饮水、食物链和河水灌溉的农产品危害动物和人类的身体健康。污染的海水被水生物浓集后，通过海生食物链来影响人体的健康。

此外，交通公害还有危险品运输事故产生的土壤污染、环卫运输和牲畜运输中恶臭、核动力运输工具造成的放射性的辐射等。

交通运输最令人伤脑筋的还是发生人身伤亡事故的问题。近年来，交通运输事故状况有所缓解，这是由于加强了执照管理和采用了更加可靠的车辆设计。但在货运安全方面的发展趋势仍不好，铁路运输事故、漏油和运输过程中气体爆炸的威胁增加了，随着运输商品的种类增加，数量增大，这一问题更需要引起重视。

第二节　世界交通运输的发展

一、世界交通运输的发展阶段

运输是人类获取食物、衣服、居室材料、器具以及武器的手段，运输发展的历史与人类文明的发展史相始末。早期的人类，在进入文明时期之前，系以其本身作为运输的工具，即以肩扛、背驮或以头顶作为运输方式。其后，随着时间的推移，方知驯养牛、马、骆驼、狗、象等动物驮运或拉曳重物以减轻人类本身的负担，并增进运输的数量。其后则更进而有马鞍、牛轭等器具的发明，因之能充分利用动物的力量以增进运输的效能，使运输的发展进入文明时代。至轮轴的发明，车辆的出现则更是揭开了现代陆路运输发展的序幕。

在水运方面，木筏是早期人类使用的工具。由此可知，人类从一开始就知道水路是最方便的运输方式，而木头的浮力可以为运输所用。美洲的印地安人与北美的爱斯基摩人甚至知道挖空木头可以增加浮力道理，因而曾发展过十分精良的独木舟作为水上运输工具。在中国的周朝或其前，就已出现了独木舟；春秋时期的吴国已能制造出乘载 92 人的中型木船；到了汉武帝刘彻时期，还建造了能乘载千余人的大木船。尔后，人类又知道在舟、筏之上，装架动物的皮可以利用风力作为航行之助，这是帆船的前身。简言之，在文明之初始之际，人类已制造出简单的车辆与帆船作为陆上与水上的交通工具，并在中国修建了历史上最早的大运河，改善了航路。

进入文明时期之后，帆船首先获得改良。船帆改用编织物制造，船身也有了较佳的设备；在船身之下还有骨架结构作为支撑。同时，船具的装置方法也有了改进。到了希腊罗马时代，帆船在性能与尺寸方面都有了更进一步的发展，罗马的运货船可以装载 400t 以上货物，自埃及的尼罗河谷远航至罗马。陆路运输方面，我国在秦朝就已自国都咸阳铺设驿道通达各地。在欧洲，罗马人也有极为重要的贡献，他们广铺道路，其范围不仅限于意大利境内，甚至连西欧、小亚细亚以及北非都有他们铺设的道路系统。此外，他们发明了可使四轮马车回转的前轴及车把，藉以发展了他们的马车运输。

总之，在文明时代的早期，人类的货物运输及贸易系利用帆船、固定车轴的简陋车辆及骆驼商队而进行；人员的运输方式则以骑乘动物为主。遇有战争，在陆上使用战车，海上则使用有桨帆船的战舰作为战争工具。

及至进入中世纪，一般说来运输工具并无大的改进。其中值得一提的是 10 世纪中马颈项圈的发明，后来证实它较之先前惯用的木轭，更能充分利用牛、马的力量以为运输之用。海运方面，最重要的发明则是罗盘。在罗盘未发明之前，无论它是中国人、埃及人，还是希腊人、罗马人都只能在近海之内沿海岸线航行，才能把握方位。虽然当时也有天测航法，但这一方法在天空布有乌云时便失去效用，因而并不可靠。罗盘发明之后，人类海上运输的时代才算真正开始。

进入近代以后，机械化运输开始出现。但在 18 世纪之前，受道路路面崎岖不平的影响，二轮马车仍然是当时最主要的陆上运输工具。到了 18 世纪中叶，道路改进了，四轮马车才成为陆上运输的重要工具。

纵观交通运输业的发展史，在历史上的各个时期，虽然有所侧重，但都是几种运输方式同时并存的。从世界范围内交通运输业发展的侧重点和起主导作用的角度考察，可以将交通运输业的发展划分为四个阶段：即水运阶段，铁路阶段，铁路、公路、航空和管道运输阶段以及综合发展阶段。

第一个阶段是水运阶段。水上运输既是一种古老的运输方式，又是一种现代化的运输方式。在出现铁路以前，水上运输同以人力、畜力为动力的陆上运输工具相比，无论运输能力、运输成本和方便程度等方面，都处于优越的地位。在历史上水运的发展对工业布局的影响很大。海上运输还具有其独特的地位，几乎是不能被其它运输方式替代。

1825 年，英国在斯托克顿至达灵顿修建世界第一条铁路并投入公共客货运输，该铁路全长 43.5km，轨距为 1 435mm。从此，标志着铁路时代的开始。由于铁路能够快速、大容量地运输旅客和货物，因而极大地改变了陆上运输的面貌，为工农业的发展提供了新的、强有力的交通运输方式。从此，工业布局摆脱了对水上运输的依赖，在内陆腹地加速了工农业的发展。

20 世纪 30 ~ 50 年代，道路、航空和管道运输相继发展，与铁路运输进行了激烈的竞争。就道路运输来说，由于汽车工业的发展和道路网的扩大，使道路运输能充分发挥其机动灵活、迅速方便的优势。工业的发展和科学技术的进步，促使人们的价值观念发生改变，航空运输在速度上的优势，不仅在长途旅客运输方面占有重要的地位，而且在货运方面也发展很快，这三种运输方式发挥的作用显著上升，铁路、道路、航空和管道同时竞争成为交通运输发展第三个阶段的特征。

20 世纪 50 年代，人们开始认识到在交通运输的发展过程中，铁路、水运、道路、航空和管道这五种运输方式是相互协调、竞争和制约的。因此，需要进行综合考虑，协调各种运输方式之间的关系，构成一个现代化的综合运输体系。综合发展阶段的重点之一是在整体上合理进行铁路、水运、道路、航空和管道运输之间的分工，发挥各种运输方式的优势。调整交通运输的布局和提高交通运输的质量则成为综合发展阶段的主要趋势。

二、水路运输的发展

1765 年，詹姆士·瓦特发明的蒸汽机于 19 世纪初被应用于水路运输，从此开始了海上运输的机械化时代。1807 年，富尔敦将他所发明的汽船"克莱蒙脱"号展示于哈德逊河，证明了使用蒸汽机的汽船可以在海上及河上航行。至 1833 年，一艘名叫"皇家威廉"号的加拿大汽船首次横渡了大西洋。其后的 50 年内，汽船的发展一日千里。船身由木制变成铁造，然后又变成钢制；早期的边轮推进器于 19 世纪中叶被螺旋桨推进器所取代，1854 年、1897 年的两年里第一个复合往复式蒸汽机及蒸汽涡轮先后均由英国人首次成功地应用于轮船上。进入 20 世纪后，蒸汽涡轮取代了蒸汽机，先由客轮开始，然后又用于货轮。

三、铁路运输的发展

17 世纪前后，英国的煤矿开始用木轨和有轮缘车轮的车辆运送煤和矿石。后因为木轮在行驶中受路面铺板磨损严重，改用铁车轮。可是铁车轮又损伤铺板，所以又把铺板改为铁板，而后又发展成棒形，这就是最初的铁轨。1776 年，英国的雷诺兹首次制成凹形铁轨。1789 年，英国的杰索普提出在车轮上装上轮缘的方案，这样就用不着防备脱轨的铁轨凸缘了。这时的铁轨形状已接近 I 字形。

促使铁路获得巨大发展的是蒸汽机的发明和锻铁铁轨的出现。1804 年，英国的特里维西克制成了牵引货车在铁轨上行驶的机车。1825 年，英国的乔治·斯蒂芬森在斯克顿和达林顿之间铺设了世界上第一条客货两用的公共铁路。1830 年英国开始用双头轨。1831 年，美国人设计了现在使用的平底铁轨，并在英国首次制造。到了 1855 年，已经能用钢来制造钢轨了，其形状和长度与现在的钢轨相似，它对铁路的发展起到了很大作用。

到了 19 世纪，英国、美国和西欧各国都进入了铁路建设高潮，横贯美国大陆的铁路就是在这个时期建成的。这种形势也影响着其他一些国家，到 19 世纪后半期，已扩展到非洲、南美洲和亚洲各国。从此，铁路成了陆地交通的主要工具。但美国早期的铁路运输，由于铁道不长且资本金不足，只起到弥补水运不足的作用，直到 1850 年左右，美国人才清楚地意识到惟有铁路运输才能促成在美国开发无穷无尽的资源。其后他们广借外债，致力于铁路的兴建。40 年后，全美国境内，由东到西、由南到北，已为铁路网所密布。

在二战以前，蒸汽机车在马力与效能两方面都有长足的进步，直到战后才被柴油动力所取代。但除了内燃机车外，铁路的发展还受自动车钩、空气制动机及标准轨距采用等因素的影响。进入 20 世纪后，铁路运输所完成的改进，包括焊接的无缝钢轨、机械化养路装置、电子中央控制系统、闭塞信号系统以及自动化的列车控制系统等。尽管有了这一系列技术上的重大进步，自一战之后，铁路运输还是无法避免来自小汽车与货车的道路运输的激烈竞争。

为提高与公路运输竞争的优势，在长途城际铁路旅客运输方面，1964 年，日本首先推出了运行速度最高达 200km/h 以上的高速铁路系统新干线高速铁路，当时的东海道新干线最高速度为 210km/h。随着高速铁路网的扩展，列车时速随后又提高到 300km/h。法国 TGV 是欧洲最先发展的高速铁路系统，由 1981 年起陆续改进，至今第二代 TGV 车速可达 310km/h，而实际最高运行速度已达 300km/h。联邦德国铁路在 1988 年开始了高速铁路系统的运营，目前运行速度为 250～280km/h。此外，西班牙、意大利等国也相继建成了部分高速铁路系统。在大、中城市，轨道交通系统被公认是解决城市交通问题最现代化、最有效的运输方式之一。

四、道路运输的发展

汽油发动机使用于道路车辆首先由德国人戴姆勒于 1887 年尝试成功。大约 8 年之后，美国开始发展汽车。其后若干年世界各先进国家的汽车运输，因道路缺乏坚固路面而停滞不前。但由于汽车的便利，时至今日，世界上各先进国家均建有巨大的、经过改造的公路系统，其中还包括超级高速公路，使得载货汽车、拖车能够运送大量的货物，而每日利用小汽车或大客车旅行的旅客，为数以千万、百万计。

五、航空运输的发展

在古代，人们曾尝试过模仿鸟类飞行，但是很难。最先把这一梦想变成现实的是1782年法国的蒙高菲亚兄弟。他们把燃烧羊毛和稻草、麦秆时产生的轻气体充进球形的袋子里当作气球飞了起来。1783年，人类第一次成功地搭乘气球在巴黎郊外飞行了约10km。

法国的吉法尔在1852年研制了功率大、质量轻、可装在气球上的蒸汽机，往指定方向飞行得以成功。这就是最初的飞艇。

德国的利林塔尔研究了利用翼的升力在空中自由操纵的问题。根据对翼的正确认识，进而想到用重力和风力作动力，在1850年发明了没有发动机的飞机，这就是最初的滑翔机。

美国的莱特兄弟用双翼滑翔机实现了飞行的稳定性和操纵性，积累了充足的飞行经验，并研制成功了可装在滑翔机上的轻型汽油发动机。1903年，第一次实现了用螺旋桨作动力的飞行，这就是飞机的雏型。此后，飞机不断改进，1914年，在美国首次开辟了从坦帕到圣彼得斯堡的定期航班。在第一次世界大战后的1919年，又开设了从伦敦到巴黎的定期航班。另一方面，飞机以及飞机用的航空发动机的不断改进和完善，提高了运载能力、航程和速度，也推进了形成世界范围航空网的过程。

第二次世界大战后，由于在战争中军用飞机的发展，民航机也广泛采用了航程大的四发动机飞机。从而使横跨大西洋和太平洋的航线愈加活跃，而且又开辟了从欧洲通过亚洲大陆南部沿岸直达远东的新航线。1959年，随着喷气式客机的航行，又出现了从欧洲经过北极飞往远东的航线，这就大幅度地缩短了飞行时间。1967年，又开辟了从欧洲飞过西伯利亚到远东这条最短距离的航线。航空港的建设、大型喷气客机的就航和飞行技术的发展，对民航事业的发展起了很大作用。

六、管道运输的发展

管道运输是历史最短的一种运输方式。在美国人开发宾夕法尼亚州油田之后不久，人们才于1865年开始利用管道来送石油。但在此后50年间，美国油管运输的发展非常缓慢，主要是由于它的发展与铁路运输企业，以及载货汽车业的利益相冲突，因此铁路运输企业不允许人们在铁道之下埋设油管。在进入本世纪之后，由于大量油田的发现，油管运输才成为一种重要的运输方式。此外，管道运输的发展也与汽车的普遍化和内燃机的发展有密切的关系。从1971年后，油管运输的货物已不限于原油以及汽油等油类产品，甚至可采用煤浆管道来运送煤炭或石灰。

至于油管本身的发展，最早期所用的油管都是口径小、管壁厚的重铁管，它的缺点是容易腐蚀或破裂。二次世界大战后，以改用大口径、薄管壁的轻管为实验，结果证实了轻管的实用性，因此使油管运输的输油量大大地增加。另一方面，压油技术也日新月异，早期所用的蒸汽推动的往复式压油机，后来改成柴油发动机推动的压油机。二次大战以后，更采用可以遥控的，由电力推动的离心式压油机，不但节省了人力，同时也减少了管道上的加压站数目。

第三节 中国交通运输系统的概况

一、铁路运输系统

2002 年底，中国铁路已覆盖除西藏自治区外的各省、自治区、直辖市，营业里程 71 898km，居亚洲第一位。由京沪、京哈、沿海、京九、京广、大湛、包柳、兰昆"八纵"和京兰（藏）、煤运北、煤运南、陆桥、宁西、沿江、沪昆（成）、西南出海"八横"组成的"八纵八横"铁路运输通道基本形成。一个横贯东西、沟通南北、干支结合的具有相当规模的铁路运输网络已经形成并逐步趋于完善。

国家铁路(不包括合资铁路和地方铁路,本栏目以下诸条目皆同)营业里程 59 530.0km，双线及双线以上线路营业里程 23 057.9km；电气化线路营业里程 17 409.2km，内燃牵引线路营业里程 42 120.8km；调度集中线路营业里程 1 400.6km，自动闭塞线路营业里程 20 681.8km，半自动闭塞线路营业里程 39 990.4km；正式营业线路营业里程中，准轨 53 751.9km，宽轨 9.4km，窄轨 660.8km，重载铁路营业里程 5 355.6km，准高速铁路营业里程 540.6km，快速铁路营业里程 6 295.2km。

国家铁路机车拥有量 15 159 台，蒸汽机车拥有量 109 台，内燃机车拥有量 10 752 台，电力机车拥有量 4 298 台。国家铁路客车拥有量 37 942 辆，其中，软卧车 2 421 辆，硬卧车 11 738 辆，软座车 676 辆，硬座车 17 148 辆。国家铁路货车拥有量（不包括淘汰车）446 707 辆，其中，60t 及以上货车 372 747 辆。国家铁路集装箱保有量 662 622 箱，其中，1 吨箱 422 260 箱，5 吨箱年内全部报废，10 吨箱 109 264 箱，20 英尺箱 124 922 箱，40 英尺箱和 50 英尺箱合计 6 176 箱。

国家铁路车站 5 752 个，其中特等站 51 个、一等站 209 个、二等站 313 个、三等站 826 个；电气集中车站 5 278 个。

二、道路运输系统

2002 年底，全国公路总里程达到 176.5 万 km，全国公路总里程中，国道里程有 125 003km、省道 216 249km、县道 471 239km、乡道 865 635km、专用公路 87 096km，分别占公路总里程的 7.1％、12.2％、26.7％、49.0％和 5.0％。

2002 年底，全国等级公路里程 138.29 万 km，占公路总里程的 78.3％。其中二级及二级以上高等级公路里程 24.97 万 km，占公路总里程的 14.1％。按公路技术等级分组，各等级公路里程分别为：高速公路 25 130km、一级公路 27 468km、二级公路 197 143km、三级公路 315 141km、四级公路 818 044km，等外路 382 296km。全国有路面公路里程 160.18 万 km，占总里程的 90.7％。其中高级、次高级路面里程 72.19 万 km，占总里程的 40.9％。按公路路面等级分组，各等级路面里程分别为：高级路面 288 644km、次高级路面 433 244km、中级路面 437 581km、低级路面 442 321km，无路面里程 163 432km。

2002 年底，全国县道、乡道里程达到 133.69 万 km。全国公路密度为 18.4km/百

km^2。全国通公路的乡（镇）占全国乡（镇）总数的99.5%；通公路的行政村占全国行政村总数的92.3%。

2002年底，全国在运管部门登记注册的公路运输汽车达826.3万辆。其中载客汽车289.6万辆、2 972.3万客位；载货汽车536.8万辆、1808.4万吨位。全国拥有大型运输客车16.1万辆；大型普通运输货车183.5万辆；专用载货汽车16.5万辆，其中集装箱车3.3万辆，增加0.7万辆。

公路主骨架是根据国家干线公路网规划（简称国道网，包括首都放射线、南北纵线和东西横线）并考虑其他相关因素确定的。公路主骨架包括总长约3.5万km、纵贯东西和横穿国境南北的"五纵七横"12条主要由高等级公路组成的国道主干线，其贯通首都和直辖市及各省（自治区）省会城市，将人口在100万以上的所有特大城市和人口在50万以上大城市的93%连接在一起，使贯通和连接的城市总数超过200个，覆盖的人口约6亿，占全国总人口的50%左右。

三、水路运输网系统

目前沿海已开辟有多条定期与不定期的客货航线。在北方航区，以上海港为中心，主要航线有：自上海往北，分别通往大连、秦皇岛、天津、烟台、青岛和连云港等航线；自上海往南，分别通往宁波、海门、温州、福州、泉州和厦门等航线，以及大连分别到天津、烟台和青岛航线，天津到烟台航线等。在南方航区，则以广州港为中心，主要航线有：自广州分别通往香港、汕头、湛江、海口、八所和三亚等航线。跨航区的主要航线有：广州、湛江分别到大连、青岛和连云港航线，广州到秦皇岛航线，上海至厦门至广州航线，香港分别到上海和厦门航线等。远洋运输线约50条，每天约有140多个航班。

2002年底，全国内河航道里程121 557km，各等级内河航道里程分别为：一级航道2 946km、二级航道1 917km、三级航道3 359km、四级航道6 257km、五级航道9 031km、六级航道21 076km、七级航道19 011km。由于自然地理条件（如河床、流量、流速及冰封等）的影响，我国内河交通网基本上由长江、珠江、黑龙江、淮河和京杭运河（即三江两河）所组成。主要内河航道：

（1）长江。长江发源于青海省，经西藏、四川、云南、湖北、湖南、江西、安徽、江苏和上海八省一市东流入海，全长6 300km有余，是我国第一大河。长江源远流长、江宽水深、终年不冻、支流众多、水运条件优越，是我国内河运输的大动脉，素有"黄金水道"之称。它的很多支流也是重要水道，如岷江、赤水河、沧江、嘉陵江、乌江、湘江、洞庭湖区、赣江、翻阳湖航道、巢湖航道等，形成了以长江为干线的纵横贯通的水上运输网。

（2）珠江。珠江是运输量仅次于长江的大河，它由东江、北江、西江汇合而成。珠江三角洲地区以广州为航运中心，水道密如蛛网。珠江流域地处华南亚热带，雨量充沛，物产丰富，农业发达，是我国河运的重要组成部分。

（3）黄河。黄河全长5 464km，是我国第二大河。它发源于青海，流经青海、四川、甘肃、宁夏、内蒙、陕西、山西、河南、山东九省区，于山东流入渤海。但其上游多峡谷、水势湍急、含沙量大，又有封冻期；下游多浅滩，水位涨落不定，因而只能分段通航。

（4）黑龙江。黑龙江为中俄界河，经漠河、呼玛、爱辉、逊克、嘉阳、蒙北至同江纳入松花江后偏东北流至伯力，会乌苏里江入俄境出海。在我国境内的干流长1 800km有余，是我国第三大河流，可通航千吨级轮船，但每年封冻期较长。

（5）淮河。淮河发源于河南桐柏山东麓，流经河南、安徽，在江苏之龟山入洪泽湖，干流全长1 050 km，通航主要集中在安徽和苏北地区，航运条件较好。

（6）京杭运河。京杭运河北起北京，南达杭州，全长1 747km。目前，黄河以南的绝大部分河段均能通航，京杭运河跨冀、鲁、苏、浙四省及北京、天津两市，连接海河、黄河、淮河、长江、钱塘江水系，是我国沿海地区惟一的一条南北河运干线，在全国运输网中占有重要的地位。

2002年底，全国港口拥有生产用码头泊位33 600个，其中万吨级及以上泊位835个。全国沿海港口拥有生产用码头泊位3 822个、其中万吨级及以上泊位700个；内河港口拥有生产用码头泊位29 778个，其中万吨级及以上泊位135个。2002年底，全国拥有水上运输船舶20.3万艘，净载重量5 705.6万吨位，平均净载重量281.1t，载客量97.9万客位，集装箱位48.6万标准箱。全国内河运输船舶192 653艘，净载重量2 411.49万吨位，载客量83.58万客位，集装箱位1.01万标准箱；全国沿海运输船舶7 987艘，净载重量977.91万吨位，载客量13.20万客位，集装箱位2.49万标准箱；全国远洋运输船舶2 337艘，净载重量2 316.17万吨位，载客量1.10万客位，集装箱位45.09万标准箱。

全国水运主通道总体布局规划是发展"两纵三横"共5条水运主通道。"两纵"是沿海南北主通道，京杭运河淮河主通道；"三横"是长江及其主要支流主通道，西江及其主要支流主通道，黑龙江松花江主通道。除沿海南北主通道外，内河主通道由通航千吨级船队的四级航道组成，共20条河流，总长1.5万km左右。这些主通道连接了17个省会和中心城市，24个开放城市，5个经济特区。水运主通道是国家级航道，是全国水运网的主骨架。是国家综合运输大通道的重要组成部分。它是高等级的航运基础设施、先进的运输工具、完善的安全保障及后勤服务系统的综合体。其主要功能是，提供通畅、高效、优质的运输条件，现代化的运输管理，舒适的运输环境和综合性的服务设施。水运主通道建设，以提高航道等级、改善通航条件为重点，同时还要使运输船舶及港口、水运工业、安全监督、通信导航等配套设施与之相适应，各环节同步建设，以形成综合运输能力。

四、航空运输系统

2000年共有航线1 165条，总计里程222.96万km，其中，国内航线1 032条，里程157.25万km，港澳航线42条，里程5.58万km，国际航线133条，里程65.71万km。2000年运输机起降架次175.71万架次，其中国内航线163.92万架次，港澳航线5.59万架次，国际航线11.79万架次。2000年对外开放的机场有38个，见表1-1。

表1-1　对外开放机场一览表

机场名称	飞行区等级	起降机型	跑道:长(m)×宽(m)×高(m)	航站楼面积（m²）
北京首都国际机场	4E	B747	3 200×50×0.38 3 800×60×0.83	414 480
天津滨海机场	4D	B767	3 200×50×0.32	20 000
太原武宿机场	4D	B767	3 200×45×0.38	25 800

机场名称	飞行区等级	起降机型	跑道:长(m)×宽(m)×高(m)	航站楼面积(m²)
呼和浩特白塔机场	4D	B767	2 900×45×0.29	19 889
海拉尔东山机场	4C	B737	2 600×45×0.27	
沈阳桃仙机场	4E	B747	3 200×45×0.35	16 145
大连周水子机场	4E	B747	3 300×45×0.37	30 844
哈尔滨太平机场	4D	B767	3 200×45×0.33	67 000
佳木斯机场	3C	AN-24	1 500×30×0.24	
齐齐哈尔机场	4C	MD-82	2 600×45×（0.28~0.30）	
长春大房身机场	4D	B707	2 600×50×0.32	
上海虹桥国际机场	4E	B747	3 400×57.6×0.20	77 000
上海浦东国际机场	4E	B747	4 000×60×0.45	277 033
南京禄口国际机场	4E	B747	3 600×45×0.40	92 000
杭州笕桥机场	4D	B767	3 200×50×0.37	16 567
合肥骆岗机场	4D	B767	3 000×50×0.32	12 000
厦门高崎国际机场	4E	B747	3 400×45×0.30	127 000
福州长乐机场	4E	B747	3 600×45×0.40	137 000
济南遥墙机场	4D	B767	2 600×45×0.32	10 351
青岛流亭机场	4D	B767	2 600×60×0.32	10 050
广州白云国际机场	4E	B747	3 380×60×0.38	79 342
深圳宝安机场	4E	B747	3 400×45×0.41	37 550
武汉天河机场	4E	B747	3 400×45×0.38	28 087
长沙黄花机场	4D	B767	2 600×45×0.30	7 779
南宁吴墟机场	4D	B767	2 700×45×0.34	25 885
桂林两江机场	4D	B767	2 800×45×0.38	50 305
三亚凤凰机场	4E	B747	3 400×45×0.34	18 000
重庆江北机场	4E	B747	2 800×45×0.32	13 321
成都双流机场	4E	B747	3 600×60×0.38	17 000
西昌青山机场	4D	B747	3 600×50×0.32	2 000
昆明巫家坝机场	4E	B747	3 400×45×0.36	21 216
贵阳龙洞堡机场	4D	B767	3 200×45×0.36	
西安咸阳机场	4E	B747	3 000×45×0.34	25 700
兰州中川机场	4D	B757	3 400×45×（0.25~0.23）	5 600
乌鲁木齐地窝铺机场	4E	B747	3 600×45×0.38	20 559
喀什机场	4E	TU5	3 200×30×0.36	
和田机场	4D	TU5	2 800×50×0.25	1 532
西双版纳嘎洒机场	3C	B737	2 200×45×0.26	2 336

五、管道运输系统

我国现有的运输管道包括原油管道、成品油管道、天然气管道和其他气体管道，此外尚有少量的矿浆管道，原油管道是管道网的主体。

原油管道围绕着油田和炼油厂展开，许多管道从油田直通炼油厂。华北地区有大港油田、华北油田，原油管道总长度 1 847.4km。中部地区有江汉油田、河南油田和中原油田，原油管道总长度 1 347.5km。东北地区是原油生产的主要基地，有大庆油田、辽河油田和吉林油田，原油产量大约占全国总产量的 53.5%，原油管道达 3 399.6km。华东地区主要油田为山东胜利油田，是继大庆油田之后建成的第二大油田。华东地区原油管道总长度 2 718.2km。西北地区主要有塔里木油田等，1958 年 12 月建成的克拉玛依至独山子原油管道，标志了中国长输管道建设史的起点。西北地区原油管道总长 4 102.7km。

中国最早的长距离的成品油管道是 1973 年开工修建的格拉成品油管道，起自青海省格尔木市，终于西藏自治区拉萨市，管道全长 1 080km，年输送能力 25 万 t。格拉线是国内首次采用的顺序输送工艺，顺序输送汽油、柴油、航空煤油和灯用煤油 4 个品种 5 种型号的油品。距离较长的成品油管道还有 1995 年建成的抚顺石化至营口鲅鱼圈管道，全长 246km；1999 年建成天津滨海国际机场和北京首都国际机场的管道，全长 185km；2000 年 10 月 22 日开工建设的兰州至成都至重庆的管道，全长 1 200 多公里。

靖边至北京的陕京线，是国内第一条长距离、大口径和高度自动化的输气管道，是早期西气东输的骨干工程，年输气能力达到 33 亿 m^3。鄯乌线（鄯善至乌鲁木齐）1997 年 3 月 10 日正式供气，全长 301.6km，是国内自动化程度较高的输气管道，首次采用环氧粉末喷涂防腐，国内首次采用同沟敷设有通信光缆。新疆塔里木油田，有油藏也有气藏。气藏储藏丰富，开发远景大，1996 年累计探明天然气储量 305.23 亿 m^3，1996 年开始敷设输气管道。已建输气管道有塔轮线、轮库线，西气东输至上海的干线也从这里为起点。西气东输工程输气管道西起新疆轮南，东至上海市白鹤镇，以陕西靖边为节点分为西线和东线两段。途经 10 个省、自治区、直辖市，线路全长约 4 000km，管径约 40in.，设计年输气量 120 亿 m^3。

第四节　交通运输系统的技术经济特性及适用条件

一、各种运输方式的特点

轨道运输由专用的列车车辆沿固定的线路行进，运输对象需在固定的站场进出线路系统，因而其普遍性便受到较大的限制。为使列车能以一定的速度安全地在线路上行驶，要求路线布设的平面曲率半径不宜过小，纵向坡度不能太大。这就使轨道运输方式较多地受到地形和地质条件的限制，或者在地形较复杂地区需要投入较多的建设资金。轨道运输的主要优点是货物或旅客的装载容量很大，且由于其平均运行速度可为中等(50～100km/h)到高速（200km/h 以上），因而其机动性较高。线路、站场和控制管理设施的修建和维护费用较高；货运的运输成本较低，但客运的运输成本较高；系统的可靠性和安全性较高；能源消耗较低。轨道运输的这些性能，使之在货物运输方面适宜于中长距离的散装和大宗货物以及集装箱运输，而在旅客运输方面适宜于短中距离的城市间运输及大城市近郊和市区内的有轨运输。

道路运输是一种可以实现"门到门"运输的方式，路网密度大时，道路运输便具有很高的普遍性。道路路线布设的平面曲率半径可比轨道线路的小，而纵坡可以比它大，因而受地形限制的程度较轨道运输的低。但在地形复杂地区。道路运输的通达性仍受到限制。道路运输的平均运行速度为中等（30～120km/h），受交通密度（拥挤程度）的影响很大。车辆的装载容量很小。道路运输基础设施修建和维护的投资量较轨道运输的低，而其运营费用（运输成本）则较轨道和水路运输的要高；能源的消耗较大。道路运输的可靠性和安全性不如其它运输方式。因而，道路运输适宜于短途旅客和货物运输，小批量商品或时间价值较高的货物的中途运输。

水路运输受河流通航条件及海岸和港口条件的限制，其普遍性较为局限。船舶的装载量较大，但其航行速度很低（15～30km/h）。基础设施的修建费用较高，但由于运输能力大，能源消耗低，其运输成本较其它各种方式都低。因而，水路运输适宜于大宗和散装货物以及集装箱运输；国际间的货物运输大部分都依靠远洋运输。由于速度低，旅客运输仅限于短途和游览。

航空运输的突出优点是快速（200～900km/h）和舒适，其普遍性受机场密度的限制。飞机的载运量较汽车高，基础设施的修建费用较高，能源消耗大，运输成本高。航空运输适宜于中长距离的旅客运输和时间价值高的小宗货物。国际间的旅客运输大部分都依靠空运。

管道运输适宜于长距离连续输送液体（石油）或气体（天然气）介质。其输送速度很低（16～30km/h），但容量较高。基础设施的修建费用较轨道运输和道路运输的小，其运输成本也低；而且，其输送不存在空驶问题，不受气候影响，设施所占用地也少。

二、交通运输的技术经济特征

交通运输业作为物质生产部门，与其他物质生产部门一样，经历了不同的发展时期，为了满足社会各种需求，形成了铁路、道路、航空、水运、管道五种运输方式。这几种交通运输方式的产品（客、货在空间的位移）是同一的，在满足人或物的空间位移的要求上具有同一性，即安全、迅速、经济、便利、舒适。但各种运输方式所采用的技术手段、运输工具和组织形式等都不相同。因此，形成的技术性能（速度、重量、连续性、保证货物完整性和旅客的安全、舒适性等）、对地理环境的适应程度以及经济指标（如能源和材料消耗、投资、运输费用、劳动生产率等）都不尽相同。

1. 送达速度

送达速度是指运载工具将所运送的对象（旅客或货物）从始发地运送到终到地的全部时间。各种运输方式有其适用的速度范围：道路运输的最优速度为50～100km/h，铁路运输为100～300km/h，航空运输为500～1000km/h，由于人们对交通运输的速度要求不但在不同的距离条件下是不同的，而且在相同的距离条件下也有不同层次的要求，因此不同的交通运输方式可以满足不同的需要。

2. 运输成本

运输成本是运输业的一个综合性指标，受各种因素的影响。在运输成本中，如果无关支出占的比重较大时，则运输成本受运输密度的影响较大，铁路运输最显著，水运、公路运输则较小。运输距离对运输成本也有很大影响，运输距离越长，路途运行费用越低，因此运输距离对水运影响最大，水运成本低，铁路次之，道路最小。此外，运载量的大小同样影响着运输成本，载重量较大的运输工具一般来说其运输成本较低，水运在这方面居于有利地位。总之，考察某种运输方式的运输成本须根据具体情况进行分析。一般来讲，水运及管道运输成本最低，其次是铁路和道路运输，航空运输成本最高。

3. 投资水平

各种运输方式由于其技术设备的构成不同，不但投资总额大小各异，而且投资期限和初期投资的金额也有相当大的差别，各种运输方式在线路基建投资和运载工具投资方面也各有差异，水运、航空运输的线路投资最低，道路次之，管道和铁路运输最高（线路设备是专用的）；铁路的技术设备（线路、机车车辆、车站、厂、段等）需要投入大量的人力物力，投资额大而且工期长，因此投资集约程度高。相对而言，水上运输是利用天然航道进行的，线路投资远较铁路低，主要集中在船舶、码头。因此，从运载工具等基建投资来看，管道投资最低，铁路、水运次之，航空最高。

4. 运输能力

从运输能力上看，水运和铁路运输都处于优势地位（就单个运载工具而言，特别是海运，运输能力最大），而道路和航空的运输能力相对较小。

5. 能源消耗

由于铁路运输可以采用电力牵引，因而具有优势，而道路和航空运输则是能源（石油）消耗最大的。管道运输所耗能源约为水运的10％，铁路的2.5％。

6. 运输的通用性与机动性

铁路与管道运输受气候与季节影响最小，而机动灵活方面则道路与航空运输为优越。

7. 对环境的影响程度

人类赖以生存的地球已经受到严重破坏，对空气和地表的污染最为明显的是汽车运输，喷气式飞机、超音速飞机等使噪音污染更为严重，相比之下，铁路运输对环境和生态的影响程度较小，特别是电气化铁路这种影响更少。

五种运输方式各有其长处和短处，每个国家都需要按照本国工农业的生产布局与规模、地理条件、社会环境及交通运输业发展的历史与现状，建立适合本国国情的综合运输体系。

三、适用范围

（1）铁路运输，在国土幅员辽阔的大陆国家是陆地交通运输的主力；适合经常稳定的大宗货物运输，特别是中长途货物运输；适合中长途、短途城际和现代快速市郊旅客运输的需要。

（2）道路运输，在中短途运输中效果最突出，特别是"门到门"的运输更显得优越，补充和衔接其他运输方式，如担负铁路、水路运输达不到的区域以及起终点的接力运输。

（3）水路运输，特别适合于大宗货物的长途运输，尤其是远洋运输，不仅是国际间贸易的主要运输方式，也是发展国民经济的重要组成部分。

（4）航空运输，适用于长途旅客运输、货物运输及邮件运输，包括国际和国内运输，在通用航空运输方面（摄影、人工降雨、林业播种、抗灾救护等）更显优势。

（5）管道运输，是流体能源非常适宜的运输手段，尤其是输送属危险品的油类，由于管道埋在地下，受地面干扰少，运送此类物品较为安全。

第二章　交通运输系统规划

第一节　规划的特点、方法和步骤

一、规划的特点

规划是一个展望未来和安排未来的过程，对未来发展的需求进行预测，并提出适应此发展需求的合理或合适的对策。进行交通运输系统规划，首先要对交通运输系统及其相应设施的现状，它们的性能、服务水平及其对交通运输需求的满足程度，有充分的了解和掌握。同时，又要对经济和社会发展的趋势及其对交通运输发展的需求，有恰当的预估。通过二者的对比分析，提出各种使交通运输系统适应经济和社会发展需求的可行方案，并对这些方案进行技术、经济、政治的可行性评价，以提供充分的分析依据，供决策部门制订各项具体工程实施计划时参考。

各种运输方式的工程设施的建设周期都较长，需要较早地预计到交通运输系统对交通运输需求可能出现的不适应处，及早提出规划方案，以便及时采取措施增添或改善工程设施，使之不出现交通运输对经济和社会发展的阻滞情况。建设交通运输设施的投资量都很大，它们对土地使用和周围地区的经济开发或发展将会有深远的影响。如果没有妥善的计划和安排，将不仅会造成投资的浪费，而且会带来直接（建设者和使用者方面）和间接（社会其它方面）的经济损失，以及其它不利的社会和环境影响。而规划便是为交通运输设施准备计划的第一步，其目的是提出经济合理地扩充交通运输设施的容量（通过能力）和提高其服务水平的方案，以适应交通运输需求的增长。

规划工作是一个有组织地和合理地采集和分析有关交通运输系统及其各项设施各方面数据和信息的过程。它通过把交通运输系统和设施的现状同当前和未来对交通运输的需求进行比较分析，确定系统或有关设施当时和未来的新建和改善的需要，并把可筹集到的资金和其它资源分配给交通运输系统中最需要、最薄弱或改善效果最佳的环节。对未来交通运输需求的预测不可能在较长时期内都很准确，而近期的规划项目在实施后必然会影响到随后的交通运输发展需求。因而，规划工作是连续性的，或者称为滚动式的，需要在付诸实施的过程中不断地定期重新评价和更新。

规划是综合性的，它需要充分考虑交通运输对经济、政治、社会、能源和环境等方面的关系和影响。因而，交通运输规划须同经济发展、社会发展、城市发展和土地使用等规划结合起来，把政策、计划、项目方案和实施步骤同社会发展目标、经济目的、资金限制和技术可行性结合起来。由于涉及面广，考虑因素复杂，反映历史和现状的数据很难收集齐全，对未来发展的预测难以把握，规划工作既要依靠科学分析，又要借助经验和判断。因而，规划工作是定性分析和定量分析的结合，是技术和艺术的结合。

规划工作人员，只能起到参谋的作用，他们不是决策者。他们的任务是采集数据、分析现状、预测未来、设计系统、制定计划，向有关部门和人员介绍各种可能的解决方案及其后果。他们把分析的结果交给决策人，推荐他们认为最佳的实施方案，由决策人依据这些，并结合其它考虑后做出决定。

交通运输系统规划可以是全国范围的，可以是区域性（地区性）的，也可以是单个城市的；可以是多种运输方式的综合运输规划，也可以是单种方式的专业交通运输规划；可以是一个较大的系统规划，也可以仅仅是一个工程项目的规划。因而，规划可以是不同类型、不同层次和不同范围的。规划期可分为近期（3～5年），中期（5～15年）和远期（15年以上）。

二、规划的基本方法和步骤

（一）规划的阶段

采用系统分析的方法建立交通运输系统规划大体上分为4个阶段。

1. 弄清系统存在的问题，明确规划的目的和目标

调查和采集有关交通运输系统和各项设施现状的数据，收集其它社会和经济方面的信息。对现有系统和设施适应发展需要的程度及存在的问题进行分析和评价，并对它们适应今后发展需要的能力和可能存在的问题做出推测和判断。在此基础上，提出交通运输系统规划的目的和目标，并提出相应的政策。

2. 制定解决问题及实现所提出目的和目标的规划方案

进行交通运输系统规划中的大部分定量分析工作，包括现有交通运输系统和设施的性能分析，对今后交通运输需求的预测，交通运输系统内和交通运输设施上交通状况的分析和预测，鉴别系统中的薄弱环节，提出改善现状和适应未来需求的各种可行方案。

3. 评价各个方案，选择实施方案

分析不同方案的改善效果和实现预定目的和目标的程度，评价各个方案在技术上、经济上和政治上的可实施性，以及它们对环境和社会的不利影响。将分析结果向决策者报告，说明实施可能产生的效果（包括其正面和负面的影响，分析其中的不确定性和须承担风险的大小），由决策人选择实施方案。

4. 实施和修订规划

所选定的规划方案在实施的过程中，要及时收集信息，以检验和修订原规划方案中的预测、分析和评价数据和结论，并且隔一段时期（例如3～5年）在新的情况和变化的基础上重新修订规划。

（二）规划过程的步骤

按上述系统方法进行交通运输规划的过程，可具体划分为以下10个步骤：

（1）调查和采集现状数据；

（2）确认要解决的问题；

（3）制定目的、目标和政策；

（4）政策、体制和财务分析；

（5）供应分析（交通运输系统和设施的性能和服务水平）；

（6）需求分析（运量、流量和流向）；

（7）预测未来的需求及鉴别系统和设施的不足；

（8）方案制定和分析；

（9）评价各规划方案；

（10）编制规划文件和报告。

以上第（1）～（3）步属第一阶段，第（4）～（8）步属第二阶段，第（9）步属第三阶段。各个步骤分别包含若干个特定的任务，组合成逻辑顺序。

（三）现状数据的调查和采集

进行规划的最先一步工作是收集所有可以得到的有关数据、研究报告、各种规划和计划。它们是整个规划工作的基础和依据。在规划过程的随后各个步骤中，都要反复应用到这些数据和信息。事实和数字将有助于减少规划工作过程中的主观臆测。缺乏足够的数据，是规划工作的主要障碍。

所需采集的数据包括以下五个方面：

1. 经济和社会方面

（1）收集地区的主要经济指标，包括工农业总产值、社会总产值、国民生产总值、国民收入等。

（2）人口、经济收入、就业情况、城市化程度等统计资料。

（3）资源调查，包括矿产、土地、森林、水力等资源的分布、储量、开采和利用情况。

（4）工农业生产调查，包括各种重、轻工业和农业生产的布局、产量、当地供应量、外运量、原材料来源等。

（5）商业、物资、外贸系统的货物调出和调进量、流向和运输方式。

（6）城市职能性质、布局、发展规划、人口分布、交通情况。

2. 交通运输部门方面

对于每一种运输方式（道路、铁路、水运、航空等），调查和收集下述资料：

（1）交通运输设施。每一种方式的交通运输设施的等级，并说明它们的物理性质（几何尺寸、材料、标准、目前使用状况等）、运行性质（容量、行程速度和时间、可靠性、事故率等）和经济特性（修建费、运营费、维护费等）。

（2）运载工具。对每一种方式选定一组代表车辆，说明它们的保有量、技术性质（使用性能、目前的物理状况、龄期、载运量等）、运行性质（装载率、行驶路线、装运货物种类等）、费用性质（资金成本、运行费、维修费等）。

（3）交通情况。每一种方式的各个路段和站场上的运输量、交通量和交通流数据（旅客和各类货物的行程起讫点、流向和流量）。

（4）各交通运输部门现有的计划和曾进行过的规划工作。

（5）对环境和能源使用的影响。环境污染情况的统计和分析研究，能源消耗的统计和分析研究，当地能源的供应和费用情况。

3. 国家和地区的各项计划和政策

（1）政府有关交通运输方面的政策和目的。

（2）中央规划部门对未来的展望。

（3）同交通运输部门有关的社会目标、经济目标和政策。

（4）拟建和正在建设的大型工业、农业、经济和交通项目。

（5）其它部门的有关发展规划。

4. 自然条件调查

自然条件调查包括：地形、地质、水文、气象、海象等方面。

5. 分析模型

收集以往在规划工作中曾采用过的各种分析模型和预估模型，对它们的适用性进行分析和评价。

数据采集在规划过程中事实上是连续进行的。进行分析和评价时，有时需要补充收集资料；而后在实施和更新交通运输规划时，还需继续收集新增添的和反映情况变化后的数据。因而，需要为规划建立数据库和数据管理系统。

（四）确认问题、制定目标和政策

确认现有交通运输系统和设施存在的主要问题和不足，是规划过程中很重要的一步。

由交通运输部门会同有关部门组成"会诊"小组，对现有交通运输系统和设施所存在的问题进行分析研究，以了解现有系统和设施的功能和性能，分析为什么会这样，改善的困难和可能改善的范围或程度等。在此基础上写出存在的主要问题的报告。这个报告在制定规划的整个过程中将作为指导规划工作重点的指南。

进行"会诊"的作用在于提供一个讲台，使同交通运输有关的人员聚集在一起，交换意见，共同分析和评估改善交通运输系统和设施所面临的各项主要问题的相对重要性，由此得出可指导随后各步规划工作的文件。在规划工作的早期就把这些单位的主要人员的意见汇集在一起。并在规划过程中贯彻其意见，将使规划结果增加政治可靠性和可接受程度。

依据交通运输系统和设施的现状及存在问题的分析报告，可以制定交通运输系统发展或改善的目的、目标和政策。目的是定性的方向，目标是达到目的的具体衡量指标或标准，而政策是实现目标的路线。目的和政策将用于指导规划方案的制定，而目标则用于对规划方案进行评价，也可用作对项目和计划进行评价的依据。

（五）体制和财务分析

所制定的交通运输规划要能有成效和可实施性，必须对管理体制和财务方面的情况有所了解和估计。因为规划的能否实施，很大程度上取决于对政治、体制和财务方面的约束条件的认识。因而，必须对下述几个方面进行分析：

（1）现有管理体制对于提供交通运输服务的影响。如服务水平、投资效果、经济效率、税收和价格结构、能源消耗、环境影响、土地使用等。

（2）实施管理机制的约束情况。如缺乏实施能力、缺乏劳力、重要政治或利益集团的反对等。

（3）同交通运输有关的各个规划、管理和营运机构，在财政、规划、管理和营运方面的责任，每个机构在实施其责职方面的效率和效果。

（4）为交通运输系统和设施的改善提供资金的来源（中央拨款、地方筹款、贷款、收费、税收、债券等）；每一种来源对使用者和非使用者的影响；政府财政补贴的量和性质，对经济的结构和增长、运输和货物的市场价格的影响。

（六）供应分析

交通运输供应是指交通运输系统的物理实体（包括基础设施和运载工具）所提供的交通运输服务。供应分析即是分析其性能和服务水平。系统现状的数据采集，为供应分析提供输入，而存在问题报告为供应分析指出重点。供应分析是规划工作的一个技术分析阶段，为规划过程的后继步骤提供输入和分析工具。它主要包括下述几方面：

（1）建立交通运输网络各种方式的交通运输系统，用由节点、连线和接口组成的网络代替，并给予相应的编码。对于网络的每一个组成元素，进行充分的描述，包括其物理性质和目前的使用状况。

（2）分析服务水平对于网络上各个节点和连线，分别按车辆类型、货物种类和年内不同时期分类，提供其相应的运输量（流量和流向）和服务水平（交通量容量比、运行速度和行程距离、服务频率、事故率、运价等）。

（3）分析费用特性比较运输费用各组份的比例，包括车辆的购置、营运和保养费，基础设施的修建、营运和养护费等。

（4）分析现有系统和设施对环境和经济发展的有利和不利影响。

（七）需求分析

分析目前对交通运输的需求情况，是为了了解资源、人口和社会经济活动在空间分布上的关系，以便利用这些关系来预测对未来交通运输的需求。

（1）分区。为便于分析，把规划区域划分为若干个小区，并选定一重心作为该小区生产和消费的集散点；或者为各个站场、港口确定其相应的吸引区。

（2）了解货物流的生成和分布。将各种货物归纳为若干个类别，分析每个小区（或吸引区）各类货物的生产和消费量，确定其盈余和匮乏量，并进而确定各小区各类货物调出和调入的运输量。建立各类货物的区内和区间货流的起讫点矩阵。按总的行程距离最短、运行时间最少或费用最小原则，建立货物流分布模型，并依据货物的盈余和匮乏量，确定各类货物的流向和流量。

（3）进行运输方式选择。可以采用不同运输方式时，需建立方式选择模型，为每一类货物选定合适的运输方式，并确定其所分担的运量。

（4）进行货物流的分配。在区间和区内货物流可以有多条路线通行时，按最短路径建立货流分配模型，将货物流分配到各条路线上。利用各类货物的运输量同各种运载工具的载运量之间的转换关系，将各条路线上的运输量相应地转换为交通量。

（5）旅客流的生成、分布和分配。与上述货物流的分析相似，先对旅客流进行分类，分析每个小区各类旅客的流量和流向，利用所建立的客流分配模型，将旅客流量分配到网内各条线路上，并进而转换为交通量。此外，也可在分析影响旅客流的地区因素的基础上，直接建立旅客流同地区发展之间的关系。

（八）对未来运输需求的预测

上述需求分析中所采用的步骤和所建立的各种模型，是进行未来需求预测的基础。应用各种方法，预测各小区各类货物或旅客在未来年份的调出和调入运量后，按上述步骤和模型，相继确定未来年的运量分布，各种运输方式和各条线路上的运量分配，以及相应的交通量。

把预测到的未来交通运输需求（交通量）同现有交通运输设施所具有的容量相对比，可以分析未来交通运输系统和设施的使用性能状况。然后，依据规划目的和目标所定的使用性能标准，鉴别出系统的不足处或薄弱环节，以待采取改善措施。

（九）方案的制定、分析和评价

针对所存在的不足和所设定的目标，提出3～5个改善方案供分析比较后选择。

方案的制定可以分为两个层次，关键的线路或通道和整个系统。对策方案可以是新建、改建或者改善营运管理等。

对未来交通运输需求的预测，是依据原先的交通运输系统和设施状况做出的。各个新方案的引入有可能会改变货物或旅客流的方向和运输量，改变一些线路上的交通量。因而，要对每个方案可能带来的变化进行分析，并对各线路的运输量和交通量作相应的修正。

对各个方案进行系统和设施的使用性能分析，包括：

（1）建设费、营运费和维护（养护）费。

（2）收益，即通过交通运输服务从使用者那里获得的收入。

（3）地区和国家经济发展所能得到的效益。

（4）对土地使用和对环境的影响。

（5）服务水平，包括交通量容量比，延误时间，运行速度，服务频率，可靠性，安全（事故率）等。

此外，还要对各个方案的财政来源（资金筹措方法）、对运输体制的影响、政治和公众的反应等进行分析。

在上述分析的基础上，对照规划预定的目标和政策，对每个方案在成本、效益、影响和实施的约束等方面进行单独和综合的评价。评价尽可能采用定量的指标，对无法量化的指标可以采用评分的办法做出评价。对不同的指标赋予不同的权值，而后综合成该方案的评价等级，供方案排序参考。

（十）编制文件和报告

通过上述各个步骤制定出的规划，表述成下列文件和报告：

（1）目的、目标（标准）和政策的陈述。

（2）所选用方案的项目优先排序。

（3）逐年投资计划。

（4）实施规划的财务计划（包括资金来源和协调管理机构）。

（5）对体制和营运管理的建议。

（6）对连续规划在制度上做出些规定，如协调规划、监督实施、采集数据、统计分析等方面的方法。

第二节 土地利用与交通运输

一、土地利用与交通运输的基本关系

土地利用与交通运输之间的关系既密切又复杂，图 2-1 表示了他们之间的最基本关系。

图 2-1 中说明了土地利用的空间分布、模式和利用交通运输系统的出行范围。可达性是衡量土地利用和交通运输之间关系的一项重要指标，有的地方可以很容易到达，有的地方到达比较困难，在规划中必须兼顾土地利用与交通运输两个方面。

土地利用与交通运输之间的相互影响，国内外学者和专家均对此作过许多论述，下边以城市为例加以说明。

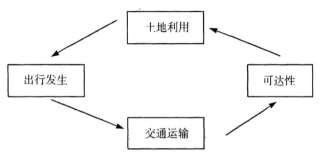

图 2 - 1 土地利用与交通运输的关系

1. 城市土地利用对城市交通运输的影响

城市土地利用对交通运输的影响主要表现为城市的用地结构和布局决定着城市交通运输的发展。J·M·汤姆逊在对 80 个大城市进行研究后，归纳出 5 种城市布局模式：

（1）充分发展小汽车模式：又称完全机动化模式，这种布局模式的特点是不强调市中心的作用，就业区比较分散。与这种模式相对应的路网以棋盘式为主要形式，快速干道在城市内构成网络，适应于小汽车出行。从土地利用角度看，这种布局模式的城市道路用地所占比重很大，城市土地利用率较低。这种布局模式以美国的一些城市为典型代表，如：洛杉矶、底特律、丹佛和盐湖城等。

（2）限制市中心区发展的模式：当市中心发展到一定程度后，为缓解市中心区的交通拥挤而采用的一种折衷手段。在这种模式下，既强调市中心的作用，以维持和保证城市的繁荣，又要缓解市中心区的交通拥挤，其办法是建立环路以减轻市中心区的交通压力。采用这种布局的城市有澳大利亚的墨尔本、丹麦的哥本哈根、美国的旧金山、芝加哥、波士顿等。

（3）保持强大的市中心的模式：这种模式主要适用于特大、古老而又人口高度集中的城市。这种城市既有强大的市中心，又有多个次级中心。其交通运输网络可划为三个层次，一是市中心路网，主要是发达的公共交通运输系统；二是环路，其功能是缓解市中心的交通；三是密集的道路网络系统，适应市中心社会活动人群的集散。这种布局模式主要是城市公共交通运输系统。其典型城市有法国的巴黎、日本的东京、美国的纽约、希腊的雅典等。

（4）节约模式：节约模式实际上没有固定规律，这是经济不发达国家城市扩大后解决交通问题的一种思路，主要措施是建次中心以分散和减小交通运输的压力，另外，发展花钱少而又有较大的运输能力的公共交通运输系统。

（5）限制交通模式：限制交通布局的模式，主要通过建立多级中心，以减少出行距离，避免各种活动过分集中；通过各种手段限制小汽车在市中心的使用，在市中心区应大力发展公共交通运输。这类城市有英国的伦敦、中国的香港、瑞典的斯德哥尔摩等。

由此可见，城市的用地布局不同，直接影响交通运输的模式。小区土地利用强度对交通运输有较大的影响，过强的土地利用，必将导致城市的交通拥挤。

2. 交通运输对城市布局的反馈作用

交通运输的发展将引起城市用地结构的变化，按照 J·M·汤姆逊的观点，决定城市结构的要素有四个，即：地理特征、相对可达性、建设控制和动态作用。除地理特征外，其余三个要素中，有两项与交通有关。以相对可达性为例来说明这个问题。相对可达性，是一个地方的可达性与另一个地方可达性相对比较而得出来的。在其他因素相同的条件下，相对可达性高的地方比低的地方对出行吸引多。这样，就可能产生新的中心，从而改变了城市结构。

二、土地利用与交通运输模型

该系统包括三个主要组成部分：

（1）土地使用：指的是：①土地的合理使用（功能分区或行政分区——居住区、工业区等等）；②在用地上建造的建筑类型（如住宅、厂房、校舍等等）；③在用地上发生的社会与经济的活动强度之变量（如人口、就业、工厂产量等等）。

（2）运输供应：用地之间形成的实际通道或连接线。它包括：①各种运输方式，例如人行道、道路、公共汽车线路、轨道交通等等；②这些运输方式的运行特性，例如行程时间、费用或服务频率。

（3）交通：土地使用和运输供应的共同作用结果。例如居民走在人行道上就形成行人交通。它与车辆交通都代表运输网上客流、货流交通运行的情况。

土地使用、运输供应与交通之间的关系就是一个交通运输的大系统。这个系统可用一套模型来表示，即为土地使用——交通运输系统模型。

土地使用——交通运输系统模型包括三方面能用数量表示的变量：土地使用（人数、就业职位数、收入、居民的车辆拥有特性）、运输供应（行程时间、费用）和交通（乘客数或车数）。交通除了在运输行程时间的计算中成为自变量外，其他情况均为因变量。土地使用是自变量，因为它的强度在一个区域的不同部位是不同的，并且随时间而变。交通运输供应也是自变量，因为它的质和量随地理而变，并且也因时而异，如新道路的建造、公共交通运输服务的扩充或压缩。模型中每种变量都可用符号来表示，L——土地使用；T——交通运输供应；Q——交通，则模型的表达为：

$$Q = f\ (T,\ L) \tag{2-1}$$

第三节　需求分析与预测

一、需求分析

1. 需求函数

对交通运输的需求，也即对交通运输设施的使用要求，通常可以用运输量或交通量来度量。但交通运输设施（例如路段）上的实际运输量或交通量并不能完全反映真实的需求。例如，一段交通拥挤的道路，其交通量并不能作为真正的需求，因为，如果增加道路的容量，则该路段上的交通量便会出现增长。

有许多因素影响需求，如：生产和消费量、贸易量、人口、收入水平、运价、行程速度或时间、服务频率……。选择其中某一个因素，例如使用该设施所需付出的费用（运价），建立此因素同使用该设施的车辆数（交通量）之间的关系，称作需求函数。显然，可以预期随着运价的增加，使用该设施的交通量会下降。需求函数的形状便如图 2-2 所示。当运价为 P_1 时，愿使用该设施的交通量为 q_1，但当运价增加到 P_2 时，交通量便下降到 q_3（见图 2-2 中曲线 D_1）。

图 2-2 中的 D_1 曲线代表某些使用者在该设施上的需求函数。如前所述，交通运输需求受许多因素影响（包括使用者特性和交通运输设施特性两方面）。例如，运送高价值货物或收入高的使用者愿意支付较高的运费，可预计他们对该设施的需求会高些。因而，可能有较高的需求函数，如图中的 D_2 曲线，在同样的运价时会有较大的交通量 q_2。

因此，需求不是一个固定值。它是一个变量，反映了一种关系。需求增加，意味着潜在交通量有可能增加，但并不意味着实际交通量一定增加。

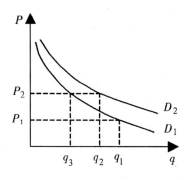

图 2-2 需求函数

2. 供应函数

仅知道需求函数，还不足以估计交通运输设施的实际交通量。为此，还必须提供交通运输设施的供应条件。例如，这种交通量所需支出的交通运输费用。在交通运输设施上的交通量同由该交通量所产生的交通运输费用之间建立的函数关系，即为供应函数。图 2-3 所示为一段公路设施的供应函数，随交通量的增加，路上的拥挤程度和延误时间也增加，车辆运行费和行程时间费等也相应增长。因此，总的交通运输费用随交通量的增加而增大。

交通运输设施的改善或新建，会导致供应函数的变化。例如，通过设施改善而增加了容量或提高了服务水平，行驶费用便可相应降低，如图 2-4 中的供应曲线由改善前的 S_1 变为改善后的 S_2。由于可以以较低的费用通行较多的交通量，对于某一交通量 q_1 来说，通过设施改善，交通运输费用将由 P_1 下降到 P_2。

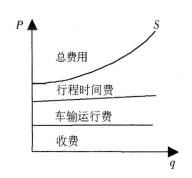

图 2-3 公路设施的供应函数

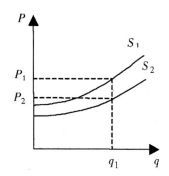

图 2-4 交通运输设施改善的影响

3. 需求——供应平衡

由需求函数可得到在不同运价时可能产生的交通量，而由供应曲线可得到任一交通量时所需的交通运输费用，则某一设施的实际交换量的估计，可通过需求曲线同供应曲线的组合得到。也即，两条曲线的交点可代表该设施将实际发挥什么样的作用。此交点称为供求平衡点。

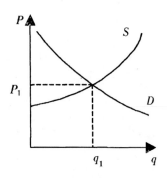

图2-5 需求和供应的平衡

需求变化的影响，可利用供求平衡图进行研究。当需求增长，由 D_1 曲线变为 D_2 曲线（图2-6），同一设施的交通量会由 q_1 增加到 q_2。相应地，供应条件改善，由 S_1 曲线变为 S_2 曲线（图2-7），对同一需求 D 来说，交通量将由 q_1 增加到 q_2，表明由于交通运输费用下降而使更多的使用者愿意使用改善后的设施（S_2）。这种因设施改善而引起的交通量增长，称作诱导交通量。

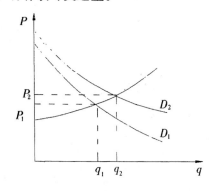

图2-6 需求增长对平衡的影响   图2-7 供应条件改善对平衡的影响

上述交通运输需求同供应条件达到的平衡，含有短期平衡的性质。在交通运输设施改善期间，可能出现同设施改善无关的需求增长，例如当地经济的增长或人口的增长等，使需求曲线由 D_1 变成 D_2（见图2-8）。这时，平衡点变为 F_2，使设施改善所产生的效果下降（交通运输费用由预期降低到 P_1 变为降低到 P_2）。而在设施改善后，由于服务水平提高，刺激了新的需求增长（例如，加速了邻近土地的开发利用），使需求曲线由 D_2 变为 D_3。这时，新交通运输系统的服务水平由于交通量的增长可能反而比设施改善前降低了（交通运输费用由 P_2 增加为 P_3）。因此，除了分析需求同供应之间的短期平衡关系外，还要进一步分析交通运输设施（供应条件）改变对社会——经济活动的长期影响，以寻求长期的平衡关系。

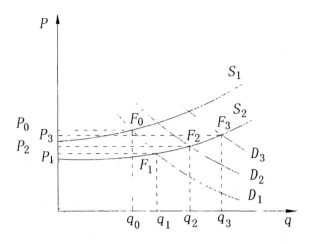

图 2-8 需求和供应的长期平衡关系

4. 供需平衡应用

为了说明供需平衡的基本原理，举一个简化的实例：有一条连接二个城镇（或城区与郊区）的道路，它有以下特征（包括交通运输系统和活动系统）。

服务水平：可用城镇之间一次出行的行程时间（t）来表示。

交通运输系统：道路是一条双车道的公路，每个方向为一个车道，长度为 18km。

服务函数：我们分别考虑每一条道路。服务函数的一般形式，从上可知为 $S = J(T, V)$，也可以用以下的形式表示：

$$t = m + nV \qquad (2-2)$$

式中：m、n——交通运输系统 T 的反映，$T = (m, n)$（此处均为常数）。

对于这条道路的具体情况，参数值 $m = 10\text{min}$、$n = 0.01\text{min/辆h}$，因此服务函数为：

$$t = 10 + 0.01V \qquad (2-3)$$

式中：t 的单位为分钟，min；

v 的单位为辆/小时，辆/h。

活动系统：两个城镇可用它们的人口、就业水平及收入水平来表征它们的出行水平。因而居民们所作的出行特征，可反映在这些变量中。

需求函数：我们仅考虑城镇之间单向出行的需求。需求函数的一般形式为 $V = D(A, S)$，也可以用以下的形式表示：

$$V = a + bt \qquad (2-4)$$

式中：a、b——活动系统 A 的反映，$A = (a, b)$（此处均为常数）。

对于该两城镇之间的出行，具体的参数值 $a = 5000$ 辆/h 和 $b = 100$ 辆/h/min，因此需求函数为：

$$V = 5\,000 - 100t \qquad (2-5)$$

式中：V 的单位为辆/小时，辆/h；

t 的单位为分钟，min。

流量模式：

$$F = f(V, t) \qquad (2-6)$$

供需平衡：相应于所选择 T、A 的平衡流量模式 $F = f(V_0, t_0)$，可以从其建立的联立方程中求得：

$$\begin{cases} t_0 = m + nV_0 = 10 + 0.01V_0 \\ V_0 = a + bt_0 = 5\,000 - 100t_0 \end{cases} \tag{2-7}$$

解以上联立方程式可得到：$V_0 = 2\,000$ 辆/h，$t_0 = 30$min，$F_1 = (V_0, t_0) = (2\,000, 30)$。其含义就是这种交通运输系统的服务（供应）满足此时活动系统的需求，则为这种供应与需求平衡时道路上的流量。

如果假设道路部门正考虑在此两城镇间建设一条新的连接线，这时的交通运输供应将由以下的服务函数来表征：

$$t = 10 + 0.005V \tag{2-8}$$

为此，用同样的方法可得到新的平衡流量模式 $F_2 = (2\,666, 23.30)$。注意新的联络线将造成降低出行时间及增加通行能力。这样改善的设施，将"吸引"或"产生" $2\,666 - 2\,000 = 666$ 辆/h 的新使用者，同时缩短行程时间为 $30 - 23.33 = 6.67$min。

但是，新的交通设施正在规划、建筑的同时，经常在活动系统内部又发生了变化。譬如以上所述的问题，在新连接线规划、建筑的 5 年期间内，活动系统发生了下列的变化：两个城镇中的总人口与就业人数增加了。假设这个变化了的活动系统，其参数 a 从 $5\,000$ 辆/h 增加到 $7\,500$ 辆/h；b 从 -100 辆/h/min 增加到 -150 辆/h/min，则新的需求函数为：

$$V = 7\,500 - 150t \tag{2-9}$$

新需求函数的参数是与活动系统内部的变化一致的，即随人口与就业人数的增加而趋向增加。为此，新的需求函数又和新的服务（供应）函数取得了新的平衡。

$$\begin{cases} t = 10 + 0.005V \\ V = 7\,500 - 150t \end{cases} \tag{2-10}$$

解以上的联立方程得：$V = 3\,400$ 辆/h，$t = 27.15$min。则新的平衡流量模式为：$F_3 = (V, t) = (3\,400, 27.15)$。

把 F_3 与 F_2 进行比较，可以看到交通流量与行程时间两者都增加了。由于在需求上的变化，可看到平衡点沿服务曲线移动，从 F_2 到 F_3 移动。这就是活动系统变化所产生的影响。

由于新线建成后，设施条件好，可吸引大量的交通流量，相当于人口增加所产生的同样后果，因而造成拥挤现象。正像 F_3 比 F_2 的行程时间和交通流量都大一样，这也是新的交通运输系统促使活动系统内部激剧变化所致。

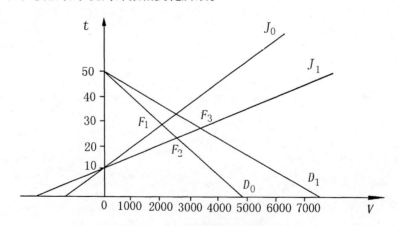

图 2-9　各种平衡流量模式的图解法

26

二、需求模型

（一）生成模型

生成模型是建立交通运输需求量同生成这一需求的社会——经济变量和供应变量之间的关系。交通运输需求量可以是整个交通运输系统各种运输方式的或者是某一种运输方式的客（货）运量或客（货）运周转量，也可以是某类城市居民的出行次数等。

模型所采用的函数形式可以有：线性、对数线性、指数和综合等。例如，若需建立居民出行次数 T 同居民的收入 I 和所需费用 P 之间关系的生成模型，上列函数可写成下述各种形式：

1. 线性函数

$$T = a_0 + a_1 P + a_2 I \tag{2-11}$$

2. 对数线性函数

$$T = a_0 P^{a_1} I^{a_2} \tag{2-12}$$

$$lnT = lna_0 + a_1 lnP + a_2 lnI \tag{2-13}$$

3. 指数函数

$$T = e^{a_0 + a_1 P + a_2 I} \tag{2-14}$$

4. 综合函数

$$T = a_0 e^{a_1 P} I^{a_2} \tag{2-15}$$

（二）分布模型

分布模型的一般结构可写成如下形式：

$$T_{ij} = f(A_i, B_j, C_{ij}) \tag{2-16}$$

式中，A_i 和 B_j 相应为起讫点 i 和 j 处的社会——经济活动特性函数，代表其潜在的需求；C_{ij} 则代表 i 和 j 之间的阻抗的一般函数。

例如，在小区 i 和 j 之间的出行次数 T_{ij}，可建立如下的分布模型：

$$T_{ij} = 0.45 e^{-0.165 C_{ij}} P_i^{0.719} E_j^{1.128} \tag{2-17}$$

式中：C_{ij}——i 和 j 小区重心点之间的行程时间；

P_i——i 区的人口数；

E_j——j 区的就业人数。

重力模型是一种应用较广的分布模型。它类似于牛顿的万有引力定律。最早在 1885 年提出，假设城市间人口的移动量同城市的大小成正比，同城市间的距离（即为阻抗）成反比。其一般形式为：

$$T_{ij} = k_i A_i B_j d_{ij}^n \tag{2-18}$$

式中：A_i、B_j——i 和 j 处的社会——经济活动特性函数；

d_{ij}——i 和 j 之间的距离；

d_{ij}^n——d_{ij} 的函数；

k_i——比例系数。

（三）选择模型

同一流向和起讫点的运输，有多种运输方式或运行路线可供选择时，可以建立选择模型供决策时参考。一种简化的选择模型是把选择过程看作为确定性的，也即可重现的，有一定的决策规则可遵循。其一般形式可表述为：

$$V(i) = A_i X_i \qquad (2-19)$$

式中：$V(i)$——在一组选择方案中，选择方案 i 的选择函数，它包含所有对方案选择有影响的需求和供应变量，通常可假设为一线性函数；

X_i——影响选择的需求和供应变量；

A_i——表述每一变量影响程度的参数。

例如，多条可供选择的路线，除了行程时间和运价不同外，其它都相同，可建立下述选择数：

$$V(i) = -0.2t_i - C_i/B \qquad (2-20)$$

式中：t_i，C_i——分别为方案 i 的行程时间和行程费用；

B——出行者的年收入。

然而，由于对交通运输系统的交通状况在出行前并不了解得很清楚，往往并不总是遵循某种选择规则作出抉择。因而，较合适的是把选择函数考虑成随机的。随机选择模型采用下述形式：

$$U(i) = V(i) + e(i) \qquad (2-21)$$

式中：$U(i)$——方案 i 的随机选择函数；

$V(i)$——方案 i 的确定型选择函数；

$e(i)$——随机组分，遵循某种分布的随机变量。

一种常用的随机模型采用 logit 模型。

$$p(i) = \frac{e^{V(i)}}{\sum_j e^{V(j)}} \qquad (2-22)$$

式中：$p(i)$——选择方案 i 的概率。

$$\sum_j p(i) = 1 \qquad (2-23)$$

三、需求预测

需求预测是预计未来在交通运输系统内可能会有多少客（货）运输量或交通量。这个需求量是提出适应未来服务水平需要的措施，或者规划交通运输设施所需规模的基础。

1. 经验判断法

由一组对交通运输工作和影响交通运输发展趋势的各方面因素较熟悉的专家，依据各人以往的经验和现有的特定条件，对于从各种不同来源或用不同方法提出的预测方案进行判断，在此基础上作出各自的推测。然后，综合成小组的集体推测，编制为对未来运输量的预测。

目前常用的一种经验判断法称为特尔斐（Delphi）法。这个方法通过调查的方式，向一个由专家组成的专门小组询问一项特定的课题，要求他们对一系列的问题或推断加以评价或排序。然后，将调查结果进行统计整理，用概率分布表述小组的集体意见，使每个成员有机会根据小组的集体评价，对他们原来的评价再次作评价。这种重新评价的阶段常常要经过几个回合，以求取得较好的结果。

用反映专家的广泛的集体经验得出的判断性预测，在许多场合被证明是相当成功的。这主要由于在这样一种过程中可以考虑到大量影响因素。此外，在任何一种其它预测方法中，都应该把专业人员的经验判断包含进去，或者组织专业人员对预测结果作出经验判断。

在应用经验判断法时，常常可以利用以往积累的运输量同各有关影响因素之间的粗略关系，给经验判断提供一些有用的定量依据或参考。例如：

（1）弹性系数。利用运输量增长速率同某个经济活动影响变量的增长速率之间的比例关系（即弹性系数），预测规划年的运输量；

（2）产运系数。利用某类货物的产量同某种运输方式的运输量之间的比例关系，由规划年的预计产量估测运输量；

（3）人均出行（乘车）次数。利用这一关系，由预计的人口增长量推测客运量；

（4）按生产量同消费量的余额或缺额平衡，估计某类货物的运输量等。

2. 趋势推测法

趋势推测法是调查以往交通运输活动的历史记载，通过回归分析得到代表历史发展趋势的回归方程，再由此方程外延到预测年份，得到相应的交通运输预测量。采用这种预测方法的一个基本假设是：以往影响运输量变化的因素在今后仍将按照原样继续起作用，其增长率和变化趋势也继续保持下去。

回归方程的形式，可以采用直线、指数或数理逻辑（logistic）曲线，如图 2 - 10 所示。直线方程表明需求量对时间的变化率为常数，也即每年递增一个固定的需求量。指数方程则表现为增长率为一常数，也即每年的需求量递增为一固定的百分率。而数理逻辑曲线为 s 形曲线，先是一个年增长量递增的阶段，而后是一个增长量稳定的阶段，最后则是一个增长量递减的阶段。

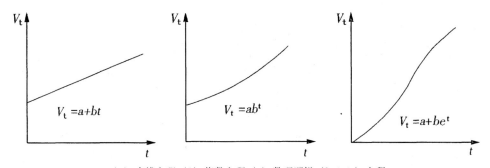

（a）直线方程（b）指数方程（c）数理逻辑（logistic）方程

（图中：t 为年数；V_t 为 t 年的运输量；a 和 b 为回归常数）

图 2 - 10　回归方程形式

采用时间序列形式分析历史期内运输量变化规律的这种趋势推测法，由于未探究影响运输量变化的内在因素会有怎样的变动，而且回归方程的精度只有在统计范围内才能得到确实保证，因而这种方法较适宜于用作短期预测。

3. 需求模型法

利用需求模型，通过先影响需求量变化的各个需求变量和供应变量的变化进行预测，然后再进一步预测运输量。这种方法的预测过程，可用图 2 - 11 表示。

这种方法在建立了影响预测量的诸因素同预测量之间的关系后，分析各影响变量未来的变化对预测量可能会带来的影响，因而是一种较细致和较复杂的预测方法。

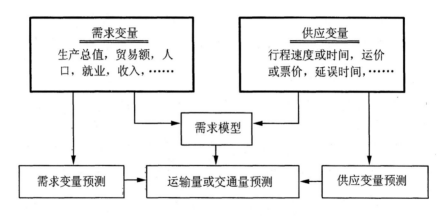

图 2-11　需求模型法预测的过程

第四节　规划方案评价

一、经济评价法

评价是一个很复杂的过程。评价时需要考虑很多各具不同特点并采用不同指标表征的因素，有的可以计量，有的无法计量。最简单的一种评价办法，是采用经验判断。由主管人员依据各自的经验对各方案的分析结果进行比较和选择。这时，专业人员（工程师、规划师或经济师）往往依据项目的费用和效果情况或者项目的技术可行性，对各个方案的选择做出判断；而行政主管往往主要权衡各个方案在政治上的利弊，很少依据技术或经济上的数据做出决定。因而，经验判断法的缺点是由于经济规划方法和技术数据应用少而增加人们犯错误的机会，而且也难以总结经验教训。当然，各种方法都包含着经验判断因素和成分，但如果经验判断成了惟一的抉择依据，则融入决策者个人愿望或政治倾（偏）向的机会便越多。为此，较多地采用经济评价的方法，并综合考虑其它非经济因素的影响，可能会得到较为正确的评价意见。

经济评价方法着重关心方案在经济上的实际得失，对各方案进行费用——效益分析，即对各个方案所需的费用和所可能取得的效益进行具体的计算分析，并考虑货币的时间价值，分别折换成现值后，采用不同的指标和方法确定各个方案在经济上的有利程度。

经济评价分为财务评价和国民经济评价两种。财务评价是从财务角度分析和计算项目的财务盈利能力和清偿能力，据以判别项目方案的财务可行性。国民经济评价则是从国家整体角度分析和计算项目对国民经济的净贡献，据以判别项目的经济合理性。财务评价只计算项目本身的直接费用和直接效益（内部效果）；而国民经济评价则除了直接费用和效益外还要计算项目的间接费用和间接效益（外部效果），并在计算中使用影子价格。交通运输工程项目都是为国家或地区和公众服务的公共项目，经济评价以国民经济评价为主。

交通运输项目的费用，主要为工程建设费、设备投资费、维（养）护和改建费、运营费等。而交通运输项目的效益，通常按照同不采用任何措施的原项目进行对比的原则来确定，分析采用该项目方案后在运输（或运行）费用降低、行程时间节约、行程距离缩短、货物周转加快或事故减少等方面的直接效益，以及在交通运输设施沿线或吸引区范围内对于促进地区经济开发（包括资源、产业、市场等）所带来的间接效益。

交通运输项目一般都有很长的使用期。初期投资的数额很大，资金回收期也很长。因而，项目经济评价的分析（计算）期也长些。一般采用20~40年。选取时，应考虑项目的类型、运输量预测的不确定性、社会折现率、所需的重建周期等因素。在分析期内不同时期发生的各项费用，都要折算到同一基准时间上，统一用现值表示，以便有相互进行对比的共同基础。

对各个方案（包括不采取措施的原设施）的费用和效益分别进行分析计算，并折换成现值后，就可以进行比较，以便确定各个方案的有利程度。评价其有利程度的指标和方法，常用的有净现值法、内部收益率法等。

1. 净现值 NPV

把分析期内不同时期预期支付的费用和得到的效益，按某一预定的折现率，统一换算成目前的费用和效益（现值）。然后，在等值的基础上，比较效益现值和费用现值，其差额为净现值。

分析期为 n 年的方案 X_1 的费用现值按下式确定：

$$PWC_{X_1,n} = C_{X_1} + \sum_{t=0}^{n} pwf_{i,t} \ (R_{X_1,t} + M_{X_1,t} + U_{X_1,t}) \qquad (2-24)$$

式中：C_{X_1}——方案 X_1 的修建费；

$R_{X_1,t}$、$M_{X_1,t}$、$U_{X_1,t}$——分别为方案 X_1 在 t 年的改建费、养护费和使用者费用。

方案 X_1 的效益是通过同无项目进行比较后，按使用者费用的节省来确定的。所以，通常采用不采取改善措施的现有设施作为基方案 X_0，而按下式确定比较方案 X_1 的净现值：

$$NPV_{X_1} = PWC_{X_1,n} - PWC_{X_0,n} \qquad (2-25)$$

选用净现值最高的方案作为优选方案。如果净现值为负的。则说明费用现值超过效益现值，此方案应放弃。

2. 内部收益率

使费用现值等于效益现值，即净现值为零时的折现率，便为内部收益率，当收益率大于或等于某个预定的收益率，例如社会折现率，则此方案在经济上是有利的。各个方案中，收益率高的方案显然是优先选取的。

收益率直观地反映投资者可以得到的利益，易于被人接受。净现值法在分析时需事先选定折现率，而折现率的大小对方案优劣的评价结果有很大影响，可是其选择没有很明确的依据可遵循。收益率法回避了这个问题，但是需通过多次试算才能得到，计算工作较繁杂。

二、综合评价法

经济评价当然是很重要的一方面。但仍然有不少社会的、政治的或非经济的因素的影响很难定量或用货币表示。而这些影响因素有时对于方案的抉择起着重要的作用，往往需要在评价时考虑入内。对于这些难以量化的影响因素，可以采用由有经验的人员组成的小组进行评分或评级的方法。先按评分人的经验和影响因素的变化范围，协商制定一个评分或评级标准，而后按评分人员的经验和倾向，确定各影响因素的相对重要性，并赋予相应的权系数。依据这两个商定的标准，评分人便可按各影响因素在各个方案中的实际情况给予评分。综合各人的评分结果和各影响因素的权系数，便可得到每个方案的综合评分或评级数。然后，各个方案就可按其综合评分或评级数进行排序，以供决策者参考。

例如：有一个项目共有 4 个方案，对每一个方案都在经济、财务、环境影响、政治支持、影响区范围等方面作了评价：经济方面的评价，采用费用和效益分析，以内部收益率作为指标；财务方面的评价则以资金获取可能性的估计作为指标，用概率形式表示。对环境的影响，以占用耕地的数量作为评价指标；取得政治支持方面的评价，以经过主要居民点的数目作为指标；影响区范围则以面积计。各个方面的评价，都设法选用了定量的指标，其结果列示于表 2 - 1。然而，各项评价指标采用不同的度量单位，无法将它们直接综合成相互可进行比较的综合指标。为此，先设法使各评价指标的度量单位统一化。一种方案是采用百分制，将各个指标的最佳水平值定为 100 分，而把其它方案的指标值按它占最佳值的比例确定其相应的分数值。例如方案 IV 的内部收益率最高，达 78%，便将它定为 100 分，则方案 III 的收益率的度量变为 (47/78) ×100 = 60.3，按这种方法换算后得到的标准化度量，列示于表 2 - 2。

表 2 - 1　例题计算表（1）

评价指标	方案 I	方案 II	方案 III	方案 IV
内部收益率（%）	50	65	47	78
资金获得可能性（%）	90	80	85	30
占用耕地（亩）	400	350	500	600
经过主要居民点数（个）	20	30	15	40
影响区范围（km²）	60	50	70	80

对于各个评价指标的相对重要程度，由评分小组的成员分别给予评定后，汇总成相应的权系数，如表 2 - 2 中所示。利用这些权系数，可将每个方案的 5 项评价指标值汇总成一个综合指标值，其结果列于表 2 - 3。这样，就可以按综合指标值的大小对各个方案进行优先排序。由表中可看出，方案 II 的评分值最高，排序为第一。

表 2 - 2　例题计算表（2）

评价指标	方案 I	方案 II	方案 III	方案 IV
内部收益率（%）	64.1	83.3	60.3	100
资金获得可能性（%）	100	88.9	94.4	33.3
占用耕地（亩）	87.5	100	70	58.3
经过主要居民点数（个）	50	75	37.5	100
影响区范围（km²）	75	62.5	87.5	100

表 2 - 3　例题计算表（3）

项目	方案 I	方案 II	方案 III	方案 IV
加权总评分数	75.015	82.49	70.315	77.905
评分优序等级	3	1	4	2

第三章　铁路运输系统

第一节　铁路运输系统的发展及特点

一、铁路运输系统的发展过程

纵观铁路的发展与人类的科技文明，可以发现两者是互为因果关系的。一方面，由于铁路的铺设使得人类可以开发更多的资源，再利用这些开发出来的资源丰富人类的生活，使科学技术更快地发展；另一方面，也由于科技的发展而改善了铁路运输的技术层次，使铁路在行车控制与能源利用效率方面都更加趋于完善。然而，自19世纪末以来，小汽车逐渐开始大量普及以后，铁路在营运上遭受了重大的影响，但这也促使铁路在营运与管理技术方面加以改善，进而提高服务水准，降低营运成本，以突破经营困境。因此，若从整体来看，铁路的发展过程，其实就是不断地求新求变以适应人类不同时代生活方式需求的过程。

（一）世界铁路发展史

世界铁路发展史，大体上可分为萌芽期、蓬勃发展期、衰退期和复苏期4个时期。

1. **萌芽期**（1825～1900年）

1825年，英国人史蒂文先生首先在英国修建了世界上第一条公共服务铁路，这条铁路长不到20km，以蒸汽机车牵引34节车厢行驶，车厢内共载有600名乘客及900t的货物，此为世界铁路运输史的开端。此后，欧洲各国开始对这种车头冒着浓烟，行驶于二条平行铁轨上的新型车辆发生兴趣，从而纷纷试建。到了1850年，英国与欧洲大陆已修建了约7 000km的铁路。美国为了开疆拓土，亦于1833年开始修建铁路，并于1869年5月在犹他州盐湖城附近的布罗蒙特瑞完成东、西两岸铁路的通车典礼，从此美国东、西岸的交通往来被缩减为5～6天，在当时若乘坐马车需耗时五六个月之久，若改乘轮船则必须绕行好望角，亦须费时3个月，所以美国东、西两岸铁路连线的完成，为美国的繁荣与强大奠定了很好的基础。这一时期铁路运输在社会上所处的地位可谓相当重要，除了影响经济发展的货物运送之外，在国防运输上更有其绝对的必要性，有鉴于此，欧美各国纷纷于这一时期兴建铁路运输系统。

2. **蓬勃发展期**（1900～1945年）

这一时期由于欧美各国在海外殖民与拓荒所需，铁路迅速地发展成为陆上运输的骨干；加上其独占性，使得铁路业者成为运输业界的领导者，坐享超额利润的甜美果实；也正因为如此，大批的投资人纷纷开始在各地修建铁路。以美国为例，1920年，全美国铁路里程数合计已经达40万km，铁路业者也有1 085家之多；到了1941年，全世界的铁路总长度已达约126万km，其中美洲占了47%，欧洲占了33%。细察这一时期铁路何以如此蓬勃发展，最主要原因即在于工业革命以后，欧美各先进国家对于原料、资源的需求增加及国际间商品贸易量大增，这些都使得铁路运输的需求持续增加，而当时小汽车因仍受限于生产技术与价格，未能大量生产，陆地上的主要运输任务大都依赖铁路来完成。

3. 衰退期（1946~1964年）

当铁路业者正享受独占利润，无心改善服务、质量之际，科学家们正同时着手于飞机的设计与汽车内燃机的改良。二次世界大战以后，小汽车在技术上获得了关键性的突破，美国福特公司开始制造数百万辆的廉价小汽车，让当时美国人民彻底地接受了小汽车的方便性，各国政府有鉴于汽车将广泛地被使用，而纷纷投入大量资金修筑完善的公路系统，以促进经济发展，并且提高国民所得，以期获取选民支持。而在铁路方面由于长期以来的独占，使得服务水准每况愈下，再加上铁路的可及性不及公路高，因而逐渐遭到各国政府的漠视，甚至制定许多法案限制铁路业者的营运，以避免铁路业者获取不正当的独占利润。在这些不利因素影响下，铁路运输营运量开始大幅度衰退。以美国为例，1955年，铁路长度约剩下35万km，1965年，铁路又减少了4万km，铁路公司减少为552家，铁路客运量仅为1940年的20%。在此期间，由于公路与航空业逐渐发展，铁路运输业的客运来源逐渐减少，而货物运输因此成为铁路的主要营业项目，但是总货运量却也逐渐减少，1930年，美国的铁路货运量仍占全国货运量的74.3%，到了1965年，仅剩下43.5%，铁路运输业开始被认为是没有前途的"夕阳工业"。

4. 复苏期（1964年以后）

为什么说1964年以后是铁路的复苏期呢？这是因为在1964年，日本建成了世界上第一条时速200km的高速铁路东海道新干线，行驶于东京及大阪之间，高速列车的行驶克服了传统铁路在行车速度上的限制，平均每天载客达45万人，高峰日则超过百万人，营运7年就将10亿美元的建设成本连本带利还清，从而重新找回铁路业者的希望。近几年来，日本、法国、德国等国家更陆续完成了更新更快的高速铁路系统，从而彻底改变了铁路的不良形象，所以说1964年是铁路复苏年代的开始。

此外，铁路运输方式在城市公共交通方面日渐受到重视，这是因为城市土地面积有限，但人口却日渐增加，未来已无法再开辟出新的道路，供汽车行驶，而且汽车所带来的拥挤、噪声、空气污染亦严重地影响了市民的生活质量，所以各先进国家政府一致认为如要彻底解决城市交通问题，非采用低污染、大运量的城市轻轨交通系统不可，而城市轻轨交通系统正是由传统铁路发展而来。由于城市轻轨交通系统具有专用路权，能提供迅速且大量的运输服务，因此是目前被认为解决城市交通拥挤问题的最有效的方法之一。

（二）我国铁路发展史

我国铁路运输的发展，由于受到满清帝国闭关锁国政策的影响，在发展时间上落后于西方国家甚久，而且由于清朝铁路政策的错误，甚至导致了满清帝国的倾覆。

1876年，在中国的英国商人眼见欧美铁路业者皆获厚利，因此屡向清廷提出铺设铁路的建议，以利于榨取中国内陆资源及推销英国商品之用。几经斡旋，终经清廷许可，由当时英商怡和洋行出资，铺设了10km的淞沪铁路，不料营业不久就发生了铁路行车事故，致使一清兵火车压死。由于当时人已有很强烈的排外情绪，因此对这一事故，表现出极度的不满，后来遂由朝廷下令由两江总督沈葆桢筹款收回此段铁路，并将铁轨掘起不准再办。

直至1881年，清廷为了开采煤矿所需，兴建了唐山至胥各庄之间约9km的唐胥铁路，才真正揭开了中国铁路运输史的序幕。由于这条铁路的经营效果良好，各地见此纷纷奏请兴建铁路，故在 1881～1921 年期间，在我国境内共兴建了约 10 000m 的铁路，不过其中多属外国人出资兴建，以致路权丧失，外力侵入。在 1911 年 4 月间，清廷为了收回路权以巩固其统治，宣布将实施铁路国有化政策，引起外商及各地出资乡绅的极度不满。在欲收回四川省境内铁路过程中，由于当地乡绅利用了民众的不满情绪，煽动民众，最终形成暴动，清政府因而派兵进行镇压，造成武汉空虚，而给予革命党人时机，得以在武昌起义成功，推翻了满清帝国，这一结果是满清皇朝始料未及的。

民国建立以后，国民党政府于 1922 年公布了铁路建筑的各项标准及规范书，1932 年公布了铁路法，直至 1949 年国民党政府被推翻，全国新建铁路合计只有 7 425km，可以通车的铁路也只有 21 989km。

1949 年中华人民共和国成立之后，我国铁路建设有了统筹的规划和统一的标准，进入了一个新的大发展时期。2002 年底，中国铁路已覆盖除西藏自治区外的各省、自治区、直辖市，营业里程 71 898 公里，居亚洲第一位。

（三）高速铁路的发展

随着人民生活水平的提高和社会的发展，目前一般运行时速为 100km 左右的传统铁路，已无法满足现代化国家人们往返于长途城际的运输需求，因此当航空运输业水平发达后，大批的旅客选择飞机作为往来于城际间的主要交通工具，造成飞机航次大增，由于机场无法承担如此密集的飞机班次，飞机起降时间受到延滞，若再加上往来于机场与城市市区之间的时间，航空运输似乎也已无法满足这些旅客对缩短运输时间的需求。因此，人们又将注意力集中于铁路运输上，希望能藉铁路的专用路权与车辆行驶自动导引性，发展出适合城际间快速、大运输量的高速铁路运输系统。所谓高速铁路是指列车运行速度可达 200km/h 及以上的铁路系统。

1964 年，日本新干线铁路是世界上的第一条高速铁路，它奠定了高速铁路的发展基础，一扫铁路为"夕阳工业"的阴影。这样，东京—大阪间的东海道新干线，以时速 210km 营运，吸引了大批的旅客乘坐，于 7 年内就偿还了兴建时所有的费用及利息负担，震惊了全世界的铁路业界，先进国家因而纷纷投入资金研究兴建更快速、更高效的高速铁路系统。

法国 TGV 也已完成 5 条客运路线，营运速度比日本新干线更高，在 1990 年 5 月创下了铁路的最高速度 515km/h。另外，据统计，TGV 东南线营运以后，巴黎至里昂之间的航空旅客运量减少了 65%，营运第二年起净盈余即为正增长，投资回报率达 12%，建设费用预计 10 年就可收回。德国的城际高速铁路（ICE）自 1991 年起才开始营运，但是 ICE 高速铁路在兴建之初就将服务目标设定于旅客与货物运输，因此 ICE 高速铁路的最大坡度仅为 12.5%。此外，ICE 的最终目标是要将德国境内的既有铁路系统与高速铁路系统全部连接起来，形成全部为高速路线的全国铁路网。西班牙与意大利的高速铁路也是客、货运共线，也都在 1992 年开始正式通车营运。

目前，还有一种突破传统轮轨关系的磁浮式高速铁路系统正在日本与德国试验中，这种高速铁路突破了传统铁路运输方式，将列车跨坐在铁轨上，再利用磁力将列车略微撑起 1～10cm，利用线性马达驱动列车，因此不需与地面接触，列车行驶起来不但噪声小，并且可将时速轻易地提高到 500km 以上。

二、铁路运输的特征

铁路运输作为世界地面运输的历史，已达百年之久，从其发展过程之中可以看出，铁路运输系统的建设确有其时代意义及历史背景，但铁路运输所具有的一些特性，却不是其他现代运输工具所能取代的，这些特性有些是不可取代的优点，有些却在时代变迁中成为铁路运营上致命的缺点。

铁路运输的优点主要表现在如下方面：

1. 运量大、运价低廉且运距长

铁路运输因采用大功率机车牵引列车运行，可承担长距离、大运输量的运输任务，而且由于列车运行阻力小，能源消耗量低，故系统价格低廉。

2. 列车运行速度较高

常规铁路的列车运行速度一般为 $60 \sim 80 km/h$，部分常规铁路可高达 $140 \sim 160 km/h$，高速铁路上运行的旅客列车时速可达 $210 \sim 310 km/h$，1990 年 5 月 18 日，法国 TGV 高速客车动车组试验时曾创造了时速 515.3km/h 的世界纪录。

3. 安全性好

随着先进技术的发展和应用，铁路运输的安全性越来越高。特别是在近 20 年间，许多国家的铁路广泛采用了电子计算机和自动控制等高新技术，安装了列车自动停车、列车自动操纵、设备故障和道口故障报警、灾害防护报警等装置，有效地防止了列车冲突事故和旅客伤亡事故，大大减轻了行车事故的损害程度。众所周知，在各种现代化交通运输方式中，按所完成客、货周转量计算的事故率，铁路运输是很低的。

4. 环境污染程度小

工业发达国家的社会及其经济与自然环境之间的平衡受到了严重的破坏，其中交通运输在某些方面起了主要作用。对空气和地表的污染最为明显的是汽车运输，而喷气式飞机、超音速飞机的噪声污染则更为严重。相比之下，铁路运输对环境和生态平衡的影响程度较小，特别是电气化铁路的影响更少。

5. 行驶具有自动控制性

铁路运输由于具有专用路权，而且在列车行驶上具有高度导向性，因此可以采用列车自动控制方式控制列车运行，以期达到车辆自动驾驶的目的。目前最先进的列车已经可以通过高科技电脑的控制，使列车的运行达到全面自动化，甚至无人驾驶的地步，从而可以大大提高运输安全，减轻司机劳动强度。

6. 有效使用土地

铁路运输因为以由客、货车组成的列车为基本运输单元，可以在有限的土地上作大量的运输，因此较之公路可以节省大量的土地，使土地资源得到最有效的利用。

7. 受气候限制小

铁路运输由于具有高度导向性，所以只要行车设施无损坏，在任何气候条件下，如下雨、冰天雪地，列车均可安全行驶，受气候因素限制很小，因此铁路是最具营运可靠性的运输方式。

铁路运输系统的缺点则主要反映在如下方面：

1. 资本密集且固定资产庞大

铁路的投资大都属于固定设备的沉没成本，难以移作他用，故其固定资产比例较其他运输事业高出许多，投资风险也就比较高。

2. 设备庞大不易维修，且战时容易遭破坏

铁路的运输过程必须依赖所有设施协同配合。由于整个运输体系十分庞大，不易达到完善的维修，加上近年来传统铁路收入不佳，更使得铁路的维修情形每况愈下。此外，从历史中可以发现，每次战争一爆发，由于铁路设施具有其国防价值，而且目标明显，容易遭受严重破坏。

3. 货损较高

铁路运输由于列车行驶时的振动与货物装卸不当，容易造成所承载货物的损坏，并且有些运输过程需经多次中转，常容易导致货物遗失。

4. 营运缺乏弹性

公路运输一般可以随货源或客源所在地而变更营运路线，而铁路则不行，故容易产生空车回送现象，从而造成营运成本的增加。

铁路运输是一种经历了时代考验的运输方式，虽然它的发展曾促进了无数个现代大城市的形成，但因逐渐受现代公路运输竞争的影响，而不得不不断地改革营运技术与管理方法，以求满足现代社会的运输需求。此外，由于铁路运输对于节省社会成本（如土地使用面积、能源消耗、空气污染等）之贡献极大，因此虽然传统铁路年年发生营运亏损，各国政府对于传统铁路仍愿给予巨额补贴，以维持铁路运输事业的发展。

第二节　铁路机车和车辆设备

一、铁路机车

1. 机车类型

机车是铁路运输的基本动力。由于铁路车辆大都不具备动力装置，需要把客车或货车连挂成列，由机车牵引沿着钢轨运行。在车站上，车辆的转线以及货场取送车辆等各项调车作业，也要由机车来完成。

蒸汽机车曾在铁路发展史上起过重要作用，但继续提高机车的功率和速度已相当困难，因此逐渐被内燃机车和电力机车所取代。

内燃机车一般以柴油为燃料，热效率高，机动灵活，上足一次油后能运行较长距离。但构造较复杂，制造、维修和运营费用都较高，制造大功率的车用柴油机也受到限制。

电力机车构造相对比内燃机车要简单些，所用电能可由多种能源（火力、水力、核能等）转换而来，电气设备工作稳定、安全可靠，而且具有功率大、效率高、不污染环境等多种优点。电力机车是被公认为最有发展前途的一种机车。

铁路采用的机车类型很多。从运用上分为客运机车、货运机车和调车机车。客运机车要求速度高，货运机车要求牵引力大，调车机车要求机动灵活。

2. 蒸汽机车

蒸汽机车是通过蒸汽机，把燃料的热能转换成机械能，用来牵引列车的一种机车。

蒸汽机车主要由锅炉、汽机、走行部、车架、煤水车、车钩缓冲装置以及制动装置等部分组成。锅炉提供机车动力的能源，它的作用是使煤燃烧，将水加热后变成具有相当高的温度和压力的蒸汽，供给机车汽机使用。汽机则把蒸汽的热能转变成机械能，使机车

运行。

蒸汽机车的构造比较简单，制造和维修比较容易，成本比较低，最早被世界各国铁路采用。但是，蒸汽机车热效率太低，其总效率一般只有 5% ~ 9%；煤、水消耗量很大，需要大量的上煤、给水设备。因此，在现代铁路运输中，蒸汽机车已逐渐被其他新型机车所取代。

3. 内燃机车

内燃机车是以内燃机作为原动力的一种机车。内燃机车的热效率可达 30% 左右，是各类机车中热效率较高的一种。机车的整备时间短，持续工作的时间长，适用于长交路；用水量少，适用于缺水地区；初期投资比电力机车少，而且机车乘务员劳动条件好，便于多机牵引。但内燃机车最大的缺点是对大气和环境有污染。

铁路上采用的内燃机绝大多数是柴油机。在内燃机车上，柴油机和机车动轮之间都装有传动装置，柴油机的功率是通过传动装置传递到动轮上去，而不是由柴油机直接驱动动轮的，其原因就在于柴油机的特性不能满足机车牵引性能的要求。

4. 电力机车

电力机车的牵引动力是电能，但机车本身没有原动力，而是依靠外部供电系统供应电力，并通过机车上的牵引电动机驱动机车运行。采用电力机车牵引的铁道称为电气化铁道。电气化铁道由牵引供电系统和电力机车两部分组成。

将电能从电力系统传送到电力机车的电力设备总称为电气化铁道的供电系统，发电厂发出的电流经升压变压器提高电压后，由高压输电线送到铁路沿线的牵引变电所，在牵引变电所里把高压的三相交流电变换成所要求的电流或电压后，再转送到邻近区间和站场线路的接触网上供电力机车使用。

电力机车是靠其顶部升起的受电弓从接触网上取得电能后并转换成机械能使机车运行的。电力机车主要由车体、车底架、走行部、车钩缓冲装置、制动装置和一整套电气设备等组成。除电气设备外，其余部分都同交——直流电力传动内燃机车相似。

5. 三种机车的比较

表 3 – 1 列出了对蒸汽机车、内燃机车及电力机车三种不同类型机车的概略性比较。可以看出，为了配合未来铁路的高速运行及大运输量的趋势，电力机车势必是将来铁路机车的发展方向。另外，目前世界上正在发展中的最新电动机车有涡轮机车与磁悬浮列车，这两种机车都有望能达到速度快、牵引力大、低污染及节省能源的最佳状态。

表 3 – 1　三种不同类型的机车比较表

项目/形式	蒸汽机车	内燃机车	电力机车
构造与造价	简单、低廉	复杂、较高	复杂、较高
运行速度	最小	较高	最高
马力	最小	较大	最大
热能效率	最低	较高	最高
空气污染度	最严重	轻微	没有
维护难易度	容易	困难	容易

二、铁路车辆

（一）概述

铁路车辆是运送旅客和货物的工具，一般没有动力装置。按用途分，铁路车辆可分为客车、货车及特种用途车。按轴数分，车辆有四轴车、六轴车和多轴车。按载重量分，货车有 50 t、60 t、75 t、90 t 等。

（1）客车。指运送旅客和为旅客服务的车辆，有硬座车、软座车、硬卧车、软卧车、餐车、行李车、双层客车等。

（2）货车。种类很多，有通用货车、专用货车和特种货车等。

（3）特种用途车。指一般不直接用于运送旅客和货物、有特殊用途的车辆，如卫生车、文教车、检衡车、发电车、救援车、扫雪车等。

（二）车辆基本构造

铁路车辆种类繁多，但其结构大致相似。一般由车体和车底架、走行部、车钩缓冲装置、制动装置 5 个基本部分组成。

1. 车体

车体是旅客乘坐或装载货物的部分，车体一般和车底架构成一个整体，其结构与车辆的用途有关。

（1）棚车。棚车车体由地板、侧墙、端墙、车顶、门和窗组成，主要用来运送日用品、仪器等比较贵重和怕晒、怕湿的货物。大多数棚车是通用型的。

（2）敞车。敞车车体由地板、端墙和侧墙组成，主要用来运送煤炭、矿石、钢材等不怕湿的货物。

（3）平车。大部分平车车体只有地板。平车主要用于运送钢材、木材、汽车、机器等体积较大或重量较大的货物，也可借助集装箱装运其他货物。有的平车装有活动墙板也可用来装运矿石等散粒货物；近年来研制的双层平车，可运输小汽车。

（4）保温车。保温车的车体与棚车外形相似，为减少太阳的辐射热，在车体外表涂成银灰色，墙板夹层装有隔热材料，车里装有加温、制冷、测温和通风装置。保温车主要装运鱼、肉、水果、蔬菜等鲜活易腐货物。

（5）罐车。罐车主要用来运送油、酸、水等各种液体、液化气体、粉装货物，外形为一个卧放的圆筒，具有较大的强度和刚度。罐体上设有安全阀，可以调节罐内压力，保证运行安全。不同结构的罐车只适宜运送一种液体货物，所以罐车的通用性较差。

（6）专用货车。为了固定装运某种货物，还制造了一些专用货车，如专门运送家畜的家畜车；专为装运各种长大重型货物，如大型机床、发电机、化工合成塔等的长大平车、凹底平车、落下孔车和钳夹车等。

（7）客车。客车车体采用薄壁筒形结构，由底架、侧墙、车顶、外端墙和内端墙、门、窗等组成。车体内部设有坐卧设备、给水设备、车电设备、通风设施和空调取暖设备等。

2. 车底架

车底架是车体的基础。它承受车体和所装货物的重量，货车可通过上、下心盘将重量传给走行部。列车运行时，可承受机车牵引力和运行中所引起的各种冲击力，所以必须具有足够的强度和刚度。

3. 走行部

走行部的作用是引导车辆沿轨道运行，并把重量传给钢轨。它应保证车辆以最小的阻力在轨道上高速、平稳地运行，并顺利地通过曲线。

在四轴货车上，四组轮对分成相同的两部分，组成转向架。转向架是由两组轮对、轴箱油润装置、侧架、摇枕和弹簧减振装置等组成的一个整体。车辆采用转向架的形式后，能相对于车底架自由转动，缩短了车辆的固定轴距，使车辆能顺利地通过曲线。

4. 车钩缓冲装置

车钩缓冲装置是使机车和车辆或车辆之间连挂一起，并且传递牵引力和制动力，缓和列车运行或调车作业时所产生的冲击力。

5. 制动装置

制动装置是用外力迫使运行中的机车车辆减速停车的一种设备。它不仅是列车安全运行的重要保证，而且也是提高列车重量和运行速度的前提条件。因此，制动装置的性能好坏，对铁路的运输能力和行车安全都有重要作用。

我国机车车辆上安装的制动机主要有：空气制动机和手制动机。空气制动机又叫做自动制动机，是利用压缩空气产生制动力的，一般用于列车制动。手制动机是用人力进行制动，一般用于调车时对个别车辆或车组实行制动。

（三）车辆技术经济参数

（1）自重、载重及容积。自重为车辆本身的全部重量，以"吨（t）"为单位；载重即车辆允许的最大装载重量，以"吨（t）"为单位；容积是货车内部可以容纳货物的体积，以"立方米（m^3）"为单位，并在括号内注明"内长×内宽×内高"的尺寸。

（2）车辆全长及换长。车辆全长为该车两端钩舌内侧间的距离，以"米（m）"为单位。换长是为了编组列车时统计工作的方便，将车辆全长换算成辆数来表示长度，换算时以11m为计算标准，即换长＝车辆全长/11m，计算中保留一位小数，尾数四舍五入。

（3）自重系数。自重系数是车辆自重与标记载重的比值。自重系数小，说明机车对运送每一吨货物所做的功少，比较经济，所以自重系数越小越好。因此，应制造大吨位的货车。

（4）轴重。轴重是车辆总重与轴数之比，即车辆每一轮对加于轨道上的重力。车辆的轴重受轨道和桥梁结构强度（允许的荷载）的限制，所以不允许超过规定数值。目前，我国线路允许的最大轴重为23 t。

（5）单位容积。单位容积是车辆设计容积和标记载重之比。这说明车辆载重力与容积能否达到充分利用的指标。

（6）每延米轨道载重。每延米长轨道载重是车辆总重量与车辆全长之比（单位为t/m）。它是车辆设计中与桥梁、线路强度密切相关的一个指标。按目前桥梁设计规范，允许车辆每延米轨道载重可取到8 t/m。线路允许载重我国规定一般不得超过6.6 t/m。

（7）构造速度。构造速度指车辆设计时，按安全及结构强度等条件所允许的车辆最高行驶速度。车辆实际运行速度一般不允许超过构造速度。

三、铁路列车

铁路车辆按规定重量、长度及编挂条件编成车列，挂有机车和规定的列车标志、配备列车服务员并指定有列车车次时，称为列车。

列车按运输性质和用途分为旅客列车、货物列车、客货混合列车，以及指定用途的列车（如路用列车、救援列车、军用列车等）。为判明列车的性质和等级、便于列车运行组织和管理，每类列车都给予一定的编号，称为车次。原则上规定开往首都或由支线开往干线的列车为上行列车，编为双号车次；反之为下行列车，编为单号车次。

铁路营运主要是为了载客与运货，为了满足各种不同类型的旅客需求，则需配备各种不同等级的客车，为了运送不同的货物则需配备各种类型、不同功能的货车。

第三节 铁路车站及枢纽

一、铁路车站

1. 概述

车站是办理旅客运输与货物运输的基地，旅客的上下车和货物装卸车及其有关作业都是在车站上进行的。车站通过办理上述业务，使铁路运输生产与国民经济的发展和市场的需求联系起来，也是铁路和旅客、货主联系的纽带。

车站还是铁路运输的基层生产单位。在车站上，除了办理旅客与货物运输的各项作业外，还要办理与列车运行有关的各项作业，如列车的接发、会让与越行；车列的解体与编组；机车的换挂与整备；车辆的检查与修理等。车站不仅是铁路内部各项作业的汇合点，也是提高铁路运输效率和运输安全的保证。

2. 区间与分界点

为了保证行车安全和必要的线路通过能力，铁路上每隔一定距离（10km 左右）需要设置一个车站。车站把每一条铁路线划分成若干个长度不同的段落，每一段线路叫做一个区间。而车站就成为相邻区间之间的分界点，因此，区间和分界点是组成铁路线路的两个基本环节。

区间有不同的分类。车站与车站之间的区间称为站间区间；车站与线路所之间的区间称为所间区间；自动闭塞区段上通过色灯信号机之间的段落称为闭塞分区。

区段通常是指两相邻技术站间的铁路线段，它包含了若干个区间和分界点。区段的长度一般取决于牵引动力的种类或路网状况。

3. 车站的分类

目前，我国铁路上有大小车站几千个，根据它们所担负的任务量和在国家政治上、经济上的地位，共分为六个等级，即特等站、一等站、二等站、三等站、四等站、五等站；车站按技术作业的不同可分为编组站、区段站和中间站；编组站和区段站总称为技术站；按业务性质又分为货运站、客运站和客货运站。

4. 车站线路种类与线间距

车站应有正线，根据车站作业的需要还需配置各种用途的站线。正线即直接与区间连通的线路。站线包括到发线、牵出线、调车线、货物线及站内指定用途的其他线。

到发线是用于接发旅客列车与货物列车的线路；牵出线是用于进行调车作业时将车辆牵出的线路；货物线是用于货物装卸作业的货车停留线路；调车线是用于车列解体和编组并存放车辆的线路；站内指定用途的其他线路主要有机车走行线、车辆站修线、驼峰迂回线及驼峰禁溜线等。

线间距是指两相邻线路中心线之间的距离。它应能保证行车和车站工作人员工作时的安全。线间距的大小是根据铁路限界、是否通过装载超限货物列车以及股道间是否装设信号机等因素而确定的。站内正线与到发线之间、正线和到发线与其他站线之间的最小线间距为5 000 mm。双线区间正线的最小线间距为4 000 mm。

二、中间站

中间站是铁路上数量最多的车站，一般位于中小城镇，是城乡联系的重要纽带。在联系工业和农业、加强城乡人民的往来和物资交流中起着重要的作用。此外，中间站还可以提高铁路区段通过能力，保证行车安全。

中间站的作业主要包括：旅客的乘、降和行李、包裹的承运、保管、装卸与交付；货物的承运、保管、装卸与交付；接发列车作业（包括接车、发车和放行通过列车）；摘挂列车的车辆摘挂作业；以及向货物线、专用线取送车辆的调车作业。

中间站的设备应根据作业的性质和工作量大小而定。一般包括：客运设备，包括旅客站舍（售票房、候车室、行包房）、旅客站台、雨棚和跨越设备（天桥、地道、平过道）等；货运设备，包括货物仓库、货物站台和货运室、装卸机具等；站内线路，包括到发线、牵出线和货物线等，它们分别用于接发列车、进行调车和货物的装卸作业；信号及通信设备；某些中间站还设有机车整备设备和列车检查设备等。

在我国铁路上，还有数量不多的，主要为提高线路通过能力而设置的车站，称为会让站和越行站。会让站和越行站均包括在中间站之内。会让站设在单线铁路上，主要办理列车的到发和会让，也办理少量的客货运业务。因此，会让站应铺设到发线、旅客乘降设备，并设置信号及通信设备、技术办公用房，但没有专门的货运设备。在会让站上，既可以实现会车，也可以实现越行。越行站设在双线铁路上，主要办理同方向列车的越行业务。因此越行站应有到发线、旅客乘降设备、信号及通信设备、技术办公房屋等。

三、区段站

区段站多设在中等城市和铁路网上牵引区段（机车交路）的起点或终点。区段站的主要任务是为邻接的铁路区段供应及整备机车，为无改编中转货物列车办理规定的技术作业，并办理一定数量的列车解编作业及客货运业务。

区段站所办理的作业，无论从数量上或种类上，都远较中间站繁多。而在所办理的解编及中转列车中，无改编中转列车所占的比重较大。

所有到达区段站的货物列车，按它在该站所进行的作业性质，可以分为两类：一类是到达本站不解体，只作技术检查和机车换挂等作业，然后继续运行的列车，叫做无改编中转列车；一类是到达本站后，要将列车解体，这种列车叫做改编列车（解体列车）。

四、编组站

编组站是铁路网上办理大量货物列车解体和编组作业，并设有比较完善调车设备的车站。编组站按列车编组计划的要求，编解各种类型的列车，为合理组织车流服务，是一个编组列车的"工厂"。编组站通常设在几条主要干线的汇合处，也可以设在有大量装卸作业地点的大城市、港口或大工矿企业附近。

1. 编组站在作业和设备上的特点

编组站和区段站同属技术站。从技术作业上看，编组站和区段站都要办理列车的接发、解编、机车的供应或换挂，列车的技术检查及车辆的检修等。但是，区段站主要是办理中转列车的作业，解体和编组的列车数量少，而且大多是区段列车或摘挂列车。而编组站的主要作业是大量办理列车的解体和编组，而且其中多数是直达列车和直通列车。

编组站的设备，也有旅客和货物运转、客货运业务及机务、车辆等设备。但位于大城市郊区的编组站，可能不设客、货运设备；在货物运转设备方面，调车场和调车设备的规模和能力比区段站大得多。

2. 调车驼峰

调车工作是铁路运输过程的重要组成部分，对于编组站来说，更是日常运输生产的主要活动。调车工作按使用设备分为牵出线调车和驼峰调车。牵出线调车时，车辆的动力是靠调车机车的推力作用，适合车列的编组作业。驼峰调车时，是利用其高差的位能，车辆溜放的动力以其本身的重力为主，调车机车的推力为辅，适合车列的解体作业。

驼峰按日均解体作业量分三类：大能力驼峰、中能力驼峰、小能力驼峰。

（1）大能力驼峰。日均解体车数4 000辆以上，调车线不少于30条，设两条溜放线，应设有推峰机车遥控、钩车溜放速度和溜放进路自动控制系统，建在路网性和区域性编组站上。

（2）中能力驼峰。日均解体车数2 000~4 000辆，调车线在16条以上，设1~2条溜放线，宜设有推峰机车遥控、钩车溜放速度和溜放进路自动控制系统，建在区域性或路网性编组站上。

（3）小能力驼峰。日均解体车数2 000辆以下，调车线5~16条，宜设置溜放进路自动控制系统、推峰机车信号，有条件时可采用推峰机车遥控系统、钩车溜放速度自动或半自动控制系统。

五、铁路枢纽

在铁路网的交汇点或终端地区，由各种铁路线路、专业车站以及其他为运输服务的有关设备组成的总体，称为铁路枢纽。铁路枢纽是客货流从一条铁路转运到各接轨铁路的中转地区，也是所在城市客货到发及联运的地区。除枢纽内各种车站办理的有关作业外，在货物运转方面，有各铁路方向之间的无改编列车和改编列车的转线，以及担当枢纽地区车流交换的小运转列车的作业。在旅客运转方面有直通、管内和市郊旅客列车的作业。在货运业务方面，办理各种货物的承运、装卸、发送、保管等作业；此外，还要供应运输动力、进行机车车辆的检修等作业。

1. 铁路枢纽设备

为了完成以上复杂而繁重的任务，枢纽内需要配备成套的技术设备，如图3-1所示。它们在统一指挥下协调工作。

（1）铁路线路，包括引入正线、联络线、环线、工业企业专用线等。

（2）车站，包括客运站、货运站、编组站、工业站、港湾站等。

（3）疏解设备，包括铁路线路与铁路线路的平面和立交疏解、铁路线路与城市道路的立交桥和道口以及线路所等。

（4）其他设备，包括机务段、车辆段、客车整备所等。

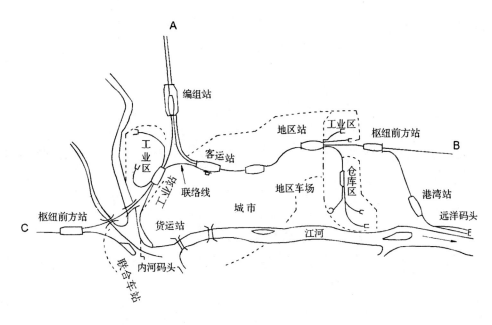

图 3 - 1 铁路枢纽示意图

2. 铁路枢纽分类与布置图型

铁路枢纽是由铁路新线建设和城市及工业发展等原因逐步形成和发展起来的。因此，枢纽所在地区的政治与经济特征、在地理上和路网中的位置、城市和工业建设的要求等对它所承担的运输业务有着密切的关系。

铁路枢纽按其在铁路网上的地位和作用可分为路网性铁路枢纽、区域性铁路枢纽、地方性铁路枢纽。

枢纽布置图型形成的因素比较复杂，必须根据各个枢纽的具体条件，确定合理的布置图型。根据枢纽范围内专业车站和铁路线路在总图结构上的特征，并结合一定的车流条件，可有多种形式的枢纽图型，如三角形、十字形、顺列式、并列式、环形、混合形和尽端式铁路枢纽等。图 3 - 1 为混合式铁路枢纽示意图。

第四节　铁路线路

一、概述

铁路运输的特点是采用轨道运输方式，列车必须在铁路线路上行驶，铁路线路是列车运行的基础，它直接承受机车车辆轮对传来的压力。因此，铁路线路必须经常保持良好状态，才能保证列车高速、安全、平稳和不间断地运行。铁路线路是由路基、桥隧建筑物（包括桥梁、涵洞、隧道等）和轨道（包括钢轨、轨枕、联结零件、道床、防爬设备和道岔等）组成的一个整体工程结构。

1. 铁路等级

铁路（线路）等级是铁路的基本标准。设计铁路时，首先要确定铁路等级。铁路的技术标准和装备类型都要根据铁路等级去选定。

我国《铁路线路设计规范》GB50090（简称《线规》）规定，新建和改建铁路（或区段）的等级，应根据它们在铁路网中的作用、性质和远期的客货运量确定。我国铁路共划分为三个等级，即Ⅰ级、Ⅱ级、Ⅲ级，具体的条件见表3-2所列。

表3-2　铁路等级

等级	铁路在路网中的意义	远期年客货运量
Ⅰ级铁路	在路网中起骨干作用的铁路	≥20Mt
Ⅱ级铁路	1. 在路网中起骨干作用的铁路	<20Mt
	2. 在路网中起联络、辅助作用的铁路	≥10Mt
Ⅲ级铁路	为某一区域服务，具有地区运输性质的铁路	<10Mt

注：（1）远期指交付运营后第10年；

　　（2）年客货运量为重车方向的货运量与客车对数折算的货运量之和。每天1对旅客列车按1.0Mt/a货运量折算。

为使各级铁路确定设计标准有所依据，《线规》规定了各级铁路的行车最高速度（旅客列车预期能达到的最高速度）：Ⅰ级铁路双线为140 km/h、单线为120 km；Ⅱ级铁路单线为120km/h；Ⅲ级铁路单线为100 km/h。如果设计铁路的行车最高速度大于120 km/h，则其技术标准应另行拟订。

2. 铁路的主要技术标准

铁路主要技术标准包括：正线数目、限制坡度、最小曲线半径、牵引种类、机车类型、机车交路、车站分布、到发线有效长度和闭塞类型等。这些标准是确定铁路能力大小的决定因素，一条铁路选用不同的标准对设计线的工程造价和运营质量有重大影响，同时又是确定设计线的工程标准和设备类型的依据。

选定铁路主要技术标准是设计铁路的基本决策，应根据国家要求的年输送能力和确定的铁路等级，考虑沿线资源分布和国家科技发展规划，并结合设计线的地形、地质、气象等自然条件，经过论证比选，慎重确定。

线路的等级不同，在线路平、纵断面设计中所采用的标准和装备的类型也不一样，所以在进行设计时，首先要确定铁路的等级。

二、铁路线路的平面和纵断面

线路中心线在水平面上的投影，叫线路平面。它表明线路的直、曲变化状态。线路中心线纵向展直后在铅垂面上的投影，叫线路纵断面，它表明线路的起伏变化情况，其高程为路肩高程。线路的平面和纵断面不但确定了线路在空间的位置，同时也为路基、桥涵、隧道及车站等其他设备的设置提供依据，对铁路通过能力及输送能力的大小都有直接影响。因此设计时，必须按线路的等级和《线规》规定的技术标准，分析设计路段的具体情况，综合考虑工程和运营的要求，通过方案比选，正确处理两者之间的矛盾，合理设置。

1. 线路的平面及平面图

直线和曲线是线路平面的组成要素。线路平面上有了曲线（弯道）后，给列车运行造成阻力增大和限制行车速度等不良影响。列车通过曲线时，由于离心力的作用，使得外侧车轮轮缘挤压外轨，摩擦增大；同时还由于外轨长于内轨，内侧车轮在轨面上滚动时产生相对滑动，从而给运行中的列车带来一种附加阻力，称为曲线阻力。曲线阻力与曲线半径成反比。曲线半径越小，曲线阻力越大，运营条件就越差，采用大半径曲线对列车运行的影响较小。为了保证线路的通过能力，并有一个良好的运营条件，对区间线路的最小曲线半径做了具体规定，见表3－3所列。

表3－3　区间线路最小曲线半径

铁路等级	铁路设计行车速度（km/h）	最小曲线半径（m）	
		一般	困难
	160	2 000	1 600
	120	1 200	800
	80	500	450
II	120	1 000	800
	80	450	400
III	100	600	550
	80	400	—

在铁路线路上，直线和圆曲线不是直接相连的，它们之间需要插入一段缓和曲线，以保证行车平顺。客运专线铁路，区间线路最小曲线半径为2 800m，困难情况下，最小曲线半径为2 200m。缓和曲线的作用是在缓和曲线范围内，其半径由无限大逐渐变化到等于它所衔接的圆曲线半径（或相反），从而使车辆产生的离心力逐渐增加（或减小），有利于行车平稳；在缓和曲线范围内，外轨超高由零递增到需要的超高量（或相反），使向心力与离心力相配合；当曲线半径小于350m，轨距需要加宽时，在缓和曲线范围内，可由标准轨距逐步加宽到圆曲线需要的加宽量（或相反）。

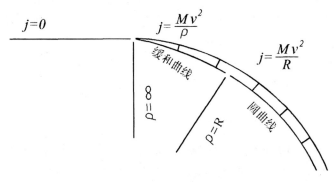

图3－2　缓和曲线示意图

用一定比例尺，把线路中心线及其两侧的地面情况投影到水平面上，就是铁路线路平面图，线路平、纵断面图是铁路设计的基本文件。在各个设计阶段都要编制要求不同、用途不同的各种平面图。从书中的平面图上可以看到线路的中心线和里程标，以及沿线的车站、桥隧建筑物等的数量和位置；同时还可以看到用等高线（地面上高程相等各点的连线）表示的沿线地形和地物等情况。

2. 线路的纵断面及纵断面图

为了适应地面的起伏，线路上除了平道以外，还修建不同的坡道。因此，平道与坡道就成了线路纵断面的组成要素。坡道的陡与缓常用坡度来表示。坡度是指坡道线路中心线与水平夹角的正切值，它的大小通常是用千分率来表示。由于有了坡道，就给列车运行带来了不良的影响。列车在坡道上运行时，会受到一种由坡道引起的阻力，这一阻力称之为坡道附加阻力。坡度越大，列车上坡时的坡道阻力也就越大，同一台机车（在列车运行速度相同的条件下）所能牵引的列车重量也就越小。

每一铁路区段都是由许多平道和不同坡度的坡道组成的。坡道的坡度不同，它们对列车重量的影响也就不同。在一个区段上，决定一台某一类型机车所能牵引的货物列车重量（最大值）的坡度，叫做限制坡度（‰）。在一般情况下，限制坡度的数值往往和区段内陡长上坡道的最大坡度值相当。

限制坡度的大小，影响一个区段甚至全铁路线的运输能力。限制坡度小，列车重量可以增加，运输能力就大，运营费用就越省。但是限制坡度过小时，就不容易适应地面的天然起伏，特别是在地形变化很大的地段，使工程量增大，造价提高。因此，限制坡度的选定是一个很重要的问题，要经过仔细的综合研究，才能得出合理的结论。我国《铁路技术管理规程》（简称《技规》）规定的最大限制坡度的数值，见表3-4所列。

表3-4　区间线路最大限制坡度（‰）

铁路等级		牵引种类	
		电力	内燃
I	一般	6.0	6.0
	困难	15.0	12.0
II	一般	6.0	6.0
	困难	20.0	15.0
III	一般	9.0	8.0
	困难	25.0	18.0

平道与坡道、坡道与坡道的交点，叫变坡点。为保证列车运行平稳和安全，我国铁路规定，在Ⅰ、Ⅱ级铁路上，相邻坡段的坡度代数差大于3‰、Ⅲ级铁路大于4‰时应以竖曲线连接。竖曲线是纵断面上的圆曲线，Ⅰ、Ⅱ级铁路半径为10 000m，Ⅲ级铁路半径为5 000m。

用一定的比例尺，把线路中心线展直后投影到垂直面上，并标明平面、纵断面各项有关资料的图纸，叫做线路纵断面图。铁路线路纵断面图的上部是图的部分，其中主要是设计线，即路肩设计标高的连线。此外，还有地面线、填方和挖方的高度、桥隧建筑物资料（包括桥梁、涵洞的孔径、类型、中心里程和隧道长度等）、车站资料（包括站名、车站中心里程和相邻车站间的距离）及其他有关情况。纵断面图的下部是表格部分，其中主要的是路肩设计标高（在变坡点处和百米标、加标处都标出路肩设计标高）和设计坡度。铁路线路纵断面图和平面图是全面、正确地反映铁路线路主要技术条件重要文件，无论在铁路的勘测设计阶段及指导施工阶段，或是交付运营之后都要使用。

3. 线路标志

为了线路的维修和养护，司机和车长等工作上的需要，在线路沿线设有线路标志。线路标志应埋设在计算里程方向的线路左侧。其中，常见的有公里标、半公里标、曲线标、圆曲线与缓和曲线始终点标、桥梁及坡度标等，见图3-3所示。

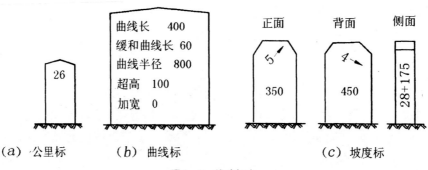

曲线长	400
缓和曲线长	60
曲线半径	800
超高	100
加宽	0

（a）公里标　　　（b）曲线标　　　　　（c）坡度标

图3-3　线路标志

公里标、半公里标是线路的里程标。公里标表示从铁路线路起点开始计算的连续里程，每公里设一个。半公里标设于线路的每半公里处。曲线标为曲线的技术参数标。其上标明了曲线的有关要素（曲线的长度、缓和曲线长度、曲线半径、超高、加宽等）。该标设于曲线的中部。坡度标设于变坡点处。它的正面和背面分别表示两边的坡度和坡段长度，并用箭头表示上坡或下坡，侧面则标明它所在的里程。桥梁标一般设于桥头，标明桥梁编号和桥梁中心里程。

三、路基与桥隧建筑物

铁路路基是为满足轨道铺设和运营条件而修建的土工构筑物。路基必须保证轨顶设计标高，并与桥梁隧道连接组成完整贯通的铁路线路。路基和桥隧建筑物都是轨道的基础，它们直接承受轨道的重量及机车车辆及其荷载的压力。因此，路基和桥隧建筑物的状态与线路质量的关系极为密切。

路基面应当平顺，应有足够的宽度，符合轨道铺设、附属构筑物设置和线路养护维修作业的要求。在铁路线路工程中，路基常见的两种基本形式是路堤和路堑。当铺设轨道的路基面高于天然地面时，路基以填筑方式构成，这种路基称为路堤。当铺设轨道的路基面低于天然地面时，路基的开挖方式构成，这种路基称为路堑。此外，还有半路堤、半路堑或不填不挖路基等。路基必须坚实而稳固，才能承受沉重的压力。为了保证路基的坚实和稳固，使路基经常处于干燥状态，路基上设有一套完整的排水设备。如纵向排水沟或取土坑，侧沟和截水沟都是为了排泄地面水而设置的。为了拦截地下水，降低地下水位，常常采用渗沟、渗管等地下排水设备。地下水渗入渗沟以后，可通过渗管纵向排出路堑以外。对路基坡面地表水流的浸洗冲刷应及时进行坡面防护，并修筑排水设备，保证排水畅通。常用的坡面防护措施有：种草、铺草皮、植树、抹面、灌浆和砌石护坡等，此外，还可以设置挡土墙或其他拦挡建筑物。

当铁路线路要通过江河、溪沟、谷地以及山岭等天然障碍，或要跨越公路、铁路时，需要修建桥隧建筑物，以使铁路线路得以继续向前延伸。桥隧建筑物包括桥梁、涵洞、明渠、隧道等。在修建铁路时，桥隧建筑物的工程量一般占相当大的比重，而大桥和长隧道的施工期限，有时还成为新建铁路能否按时通车的关键。

桥梁主要由桥面、桥跨结构、墩台及基础三部分组成。桥梁的种类很多、形式多样，一般可按桥梁的建造材料、桥梁长度、桥梁外形以及桥梁跨越的障碍等加以区分。按建造材料分为钢桥、钢筋混凝土桥、石桥等；按桥梁长度（L）分为小桥（$L < 20$m）、中桥

48

$(20\,m \leqslant L < 100\,m)$、大桥（$100\,m \leqslant L < 500\,m$）和特大桥（$L \leqslant 500\,m$）等；按桥梁外形分为梁桥、拱桥、斜拉桥等。

涵洞设在路堤下部的填土中，是用以通过水流的一种建筑物。涵洞主要由洞身（由若干管节所组成）、基础、端墙和翼墙所组成。管节埋在路基之中，它具有一定的纵向坡度（从进口向出口），以便排水。端墙和翼墙的作用，是便于水流进出涵洞，同时还可以保护路堤边坡，使它不受水流的冲刷。按照建筑材料的不同，涵洞有石涵、混凝土涵、钢筋混凝土涵、铁涵等多种。涵洞的截面有矩形、圆形、拱形等不同形式。涵洞的孔径一般是 $0.75 \sim 6\,m$。

铁路隧道大多修筑在山岭之中，用以避免开挖深路堑或修建很长的迂回线。此外，还有建筑在河床、海峡或湖底以下的水下隧道和大城市的地下铁道。隧道的两端应修筑洞门，以便保持洞口上方仰坡和两侧边坡的稳定，并将雨水引离隧道。隧道内部一般都要用砖、石、混凝土等材料进行衬砌，以防四周岩层塌落、变形和渗水。

四、轨道

在路基、桥隧建筑物修成之后，就可以在上面铺设轨道。轨道由钢轨、轨枕、联结零件、道床、防爬设备和道岔等主要部件组成。它起着机车车辆运行的导向作用，直接承受由车轮传来的巨大压力，并把它传布给路基或桥隧建筑物。

（一）轨道的组成

轨道是一个整体性工程结构，经常处于列车运行的动力作用下，所以它的各组成部分均应具有足够的强度和稳定性，以便保证列车按照规定的最高速度安全、平稳和不间断地运行，如图 3-4 所示。

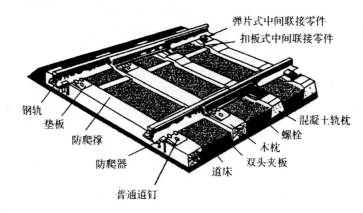

图 3-4　轨道的基本组成

注：图中画了多种类型扣件是为示例之用，并非现场线路中的实际使用情况。

1. 钢轨

钢轨的作用是直接承受车轮的巨大压力并引导车轮的运行方向，因而它应当具备足够的强度、稳定性和耐磨性。为了使钢轨具有最佳的抗弯性能，钢轨的断面形状采用"工"字形。

在我国，钢轨的类型或强度以每米长度的质量（公斤数）表示，现行的标准钢轨类型有：75 kg/m、60 kg/m、50 kg/m 等。钢轨的长度长一些好，可以减少接头的数量，列车运行平稳并可节省接头零件和线路的维修费用，但是由于加工条件和运输条件的限制，一根钢轨的轧制长度是有限的。目前我国钢轨的标准长度有 25m 和 12.5m 两种。

2. 轨枕

轨枕是钢轨的支座，它除承受钢轨传来的压力并将其转给道床以外，还起着保持钢轨位置和轨距的作用。轨枕按照制作材料主要分钢筋混凝土枕和木枕两种。木枕弹性好；形状简单，加工容易；重量轻、铺设、更换方便等优点。它的主要缺点是要消耗大量的木材，而且使用寿命较短。经过防腐处理的木枕，一般可用 15 年左右，为了保护生态平衡和森林资源，木枕的使用将受限制。钢筋混凝土轨枕使用寿命长、稳定性高和养护工作量小，加上材料来源较广，所以在我国铁路上得到广泛的采用。

我国普通轨枕的长度为 2.5m。每公里线路上铺设轨枕的数量，应根据运量及行车速度等运营条件确定，一般在 1 520 ~ 1 840 根之间。轨枕数量越多，表明轨道的强度越大。

宽钢筋混凝土轨枕（又称混凝土轨枕板）外形和普通钢筋混凝土轨枕相似，但比普通混凝土轨枕宽而且稍薄，它在线路上是连续铺设的。因此轨道的沉陷较小，也不容易发生坑洼不平和道床的脏污现象。同时，由于它的底部和道床、上部和轨底的接触面积大，因而提高了线路的稳定性，改善了钢轨的受力条件，有利于高速行车。我国已在隧道内、大桥桥头和大客运站内铺设，并且在主要干线上逐步扩大使用。

3. 联结零件

联结零件包括接头联接零件和中间联结零件两类。接头联结零件是用来联结钢轨间的接头的，钢轨接头处必须保持的缝隙叫做轨缝。当气温变化使钢轨产生伸缩时，它可以起调节作用。钢轨接头是线路上最薄弱的环节，它使行车阻力和线路维修费用显著增加，因此它是线路维修工作的重点对象。中间联结零件（又称扣件）的作用是将钢轨紧扣在轨枕上。木枕用扣件包括普通道钉和垫板，钢筋混凝土用的扣件有扣板式、拱形弹片式和 W 型弹条式三种。

4. 道床

道床是铺设在路基面上的石碴（道碴）垫层。主要作用是支撑轨枕，把从轨枕上部的压力均匀地传递给路基；并固定轨枕的位置，阻止轨枕纵向或横向移动；缓和机车车辆轮对钢轨的冲击。道床的材料应当具有坚硬，不易风化，富有弹性，并有利于排水的特点。常用的材料有碎石、卵石、粗砂等。其中以碎石为最优，我国铁路一般都采用碎石道床。

整体道床就是用碎石加水泥浆或者混凝土，钢筋加混凝土直接在路基面上筑成坚固的轨道基础，用以代替通常的碎石道床。这是一种钢性轨下基础，线路的强度高、维修工作量少，适合于高速运行。目前我国大部分是在隧道内铺设。

5. 防爬设备

因列车运行时纵向力的作用，使钢轨产生纵向移动，有时甚至带动轨枕一起移动，这种现象叫轨道爬行。轨道爬行经常出现在单线铁路的重车方向（运量大的方向）、双线铁路的行车方向以及长大下坡道上和进站前的制动距离内。

轨道爬行往往引起轨缝不匀、轨枕歪斜等线路病害，对轨道的破坏性极大，严重时还会危及行车安全。因此，必须采用有效措施加以防止。通常的做法是：一方面加强钢轨与轨枕间的扣压力和道床阻力；另一方面是设置防爬设备（防爬器和防爬撑）。常用的防爬器为穿销式防爬器。

6. 道岔

道岔是一种使机车车辆能从一股道转入另一股道的线路连接设备，在车站上大量铺设。

（二）无缝线路

无缝线路也叫长钢轨线路，即把若干根标准长度的钢轨经焊接成为1 000～2 000m而铺设的铁路线路。通常是在焊轨厂将标准轨焊接成250～500m的轨条，再运到现场就地焊接后铺设。与普通线路相比，无缝线路在其长钢轨段内消灭了轨缝，从而消除了车轮对钢轨接头的冲击，使得列车运行平稳，旅客舒适，延长了线路设备和机车车辆的使用寿命，减少了线路养护维修工作量，并能适应高速行车的要求，是轨道现代化的发展方向。

（三）轨距

轨距是钢轨轨头顶面下16mm范围内两股钢轨作用边之间的最小距离。目前世界上铁路轨距，分为标准轨距、宽轨距和窄轨距三种。标准轨距尺寸为1 435 mm。大于标准轨距的称为宽轨距，如1 524mm、1 520mm、1 676mm等。小于标准轨距的称为窄轨距，如1 000mm、1 067mm和762mm等。我国铁路轨距绝大多数为标准轨距，仅在云南省境内尚保留有1 000mm轨距、我国台湾省铁路采用1 067mm轨距。俄罗斯、芬兰等国家则使用1 524mm的宽轨系统，目前各国最现代化的高速铁路则都属标准轨。

直线地段两股钢轨的顶面应保持在同一水平。如有误差，在正线和列车到发线上，在规定的距离范围内两股钢轨的轨顶面高差不允许超过4mm。

五、限界

为了确保机车车辆在铁路线路上运行的安全，防止机车车辆撞击邻近线路的建筑物和设备，而对机车车辆和接近线路的建筑物、设备所规定的不允许超越的轮廓尺寸线，称为限界。铁路基本限界可分为机车车辆限界和建筑接近限界两种。

机车车辆限界是机车车辆横断面的最大极限，它规定了机车车辆不同部位宽度、高度的最大尺寸和底部零件至轨面的最小距离。机车车辆限界是和桥梁、隧道等限界起相互制约作用的，当机车车辆在满载状态下运行时，也不会因产生摇晃、偏移等现象而与桥梁、隧道及线路上其他设备相接触，以保证行车安全。

建筑接近限界是一个和线路中心线垂直的横断面，它规定了保证机车车辆安全通行所必需的横断面的最小尺寸。凡靠近铁路线路的建筑物及设备，其任何部分（和机车车辆有相互作用的设备除外）都不得侵入限界之内。

第五节　铁路信号设备

一、铁路信号

铁路信号设备是铁路信号、联锁、闭塞等设备的总称。它的主要作用是保证列车运行与调车工作的安全和提高铁路通过能力。同时对增加铁路运输经济效益、改善铁路职工劳动条件也起着重要作用。铁路信号，是向有关行车和调车人员发出的指示和命令；联锁设备，用于保证站内行车和调车工作的安全和提高车站的通过能力；闭塞设备，用于保证列车在区间内运行的安全和提高区间的通过能力。

（一）概述

铁路信号按感官可分为视觉信号和听觉信号两大类。视觉信号是以物体或灯光的颜色、形状、位置、数目或数码显示等特征表示的信号。例如，用信号机、机车信号、信号旗、信号牌、火炬等表示的信号就是视觉信号；听觉信号是以不同声响设备发出音响的强度、频率、音响长短和数目等特征表示的信号，如用号角、口笛、响墩发出的音响及机车、轨道车鸣笛等发出的信号。

铁路信号通常用不同的颜色来显示其意义。我国规定有红、黄、绿三种基本颜色。其代表意义如下：

红色——停车；

黄色——注意或减速行驶；

绿色——按规定速度行驶。

铁路信号是指示行车和调车运行条件的命令，行车和调车人员必须执行信号显示的要求，才能确保安全和提高生产效率。

用手拿信号灯、信号旗或用手势显示的信号叫手信号；临时设置的信号牌、信号灯等叫移动信号；在固定地点安装的信号设备叫固定信号。固定信号是铁路信号的主要信号。

（二）固定信号机及其显示

固定信号机按构造和显示方式不同可分为臂板信号机、色灯信号机和机车信号机三种，这里只介绍色灯信号机。

1. 色灯信号机

色灯信号机不管白天还是夜间都是用不同颜色的灯光来显示信号的。按照它们制作结构的不同，色灯信号机可以分为透镜式和探照式两大类。透镜式信号机是用一组透镜给出一个颜色的灯光。如果要显示多种颜色信号灯光时就要有多组透镜，所以又称它为多灯式。

透镜式色灯信号机结构简单，便于生产，比较安全可靠。主要缺点是显示距离有限，特别安装在曲线上时，不能保证连续显示。

探照式色灯信号机是一组透镜能显示出三个颜色灯光，所以又称它为单灯式。探照式色灯信号机具有节省电能、显示距离远等优点。但存在结构复杂、制造工艺要求严格、维修困难等缺点。

2. 几种主要固定信号机的设置地点及显示

信号机设置地点，对信号显示距离远近和安全行车等都有很大关系，我国铁路实行左侧行车，所以固定信号机一般设在列车运行方向的左侧（或所属线路中心线的上空）。

信号机按用途分为进站、出站、通过、预告、驼峰、复示、调车等信号机。

（1）进站信号机。应设在进站线路最外方道岔尖端（逆向道岔）或警冲标（顺向道岔）不少于50m的地点。进站信号机是用来防护车站安全的，指示列车能否由区间进入车站以及进入车站的相关条件。显示距离不得少于1 000m。

（2）出站信号机。应设在每一发车线路警冲标内方的适当地点。它是用来防护区间的安全，指示列车能否由车站进入区间。出站信号机显示距离不得少于800m。

（3）预告信号机。应设在距主体信号机不少于800m的地点。它的作用是将主体信号机的显示状态提前告诉司机。显示距离不得少于400m。

（4）通过信号机。设在自动闭塞区段的闭塞分区分界处或非自动闭塞区段的所间区间的分界处。作用是指示列车能否进入它所防护的闭塞分区或所间区间。显示距离不得少于 1 000m。

（5）调车信号机。一般设在调车作业繁忙的线路上（如到发线、咽喉道岔区），以及从非联锁区到联锁区的入口处。它的作用是指示调车机车进行作业，一般采用矮型色灯信号机。显示距离不得少于 200m。

（6）驼峰信号机。在驼峰调车场的峰顶上，用来指示调车列车能否向峰顶推送和用多大速度推送而设置的信号机，叫做驼峰信号机。驼峰信号机的显示距离不得少于 400m。

以上几种常用固定信号机的显示方式和意义见表 3－5 所列。

表3－5　几种主要色灯信号的显示方式和意义（以三显示自动闭塞为主）

信号名称	色灯信号机（透镜式）		显示	信号显示的意义
进站信号				不准列车越过该信号机
				进正线准备停车
				进到发线准备停车
				按规定速度由正线通过
出站信号	自动闭塞区段			停车，不准越过信号机
				准许列车由车站出发，表示前方一个闭塞分区空闲
				准许列车由车站出发，表示前方至少有两个闭塞分区空闲
				准许列车由车站出发，开往非自动闭塞区段
预告信号				表示主体信号机在关闭状态
				表示主体信号机在开放状态
通过信号	自动闭塞区段			停车，不准越过该信号机
				注意，前方有一个闭塞分区空闲
				准许列车按规定速度运行，表示运行前方至少有两个闭塞分区空闲
调车信号				不准越过该信号调车
				准许越过该信号调车

图例：黄灯　绿灯　红灯　白灯　黄灯　着灯

（三）移动信号及手信号

当线路上出现临时性障碍或进行施工，要求列车停车或减速时，应按照规定设置移动信号，安放响墩、火炬或用手信号进行防护，以便保证行车安全。

1. 移动信号

我国使用的移动信号及显示方式如表3-6所示。

表3-6 移动信号

	停车信号	减速信号	减速防护地段终端信号
昼夜	▢—红	◯—黄	◯—绿
夜间	—红灯	—黄灯	—绿灯

2. 响墩及火炬信号

响墩外形扁圆，内装有炸药防护时，将其放在钢轨上，当车轮压上后会发出爆炸声要求司机立即停车。火炬在风雨天气都能点燃并发出火光，司机发现火炬信号的火光时应立即停车。停车后如无防护人员，机车乘务人员应立即检查前方线路，如无异状，可按规定速度继续运行。

3. 手信号

手信号是有关行车人员用手持信号旗或信号灯作出各种规定动作来表示停车、减速、发车、通过、引导等信号。

例如，发车指示信号（要求运转车长显示发车信号）：昼间——高举展开的绿色信号旗靠列车方面上下缓动；夜间——举绿色灯光上下缓动；发车信号（要求司机发车）：昼间——展开的绿色信号旗上弧线向列车方面作圆形转动；夜间——绿色灯光上弧线向列车作圆形转动。

（四）信号标志

信号标志设在铁路沿线，用来表明线路所在地点的某种情况或状态，以便司机和其他有关行车人员能够及时、正确地进行作业。例如，司机鸣笛标、作业标（图3-5），其中司机鸣笛标设在道口、大桥、隧道、线不良地点的前方500～1 000m 处，司机见到这种标志时应当鸣笛示警。

二、车站连锁设备

1. 概述

车站联锁设备是保证车站内列车和调车作业的安全，

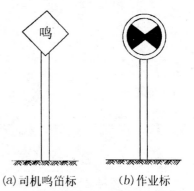

(a) 司机鸣笛标　　(b) 作业标

图3-5 信号标志

以及提高车站通过能力的一种信号设备。

在车站上，为列车进站、出站所准备的通路，称为列车进路，凡是为各种调车作业准备的通路，则称为调车进路，一般每一个列车、调车进路的始端都应设立一架信号机进行防护，以保证作业时的安全。

列车的进、出站和站内的调车工作通常是根据防护每一进路信号机的显示状态进行的，而被防护的进路又是靠操纵道岔来排列，因此，在有关信号机和道岔之间，以及信号机和信号机之间应建立起一种互相制约的关系，才能保证车站的安全，我们把这种制约关系叫做联锁。为完成这种联锁关系而安装的技术设备叫联锁设备。

联锁设备应满足下列几项要求：

（1）当开放某一进路时，必须先将进路上的所有道岔扳到正确位置后，防护这一进路的信号机才能开放；

（2）当防护某一进路的信号机开放以后，这一进路上的全部道岔应被锁闭，不能再扳动；

（3）当某一进路的信号机开放以后，与之敌对进路（两条或两条以上的进路，有一部分相互重叠或交叉，有可能发生列车或机车车辆冲突的进路）的信号机应全部被关闭，不能开放；

（4）主体信号机开放前，预告信号机不能开放；在正线出站信号机开放前，进站信号机不能显示正线通过信号。

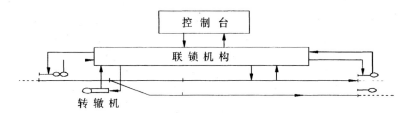

图3-6 车站联锁设备的组成框图

值班员可以通过控制台上的各种按钮控制现场设备（信号机、道岔等），并通过控制台上的站场表示盘，来监视现场设备的工作状态。

车站联锁设备应能及时、迅速的排列进路并实现信号机和道岔之间的相互制约关系，同时还应能迅速及时地使进路解锁。因为只有加速建立和解锁进路的过程才能提高车站的通过能力。

联锁设备分为集中联锁（继电联锁和计算机联锁）和非集中联锁。编组站、区段站和电源可靠的其他车站，有条件均应采用集中联锁。在新建铁路线上条件暂不具备时，可采用非集中联锁。

2. 继电联锁

继电联锁是在信号楼或车站值班员室内继电器实现集中控制信号机和道岔的联锁设备。由于联锁设备采用色灯信号机和电动转辙机，操作人员只需在控制台上按压按钮就能办理或解锁进路，而且采用了逐段解锁方式，从而缩短了进路建立和解锁时间，提高了车站通过能力。继电联锁由于采用了轨道电路，严格实现进路控制过程的要求，具有较完善的安全功能，基本上能防止因违章或操作失误而造成危及行车安全的后果；采用色灯信号机和电动转辙机，操作人员仅需在控制台上按压按钮就能办理或取消进路，而且采用了逐段解锁方式时，还可大大缩短进路的建立和解锁时间，提高了车站咽喉的通过能力；进路的排列和解锁都是自动进行的，从而改善了和行车有关人员的劳动条件；但是，继电联锁的设备费用比较高，并要求车站上有可靠的交流电源。

3. 计算机联锁

计算机联锁实现了从有接点到无接点的变革，使联锁设备更加小巧而可靠。计算机联锁是一种运用微型计算机对车站值班员的操作命令及现场表示信息进行逻辑运算，从而实现对信号机及道岔等进行集中控制的车站联锁设备。操作方法与继电联锁相仿，车站值班员办理进路时，只需先按压进路的始端按钮，再按压终端按钮即可完成。此时计算机就执行操作输入程序和联锁处理程序。根据输入的按钮代码，从进路矩阵中查找出相应的进路，然后检查是否符合选路条件，只有完全满足选路条件后，程序才能转入选路部分。程序进入选路部分后，先检查对应道岔是否在规定位置，然后将需变位的道岔转换位置，接着锁闭进路。

计算机联锁由于用计算机软硬件实现联锁逻辑关系，所以联锁设备动作速度快，信息量大，容易实现信号系统的自动控制和远程控制，可以扩大控制范围和增强控制功能；设备体积小，机件重量轻，可节省信号楼的建筑面积，降低材料消耗和工程造价，同时也便于安装调试和维修；采用了积木式的软件和硬件，通用性强，能适应站场的改建与扩建，在站场改扩建后无需变动联锁设备，必要时只需修改软件；操作简便，提高了办理进路自动化程度，减少有关行车人员之间的联络，防止误操作，提高了作业的安全和效率；容易实现车站管理和联锁系统的自动化。微机可以向旅客服务系统和列车运行监护系统等提供信息，并对设备工作情况及时作出记录显示并打印；由于采用了软件和硬件的冗余技术，便于实现故障导向安全的要求。

三、区间闭塞设备

(一) 概述

闭塞设备是用来保证列车在区间内运行安全，并提高区间通过能力的区间信号设备。

在单线铁路上，为防止一个区间内同时进入两列对向运行的列车而发生正面冲突，以及避免两列同向运行的列车（包括双线区间）发生追尾事故，铁路上规定区间两端车站值班员在向区间发车前必须办理的行车联络手续，叫做行车闭塞（简称闭塞）手续。

用于办理行车闭塞的设备叫闭塞设备。闭塞设备必须保证一个区间内，在同一时间里只能允许一个列车占用这一基本原则的实现。

行车基本闭塞方法采用下列两种：

（1）半自动闭塞。此种闭塞需人工办理闭塞手续，列车凭出站信号机的进行显示发车，但列车出发后，出站信号机能自动关闭。

（2）自动闭塞。通过列车运行及闭塞分区的情况，通过信号机可以自动变换显示，列车凭信号机的显示行车。

随着列车速度的提高，密度的加大，其闭塞方法则采用列车运行间隔自动调整。这种制式不需要将区间划分成固定的若干闭塞分区，而是通过地面处理机提供的与前面列车的间隔距离等信息，控制列车速度，达到自动调整运行间隔，使之保持一定的距离。这种方式可以提高区间内的行车密度，大幅度提高区间通过能力，是今后发展的方向。

（二）半自动闭塞

半自动闭塞是我国铁路广泛采用的一种闭塞方式。采用半自动闭塞时，列车占用区间的行车凭证是出站信号机（线路所为通过信号机）的进行显示。出站信号机不能任意开放，它受半自动闭塞机的控制。只有当区间空闲，经过办理手续后，出站信号机才能开放。还应注意，出站信号机既要防护列车区间运行的安全，又要防护出发列车在站内运行的安全。所以它既要受闭塞机的控制，又要受到车站联锁设备的控制，即受到双重设备控制。

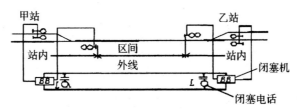

图 3-7 半自动闭塞设备组成框图

现在用图 3-7 为例，来说明半自动闭塞的基本工作原理。现甲—乙区间空闲，由甲站向乙站发车。甲站值班员用接在通信线路中的专用电话向乙站联系请求发车，乙站值班员接受请求后，甲站值班员可按下闭塞按钮，此时甲站发车表示灯亮黄灯，乙站的接车表示灯也亮黄灯。乙站值班员按压闭塞按钮，此时乙站接车表示灯由黄灯变为绿灯，甲站发车表示灯也由黄灯变为绿灯。甲站即可办理发车进路，开放出站信号机，列车从甲站出发。当列车驶入轨道电路区段后，甲站发车表示灯由绿灯变为红灯，出站信号机自动关闭。乙站接车表示灯也由绿灯变为红灯。此时甲站出站信号机不能再次开放，当然甲站就不能再向乙站发车了，由于区间处于闭塞，乙站也不能向甲站发车，这也就保证了该区间只准许有一列列车运行。

乙站为接车站，接到甲站已发车电话后，可将接车进路办妥并开放进站信号机。当列车接近乙站驶入轨道电路区段时，乙站发车表示灯与接车表示灯均亮红灯，表示列车到达。乙站值班员确认列车完整到达停妥后，将接车手柄恢复定位（进站信号机恢复定位），拔出闭塞按钮，表示灯即熄灭，乙站闭塞设备复原。甲站铃响，闭塞设备复原就可以重新再办理发车了（注：闭塞机类型不同办理略有差异）。

采用半自动闭塞时，由于出站信号机受到对方站闭塞机的控制，因而在保证行车安全方面有一定的优越性。但是，当铁路的运量不断增大，要求进一步提高区间通过能力时，半自动闭塞也有它自己的局限性；而且，当区间线路发生故障，钢轨折断时，半自动闭塞设备也不能反映出来并由故障导向安全。因此，在一定条件下，必须采用自动闭塞来代替半自动闭塞。在我国铁路上，在单线区段，应采用半自动闭塞，繁忙区段可根据情况采用自动闭塞。

（三）自动闭塞

自动闭塞是由运行中的列车自动完成闭塞任务的一种设备。将两个相邻车站之间的区间正线划分成若干个小段——闭塞分区（其长度一般为 1 200 ~ 1 300 m），每个分区的起点设置一架通过色灯信号机进行防护。由于闭塞分区内钢轨上装设轨道电路，因而能够正确反映列车的运行情况和钢轨是否完整，并及时传给通过信号机显示出来，向接近它的列车指示运行条件，行车安全有了进一步的保证。因为通过色灯信号机的显示是随着列车的运行通过列车自动控制的，不需要人工操纵，所以叫自动闭塞。

目前，我国铁路上采用的自动闭塞主要有单线双向自动闭塞（在线路两侧均设有通过色灯信号机）和双线单向自动闭塞（每条线仅一侧设信号机）两种。

1. 自动闭塞基本原理

目前，我国铁路上广泛采用的是三显示自动闭塞，它用红、黄、绿三种颜色的灯光来指示列车运行的不同条件。图3-8是复线三显示自动闭塞的基本原理图。

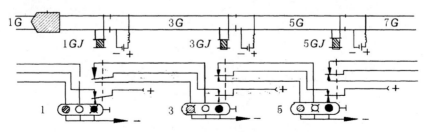

图3-8　复线三显示自动闭塞的原理

由图3-8可见，每一闭塞分区构成一个独立的轨道电路。当分区内无列车占用时，轨道继电器有电吸起。当列车在闭塞分区1G内运行时，由于轨道继电器1G被列车的轮对分路，它的前接点断开，继电器接通后接点，使1号信号机显示红灯，表示该闭塞分区有车占用。3G内无车，使轨道继电器3GJ有电吸起，又因1GJ接点落下，使3GJ前接点闭合而接通3号信号机的黄灯电路，使3号信号机亮黄灯，表示它所防护的闭塞分区空闲，要求后行列车注意运行，前方只有一个闭塞分区空闲。5号通过信号机由于轨道继电器5GJ、3GJ都在吸起状态，通过5GJ和3GJ的前接点闭合绿灯电路而亮绿灯，准许后行列车按规定速度运行，前方至少有两个闭塞分区空闲，其余的依次类推。

当线路上的钢轨折断时，由于轨道电路断电，继电器失磁释放衔铁，使信号机显示红灯所以能更好地保证行车安全。

随着列车重量、速度和密度的不断增加，三显示自动闭塞也已不能适应需要，在我国运输繁忙的铁路线上，将逐步采用四显示自动闭塞。此外，在今后修建的高速铁路上，也将采用这种闭塞方式。

2. 四显示自动闭塞

列车在区间最好能一直在绿灯下运行，避免遇到黄灯而影响速度。当采用三显不自动闭塞时，两列车至少要间隔二个闭塞分区才能保证在绿灯下运行；四显示就要间隔三个闭塞分区，其闭塞分区长度，定为适应低速列车的制动距离，并在三显示自动闭塞红、黄、绿三种灯光的基础上再增加一种黄绿显示，如图3-9所示。

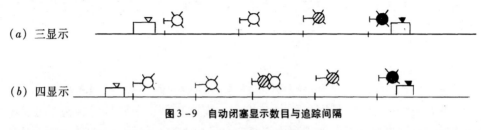

（a）三显示

（b）四显示

图3-9　自动闭塞显示数目与追踪间隔

四显示自动闭塞能预告列车前方三个闭塞分区的状态，要求高速列车按规定速度越过黄绿显示的通过信号机后必须减速，以便使列车在黄灯显示下运行时不大于黄灯所要求的允许速度，保证能在显示红灯的信号机前停车。而对于低速运行的列车来说，越过黄绿显示的通过信号机时，则不必减速。实际上对于低速列车来说黄绿显示的意义相当于绿灯显示，而对于高速列车来说是将两个闭塞分区作为一个制动距离来对待，将黄绿显示视为注意信号，在越过黄绿灯后准备在红灯前停车。这样可以解决线路上以不同速度运行的列车的行车要求。

3. 自动闭塞的主要优缺点

在自动闭塞区段中，相邻两个车站之间的正线划分成许多闭塞分区，可以同时有两个以上的同向列车占用，比其他闭塞制度提高了区间通过能力。同时，由于轨道上全部装设了轨道电路，当区间有列车占用或钢轨折断时，都可以自动地使信号机显示停车信号，能够更好地保证列车在区间内运行的安全。

自动闭塞设备虽然比较先进，但比其他闭塞设备的初期投资大得多，因此，应当根据具体情况选用。在我国铁路上，双线区段应采用自动闭塞。

四、行车调度及列车运行控制系统

行车调度控制系统是行车调度员（或车站值班员）对其管辖范围内区段和车站联锁道岔和信号状态进行控制监督，并指挥列车运行的设备。行车调度控制系统有两种设备，调度集中和调度监督。调度集中既是信号设备，又是一种行车方式。它以信号显示代替行车命令。调度员在指挥行车时，不仅可对设备进行控制，还可以监督管辖范围内所有列车的运行情况。采用调度监督设备时，调度员只能监督管辖范围内所有列车的运行情况，不能直接利用该项设备控制列车运行。

列车运行控制系统是一种利用地面发送设备向运行中的列车传送各种信息，用以保证行车安全，并可提高行车效率的设备。它主要包括列车自动停车装置、机车报警、机车信号、列车速度自动控制等系统。当今由于通信技术和计算技术的引入，必将促进列车运行控制技术向高度自动化方向发展。

第六节　铁路运输组织

一、车辆利用指标

（一）货车运用指标

货车运用指标由数量指标和质量指标两部分组成。数量指标可以从货车运用的装、卸、排等数量方面进行反映，质量指标则可以由货车运用效率进行反映。从时间上考核货车运用效率的指标为货车周转时间和货车日车公里等；从载重力利用方面考核货车运用效率的指标有货车平均静载重、货车平均动载重和货车载重力利用率等；此外，还有货车日产量这一项综合反映货车运用效率的指标。

1. 货车载重量及载重力利用率

充分利用车辆的装载能力，可以用较少的运用车完成更多的运输任务。

（1）货车静载重：指货车从装车车站出发时的平均载荷（$P_{静}$）。

$$P_{静} = \frac{\Sigma P_{装}}{U_{装}} \quad (\text{t}) \tag{3-1}$$

式中：$\Sigma P_{装}$——装运货物的吨数；

$U_装$——装车数。

（2）货车动载重：指重车在整个运行途中的平均载荷（$P_动^重$）。

$$P_动^重 = \frac{\sum Pl}{\sum NS_重} \quad （t/车） \tag{3-2}$$

式中：$\sum Pl$——货车载重吨公里，$t \cdot km$；

$\sum NS_重$——重车走行公里，车·km。

（3）运用车动载重：运用车动载重是指每一运用货车（包括重车和空车）车公里所完成的货物吨公里数（$P_动^运$）。

$$P_动^运 = \frac{\sum Pl}{\sum NS} = \frac{\sum Pl}{\sum NS_重 + \sum NS_空} \quad （t \cdot km/车 \cdot km） \tag{3-3}$$

式中：$\sum NS_空$——空车走行公里，车·km。

（4）货车载重力利用率：反映的是货车装载能力的利用程度（$\lambda_载$）。

$$\lambda_载 = \frac{P_静}{P_标} \times 100\% \tag{3-4}$$

式中：$P_标$——货车标记载重，t。

2. 货车日车公里和货车日产量

货车日车公里（$S_车$）是指每一运用货车每日平均走行公里数。货车日车公里可根据货车周转时间和全周距计算，计算公式为：

$$S_车 = \frac{l}{\theta} \quad （km/d） \tag{3-5}$$

式中：l——货车全周转距离（简称全周距），为货车平均一次周转所走行的距离，km；运用车数（N）、工作量（u）及货车周转时间（θ）也可根据货车总走行公里和运用车数计算，计算公式为：

$$S_车 = \frac{\sum NS}{N} \quad （km/d） \tag{3-6}$$

货车日车公里是表示货车运用效率的重要指标。在空车走行率一定的条件下，货车日车公里愈高，表示货车运用成绩愈好，为完成同样运输任务所需要的货车数也愈少。

货车日产量（$W_车$）是指平均每一运用货车在一昼夜内生产的货物吨公里数，它可按下式计算：

$$W_车 = P_动^运 \cdot S_车 \quad （t \cdot km/d） \tag{3-7}$$

货车日产量是从货车载重力和时间两个方面综合反映货车运用效率的综合性指标。

（二）客车运用指标

1. 旅客列车车底周转时间

旅客列车车底周转时间（简称车底周转时间或车列周转时间），是指为了开行运行图中某一对旅客列车的车底，从第一次由配属站发出之时起，至下一次再由配属站发出之时止，所经过的全部时间。

车底周转时间（$\theta_{车底}$）可按下式计算：

$$\theta_{车底} = \frac{2L_客}{v_{直达}} + t_配^客 + t_折^客 \tag{3-8}$$

式中：$L_客$——列车全程运行距离，km；

$v_{直达}$——旅客列车直达速度，km/h；

$t_{配}^{客}$——车底在配属站停留时间，h；

$t_{折}^{客}$——车底在折返站停留时间，h。

2. 旅客列车速度指标

旅客列车速度指标包括技术速度、旅行速度（也可称之为区段速度或商务速度）和直达速度，其中列车直达速度或称直通速度(h)是指旅客列车在编成站和折返站之间的平均速度，也就是旅客列车在其运行全程的平均速度。在计算直达速度时，不仅要考虑旅客列车在各区段的运转时间和中间站停站时间，而且也要考虑在沿途各区段站、旅客站及其他大站的停站时间，即：

$$V_{直} = \frac{24L_{客}}{\sum t_{运转} + \sum t_{中停} + \sum t_{技停}} \quad (km/d) \qquad (3-9)$$

式中：$\sum t_{运转}$——列车运行时间，h；

$\sum t_{中停}$——列车在中间站停站时间 h；

$\sum t_{技停}$——列车在中间区段站、旅客站停站时间，h。

3. 旅客列车车底日车公里及客车日车公里

旅客列车车底日车公里（简称车底日车公里）是指某一车底或平均每一车底在一昼夜内所走行的公里数。客车日车公里是指某一车底内的客车或全部客车运用车平均每辆在一昼夜内所走行的公里数。

车底日车公里（$S_{车底}$）和客车日车公里（$S_{客}$）可就某一旅客列车计算，也可以就全部运用客车计算。就某一个列车计算时，客车日车公里和车底日车公里二者是相等的，即：

$$S_{车底} = \frac{2L_{客}}{\theta_{车底}} \quad (km/车底日) \qquad (3-10)$$

就全部运用车底和运用客车计算时，

$$S_{车底} = \frac{\sum NL_{客}}{\sum N_{车底}} \quad (km/车底日) \qquad (3-11)$$

$$S_{客} = \frac{\sum NS_{客}}{N_{客}} \quad (km/客车日) \qquad (3-12)$$

式中：$\sum NL_{客}$——旅客列车公里总数；

$\sum NS_{客}$——客车公里总数；

$\sum N_{车底}$——车底日总数；

$N_{客}$——客车运用车数。

4. 载客人数和客座利用率

载客人数是反映客车容量利用程度的指标，可以按旅客列车平均载客人数及客车平均载客人数分别计算。

旅客列车载客人数（$A_{列}$）是指在一定时期内，全路、一个铁路局或分局平均每一旅客列车公里所完成的人公里数，其计算公式为：

$$A_{列} = \frac{\sum Al'}{\sum nL_{客}} \quad (人·km/列车·km) \qquad (3-13)$$

式中：$\sum Al'$——旅客周转量，人·km；

$\sum nL_{客}$——旅客列车公里总数，列车·km。

客车载客人数（$A_{客车}$）是指在一定时期内，全路、一个铁路局或分局平均每一客车公里所完成的人公里数，即：

$$A_{客车} = \frac{\sum Al'}{\sum NS_{客}} \quad （人 \cdot km/客车 \cdot km） \quad\quad (3-14)$$

客座利用率（$\lambda_{客车}$）是以相对数反映客车载客能力利用程度的指标，在数值上等于旅客周转量和客座公里总数之比，也就是用百分率表示的平均每一客座公里所完成的人公里数，即：

$$\lambda_{客车} = \frac{\sum Al'}{\sum nS_{客}} \times 100\% \quad\quad (3-15)$$

式中：$\sum nS_{客}$——客座公里总数。

（三）机车运用指标

机车是铁路运输的基本动力，线路上的列车运行、车站内外的调车作业都由机车来完成。机车的运用方式与货车不同。货车是在全路范围内通用，机车则配属于各铁路局所管辖的机务段，并在固定的区段内牵引列车，或在固定的站段担当调车作业或其他工作。

1. 机车运用数量指标

反映机车运用效率的数量指标有机车走行公里、机车牵引总重吨公里和机车供应台次等3项。

（1）机车走行公里。指机车运行的公里数。每一台机车运行一公里即为一机车公里。由于机车所担当的工作种别不同，机车走行公里又可分为本务机车走行公里和辅助机车走行公里。按机车运行中是否产生的实际走行公里又可分为沿线走行公里和换算走行公里。各种机车走行公里的分类及其关系如图3-10所示。

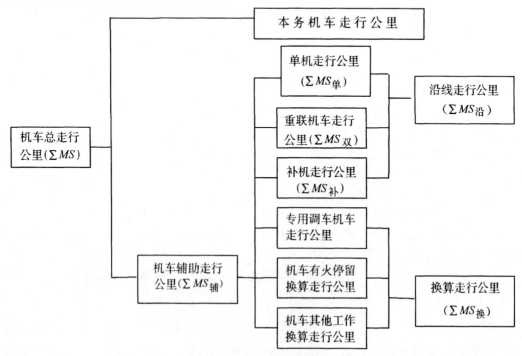

图3-10 机车走行公里分类图

机车总走行公里为：

$$\sum MS = \sum nL_{本} + \sum MS_{单} + \sum MS_{双} + \sum MS_{补} + \sum MS_{换} \qquad (3-16)$$

本务机车走行公里为：

$$\sum nL_{本} = n_1 L_1 + n_2 L_2 + \cdots\cdots + n_n L_n \qquad (3-17)$$

沿线走行公里为：

$$\sum MS_{沿} = \sum nL_{本} + \sum MS_{单} + \sum MS_{双} + \sum MS_{补} \qquad (3-18)$$

换算走行公里是指机车处于某种状态并不产生走行公里（如蒸汽机车的有火停留），或所产生的走行公里无法计算（如调车机车进行的调车工作），只能按机车小时换算为机车走行公里。

（2）机车牵引总重吨公里（$QS_{总}$）。表示机车牵引货物列车所完成的工作量，其值等于机车牵引总重（即列车总重，在统计日常完成的工作量时，还包括单机附加的重量）和它的走行公里的乘积之和，即：

$$\sum QS_{总} = Q_1 S_1 + Q_2 S_2 + Q_3 S_3 + \cdots\cdots + Q_n S_n \qquad (t \cdot km) \qquad (3-19)$$

（3）机车供应台次（$U_{供应}$）。表示一昼夜内全部机车在担当的牵引区段内的总周转次数。机车在牵引区段每往返一次，作为供应一台次。实行循环运转制的机车，每经过机务段所在站一次，即为供应一台次。在一昼夜内如只有往程或返程时，作为 0.5 台次。实行肩回运转制的机车，每周转一次即完成牵引一对列车的任务，亦即供应一台次。故每一区段的机车供应台次可按下式计算：

$$U_{供应} = n + n_{双} \qquad （台次） \qquad (3-20)$$

式中：n——列车对数；

$n_{双}$——双机车牵引的列车对数。

2. 机车运用质量指标

反映机车运用效率的质量指标包括机车全周转时间、机车日车公里、列车平均总重和机车日产量等。

（1）机车全周转时间（$\theta_{机}$）。是从时间上反映机车运用效率的指标，是指机车作业完返回基本段经过闸楼时起，至下一次作业完返回基本段经过闸楼时止的全部时间，即：

$$\theta_{机} = \frac{L}{v_{旅}^{机}} + t_{本} + t_{折} \qquad （h） \qquad (3-21)$$

式中：L——机车周转距离，km；

$t_{折}$——机车在折返及所在站停留时间，h；

$t_{本}$——机车在本段及所在站停留时间，h；

$v_{旅}^{机}$——机车旅行速度，km/h。

（2）机车日车公里（$S_{机}$）。是指全路、铁路局、分局或机务段平均每台货运机车一天走行的公里数，其值可按如下公式计算：

$$S_{机} = \frac{\sum MS_{沿} - \sum MS_{补}}{M_{货}} \qquad （km/d） \qquad (3-22)$$

或

$$S_{机} = \frac{2L \times 24}{\theta_{机}} \qquad （km/d） \qquad (3-23)$$

式中：$M_{货}$——运用货运机车台数。

（3）列车平均总重（$Q_{总}$）。是指全路、铁路局、分局或机务段平均每台本务机车牵引列车的总重量（包括货物重量和车辆自重），即：

$$Q_{总} = \frac{\sum QS_{总}}{\sum nL_{总}} \quad (t/列) \qquad (3-24)$$

式中：$\sum QS_{总}$——总重吨公里。

列车平均总重反映机车牵引力的利用程度，它直接影响到列车次数、机车需要台数、机车乘务组需要数以及其他有关支出的大小，是衡量机车运用效率的一个重要指标。

（4）机车日产量（$W_{机}$）。是指平均每台货运机车每日生产的总重吨公里数，即：

$$W_{机} = \frac{\sum QS_{总}}{M_{货}} = Q_{总} S_{机} / (1 + \beta_{辅}) \quad (t \cdot km/d) \qquad (3-25)$$

$$\beta_{辅} = \frac{\sum MS_{双} + \sum MS_{单}}{\sum nL_{本}} \qquad (3-26)$$

式中：$\beta_{辅}$——单机和重联机车走行率。

由公式可以看出，$W_{机}$综合反映了列车平均总重、机车日车公里和单机走行三个方面的关系，是考核机车运用质量的一个综合指标。

二、车站工作

（一）接发列车工作

接发列车作业是铁路运输生产活动的一项重要内容，保证不间断地接发列车、严格按列车运行图行车是对车站接发列车工作组织的基本要求。车站的接发列车工作由车站值班员统一指挥。

1. **接车作业**

接到发车站闭塞请求（双线为发车预告）时，车站值班员在确认区间空闲后，与邻站办理闭塞手续及确定接车线路，将接车计划通知有关人员并指示检查接车线路。列车由邻站出发后，车站值班员应填写行车日志，并及时通知信号员或扳道员（长）停止影响进路的调车作业，而后发布准备接车进路的命令。经确认接车线路空闲、进路道岔位置正确、影响进路的调车工作已经停止后，方可开放进站信号。当接到信号员或扳道员（长）关于列车接近的报告后，车站值班员应通知有关人员迎接列车。听取列车整列到达的报告后，随即关闭进站信号、解锁进路，办理闭塞复原手续，开通区间，最后将列车到达时刻通知发车站、填记行车日志并向列车调度员报点。

2. **发车作业**

发车站值班员在确认区间空闲后，向接车站请求闭塞（双线为发出发车预告），办完闭塞手续并填记行车日志后，进行准备发车进路工作。首先通知信号员或扳道员（长）停止影响进路的调车作业，接着发布准备发车进路命令，经确认进路准备妥当、影响进路的调车作业已经停止后，方可开放出站信号，指示助理值班员发车助理值班员确认发车条件具备后，方可显示发车指示信号。列车起动后，车站值班员及时将发车时刻通知接车站及填记行车日志，并于接到信号员或扳道员（长）关于列车整列出站的报告后，及时解锁进路，向列车调度员报点。

3. **放行通过或到开列车的作业**

当所接发的列车为在本站不停车通过或停站时间很短的到开列车时，其作业内容及办

64

理手续相当于同时办理接车和发车两项工作。布置进路时应同时准备接车和发车进路，但如经由到发线通过、或根据车站设备条件正线亦须分段办理通过进路时，应先开放出站信号，后开放进站信号。

（二）车站的调车工作

除了列车在车站到、发、通过及在区间内的运行之外，凡是机车车辆在站线或其他线路上进行的一切有目的的移动，统称为调车。调车工作是车站运转工作的重要组成部分，对编组站来说，调车工作更是它的主要生产活动。具体的调车工作按其目的的不同可分为：

解体调车——将到达的列车或车组按一定要求分解到指定的线路上；

编组调车——根据《技规》和列车编组计划的规定，将车辆选编成车列或车组；

摘挂调车——为列车补轴、减轴、换挂车组和摘挂车辆；

取送调车——向货物装卸地点和车辆检修地点取送车辆；

其他调车——如车列或车组转场、货车检查，整理车场内存车等。

调车工作必须实行统一领导和单一指挥。车站的调车工作由车站调度员（未设车站调度员时由车站值班员）统一领导。每个调车组由调车长统一指挥。车站调度工作应按规定的技术作业过程和作业计划进行。每个班的调车工作任务由班计划规定，并根据实际变化情况和作业进度由车站调度员制定阶段计划，分阶段布置调车任务。按照阶段计划的要求，调车区长或计划助理调度员制定调车作业计划，并用调车作业通知单的形式下达给调车组。调车长根据调车作业通知单的要求组织指挥全组人员进行调车作业。

（三）车站工作主要指标

车站工作数量指标主要有：装车数和卸车数，货物发送吨数，接发列车数等。

车站工作质量指标主要有：

（1）货车一次货物作业平均停留时间 $t_{停}$（简称停时），是指货物作业车在本站每完成装或卸一次作业平均停留的时间。

$$t_{停} = \frac{货物作业车总停留小时数}{装车次数 + 卸车次数} \quad (h) \qquad (3-27)$$

（2）中转车平均停留时间 $t_{中}$（简称中时），为有调中转车平均停留时间和无调中车平均停留时间的加权平均值。

$$t_{中} = \frac{有调及无调中转车停留车小时总和}{有调中转车总数 + 无调中转车总数} \quad (h) \qquad (3-28)$$

（3）货物列车出发正点率 γ，指一定时期内正点出发的货物列车数与出发的货物列车总数之百分比。

$$\gamma = \frac{货物列车出发正点列数}{货物列车出发总列数} \times 100\% \qquad (3-29)$$

（四）车站客运工作

车站客运工作的主要内容是售票、行包托运、旅客乘降、客运服务等。客运站还要办理旅客列车的技术作业，设有客车整备所的客运站还要进行客车车底的整备作业。

（五）车站货运工作

铁路货物运输是根据货主的要求，在规定时间内将一定品名、一定数量的货物从指定的发站安全地运到指定的到站，交付给收货人。

根据每批货物的数量及使用运输车辆的方式不同，铁路货物运输分为整车、零担、集装箱三种。需要冷藏，保温或加温运输的货物，规定限按整车办理的危险货物，易于污染其他货物的污秽品，蜜蜂，不易计件的货物，都必须按整车托运。

车站货运作业的基本内容包括：组织货源货流，办理货物的承运、保管和交付，货物的装车和卸车，计算和核收运输费用，填制货运票据。此外，有些车站还办理铁路与其他运输方式的联运，车辆的洗涮消毒及冷藏车的加冰加盐作业等。

三、车站通过能力和改编能力

(一) 车站通过能力

车站通过能力是车站现有设备条件下，采用合理的技术作业过程，一昼夜能够接发各方向的货物（旅客）列车数和运行图规定的旅客（货物）列车数。车站通过能力包括咽喉通过能力和到发线通过能力。

咽喉通过能力是指车站某咽喉区各方向接、发车进路咽喉道岔组通过能力之和。咽喉道岔组通过能力是指在合理固定到发线使用方案及作业进路条件下，某方向接、发车进路上最繁忙的道岔组一昼夜能够接、发该方向的货物（旅客）列车数。

到发线通过能力是指到达场、直通场或到发场内办理列车到发作业的线路，采用合理的技术作业过程固定使用方案，一昼夜能够接、发各方向的货物（旅客）列车数和运行图规定的旅客（货物）列车数。

1. 车站咽喉通过能力的计算方法

车站咽喉通过能力的计算方法一般采用利用率计算法，可按下列方法和步骤进行。

（1）占用咽喉时间标准（T）确定

1）列车占用咽喉时间：

列车接车占用时间（$t_{接}$）：自开始准备接车进路时起，至列车进入到发线警冲标内停车时止占用咽喉区的时间。按下式计算：

$$t_{接} = t_{准} + t_{进} \qquad (3-30)$$

式中：$t_{准}$——准备接车进路及开放信号时间，min；

$t_{进}$——列车通过进站距离的时间，自接车进路准备完毕时起，至列车腾空该咽喉区时止的时间，min。

列车出发占用时间（$t_{发}$）：自准备发车进路时起至列车腾空线路时止占用咽喉区的时间。可用查定方法或按下式计算：

$$t_{发} = t_{准} + t_{出} \qquad (3-31)$$

式中：$t_{出}$——自发车进路准备完毕后列车起动时起，至列车尾部离开发车进路最外方道岔或咽喉道岔联锁区段轨道绝缘节止占用咽喉的时间，min。

2）机车占用咽喉时间（$t_{机}$）。包括机车车段、入段占用咽喉的时间，自准备进路时起至机车进入到发线警冲标内或机务段内进路解锁时止占用咽喉的时间。

3）固定作业占用时间（$\sum t_{固}$）。固定作业包括下列各项：①旅客列车（计算客运站咽喉能力时为货物列车）到、发、调移及其机车出入段等作业；②向车辆段、机务段及货场装卸地点定时取送车辆的作业；③调车机车出入段作业。

（2）咽喉通过能力的计算

1）咽喉道岔（组）通过能力利用率按下式计算：

$$K = \frac{T - \sum t_{固}}{(1 - \gamma_{空费})(1440 - \sum t_{固})} \quad (3-32)$$

式中：$\gamma_{空费}$——考虑咽喉道岔（组）的空费时间和间接妨碍时间扣除的系数，可采用 0.15~0.2。

2）按车站各衔接方向计算的咽喉道岔组能力按下式计算：

接车：
$$N_{货接}^{i} = \frac{n_{货接}^{i}}{K} \quad (3-33)$$

发车：
$$N_{货发}^{i} = \frac{n_{货发}^{i}}{K} \quad (3-34)$$

式中：$N_{货接}^{i}$、$N_{货发}^{i}$——i 方向货物列车接车或发车的咽喉道岔组通过能力；

$n_{货接}^{i}$、$n_{货发}^{i}$——i 方向列入计算中接入或出发的货物列车数。

2. 到发线通过能力的计算方法

到发线通过能力是指车站中办理列车到发作业的线路，一昼夜能够接、发各方向的货物列车数和运行图规定的旅客列车数。可采用利用率计算法进行计算。

（1）占用到发线时间标准的确定

1）无调中转货物列车占用到发线时间：

$$t_{中} = t_{接} + t_{技}^{中} + t_{待发} + t_{发} \quad (3-35)$$

式中：$t_{接}$——列车接车占用到发线的时间，min；

$t_{发}$——列车出发占用到发线的时间，min；

$t_{技}^{中}$——无调中转列车技术作业占用到发线的时间，min；

$t_{待发}$——列车等待出发占用到发线的时间，min。

2）部分改编中转货物列车占用到发线的时间：

$$t' = t_{接} + t'^{中}_{技} + t_{待发} + t_{发} \quad (3-36)$$

式中：$t'^{中}_{技}$——部分改编中转货物列车技术作业占用到发线的时间，min。

3）到达解体货物列车占用到发线时间：

$$t_{解} = t_{接} + t_{技}^{解} + t_{待解} + t_{牵} \quad (3-37)$$

式中：$t_{技}^{解}$——到达解体列车技术作业占用到发线的时间，min；

$t_{待解}$——列车等待解体占用到发线的时间，min；

$t_{牵}$——车列牵出占用到发线的时间，min。

4）自编出发货物列车占用到发线时间：

$$t_{编} = t_{转} + t_{技}^{编} + t_{待发} + t_{发} \quad (3-38)$$

式中：$t_{转}$——车列线占用到发线的时间，min；

$t_{技}^{编}$——自编出发列车技术作业占用到发线的时间，min。

5）单机占用到发线时间。按运行图规定接发单机占用到发线的时间 $t_{机}$ 可进行查定。

6）固定作业占用到发线的时间。固定作业包括下列各项：①旅客列车占用到发线的时间；②向车辆段、机务段及货物装卸地点定时取送车辆占用到发线的时间。

7）其他作业占用到发线的时间。包括①接发军用列车占用到发线的时间；②保温列车加冰盐占用到发线的时间；③牲畜列车上水、上饲料占用到发线的时间。

（2）到发线总占用时间的计算

一昼夜总占用时间按下式计算：

$$T = n_{中} t_{中} + n'_{中} t'_{中} + n_{解} t_{解} + n_{编} t_{编} + n_{机} t_{机} + \sum t_{固} + \sum t_{其他} \qquad (3-39)$$

式中：$n_{中}$、$n'_{中}$、$n_{解}$、$n_{编}$、$n_{机}$——列入计算中一昼夜在该到发场办理到发作业的无调中转、部分改编中转、到达解体、自编出发的列车数和单机数；

$t_{中}$、$t'_{中}$、$t_{解}$、$t_{编}$、$t_{机}$——办理以上各种列车一列或单机一次占用到发线的时间，min；

$\sum t_{固}$——在一昼夜内固定作业占用到发线的时间，min；

$\sum t_{其他}$——在一昼夜内其他作业占用到发线的时间，min。

（3）到发线通过能力利用率的计算

$$K = \frac{T - \sum t_{固}}{(1440M - \sum t_{固})(1 - \gamma_{空})} \qquad (3-40)$$

式中：K——到发线通过能力利用率；

M——用于办理列车到发技术作业的线路数；

$\gamma_{空}$——到发线空费系数，根据《车站行车工作细则》规定，其值可取 0.15~0.20。

（4）到发线通过能力计算

到发线通过能力应按方向和列车种类分别计算接车和发车的通过能力：

接发无调中转货物列车：$\qquad N_{货中} = \dfrac{n_{中}}{K} \qquad (3-41)$

接发部分改编中转货物列车：$\qquad N'_{货中} = \dfrac{n'_{中}}{K} \qquad (3-42)$

接发到达解体货物列车：$\qquad N_{货解} = \dfrac{n_{解}}{K} \qquad (3-43)$

发出自编货物列车：$\qquad N_{货编} = \dfrac{n_{货编}}{K} \qquad (3-44)$

到发线（场）接发该方向货物列车的通过能力：

接车：$\qquad N_{货接} = N_{货中} + N'_{货中} + N_{货解} \qquad (3-45)$

发车：$\qquad N_{货发} = N_{货中} + N'_{货中} + N_{货编} \qquad (3-46)$

到发场接货物列车的通过能力为：

$$N_{接发} = N_{货中} + N'_{货中} + N_{货解} + N_{货编} \qquad (3-47)$$

（二）车站改编能力

车站改编能力是在合理使用技术设备条件下，车站调车设备一昼夜能够解体和编组的货物列车数或车数。分别按解体能力和编组能力进行确定。

1. 驼峰解体能力

驼峰解体能力是在既有技术设备、作业组织方法及调车机车台数条件下，一昼夜能解体的货物列车数或辆数。

在纵列式编组站上，驼峰一般只进行解体作业，其解体能力可根据不同调车机台数和作业组织方法采用直接计算方法进行计算。

当驼峰上采用一台调车机进行单推单溜作业时，其解体能力可按下式计算：

$$N_{解}^{单单} = \frac{(1 - a_{空费})(1440 - \sum t_{固})}{t_{解占}^{单单}} \qquad （列） \qquad (3-48)$$

式中：$a_{空费}$——由于列车到达不均衡作业时间以及设备故障等原因所引起的驼峰无法利用的空费时间占一昼夜时间的比重，一般可采用 0.03～0.05；

$\sum t_{固}$——固定作业占用总时分。按下列公式计算：

$$\sum t_{固} = \sum t_{交接} + \sum t_{吃饭} + \sum t_{整备} + \sum t_{客访} + \sum t_{取送}^{占} + \sum t'_{取送} \tag{3-49}$$

$\sum t_{交接}$、$\sum t_{吃饭}$——乘务组及调车组一昼夜交接班和吃饭的总时分；

$\sum t_{整备}$——昼夜内一台调机进行整备作业的总时分；

$\sum t_{客访}$——昼夜内用于旅客列车横切到达场峰前咽喉妨碍驼峰解体作业的总时分；

$\sum t_{取送}^{占}$——由于峰上调机进行固定的取送作业而占用驼峰的时间；

$\sum t'_{取送}$——驼峰机车应担当的取送调车作业中未占用驼峰的时间；

$t_{解占}^{单单}$——采用单推单溜作业方式解体一列车平均占用驼峰的时间，按下式确定：

$$\sum t_{解占}^{单单} = \sum t_{空程} + \sum t_{推} + \sum t_{分解} + \sum t_{禁溜} + \sum t_{整场} + \sum t_{妨} \tag{3-50}$$

式中：$\sum t_{空程}$——调车机车自驼峰待作业地点起动时起经到达场入口咽喉折返与到达场车列连挂并完成试牵引时止的时间。

2. 调车场尾部编组能力

调车场尾部编组能力按利用率计算法进行计算。每昼夜尾部的编组能力为：

$$N_{编} = \frac{N}{K} + N_{摘} \tag{3-51}$$

$$K = \frac{T - \sum t_{固}}{(1440M - \sum t_{固})(1 - \gamma_{空})} \tag{3-52}$$

式中：N——平均每昼夜编组的直通、区段、小运转、交换车总列数；

K——利用系数；

T——每昼夜尾部的总作业时间（不妨碍时间），min。

用辆数表示的编组能力为：

$$B_{编} = N \times m \tag{3-53}$$

式中：m——编组车列的平均编成辆数。

第七节　高速铁路

一、高速铁路概述

20 世纪 60 年代铁路高速技术已进入了实用阶段。20 世纪 80～90 年代又取得了一系列新的突破，展示了高速铁路的美好前景。1964 年正当第 18 届奥运会的火炬在日本东京点燃之时，世界铁路运营史上的第一块高速金牌诞生了，"光号"列车以 210km/h 的最高速度行驶在日本东海道新干线上。高速铁路与民航展开了竞争，曾迫使东京至名古屋的航班停飞。继东海道新干线之后，又陆续建成了山阳、东北、上越等新干线。目前日本高速铁路的营业里程已达 1 831.5km，并计划再修建 5 000km 高速铁路，形成日本陆地交通运输网。之后，1981 年最高时速 270km 的法国巴黎—里昂的第一条高速铁路（TGV 东南线）的建成把高速列车推向了新阶段。1989 年法国 TGV 大西洋铁路又以 300km 时速正式投入运营，率先冲上了当代高速竞逐的浪尖。时隔仅 8 个月，法国再创 515.3km/h 世界最高试验速度。不到 30 年，高速铁路风靡欧亚、振动全球，欧洲铁路在发展高速上一直走在前列。欧洲共同体成员国将建成欧洲高速铁路网，将欧洲所有的主要城市铁路连成一个整体。

在日本、法国修建高速铁路取得成效的基础上，世界上许多国家掀起了建设高速铁路的热潮。意大利、德国、英国、西班牙以及前苏联等国也先后新建或改建了高速铁路，就连只重视货运重载对高速不积极的美国也开始起步。韩国和我国台湾也都分别计划修建高速线。

高速铁路的主要模式：

（1）日本新干线模式，即全部修建新线，旅客列车专用；

（2）法国TGV模式，即部分修建新线，部分旧线改造，旅客列车专用；

（3）德国ICE模式，即全部修建新线，旅客列车及货物列车混用；

（4）英国APT模式，即既不修建新线，也不对旧有线进行大量改造，主要靠采用由摆式车体的车辆组成的动车组；旅客列车及货物列车混用。

目前，世界上把不同速度的铁路划分为几个档次，一般定为：速度在100～120 km/h时，称为常速铁路；速度在120～160 km/h时，称为中速铁路；速度在160～200 km/h时，称为准高速铁路；速度在200～400 km/h时，称为高速铁路；速度在400 km/h以上时，称为特高速铁路。

高速铁路克服了普通铁路速度较低的不足，与高速公路的汽车运输和中长途航空运输相比较具有明显的优势：运送速度快，运输能力大；有规律、稳定地运送旅客，几乎不受天气影响；安全、正点、舒适；能耗远低于飞机和汽车，客运成本低；可使用各种能源发电，供电力牵引使用；有利于环境保护，避免污染。由于这种经济快速的公共交通运输工具能适应社会发展和人民生活的需要，因而获得了世界各国的普遍关注。

世界各国的高速铁路系统，实际上都是从传统轮轨关系式铁路改良进化而来的，具备了传统铁路的优良特性，并克服了传统铁路的缺点，所以修建成功以来，普遍受到各国旅客与政府的重视，营运效果相当良好。高速铁路的特性主要表现在如下方面：

（1）速度快。目前高速铁路系统的列车运行速度都在200～300km/h之间，为公路上行驶车辆速度的2倍以上，而票价大多数比航空票价低，所以能得到原有航空旅客的喜爱。

（2）运量大。高速铁路列车与传统铁路相同，都具有大运量的特性。由于发车密度可高达每4min一列，使运量更大，除了可以解决城际间旅客往来的问题之外，还可以提高营运收益。

（3）安全性好，正点率高。高速铁路由于具有专用路权，整条路线全采用立体化与外界道路完全隔离，加上行车制度采用中央系统电脑控制，列车运行采用列车自动控制（ATC）系统，可以确保列车运行的安全与正点。以日本及法国高速铁路营运30余年的经验为例，尚无任何重大行车事故的记录。

（4）舒适程度高。高速铁路所假定的竞争对象即为城际间民航客机，故在列车服务上，可有各种等级的客车，以满足旅客需求之多元化服务水准。

（5）占地少。在相同运量下比较，高速铁路所需用地只有4车道高速公路的1/4～1/6。

（6）能源省。通过城际间各种运输工具能源消耗与旅行时间的比较，高速铁路在消耗能源上仅约为小汽车的1/5，而旅行时间仅为小汽车的1/3。

（7）属公共运输系统。高速铁路是一种高效率的公共运输工具，可以替代长途客运中小客车的服务功能，进而使能源使用达到最有效率的分配。

二、技术设备

随着列车运行速度的提高，对线路的建筑标准，包括最小曲线半径、缓和曲线、外轨超高、坡度值和竖曲线等线路构造和道岔都将有特定要求。因此，高速铁路应采用重型钢轨、新型弹性扣件和高质量的衬垫及新型道岔等设备，还应加强线路的检测和监视等。同时要采用新型机车车辆和现代化的信息设备，以满足行车安全、旅客舒适的要求。

（一）线路

高速铁路线路应能保证列车按规定的最高速度，安全、平稳和不间断地运行。因此，铁路线路，不论就其整体来说，或者就其各个组成部分来说，都应具有一定的坚固性与稳定性。

1. 线路标准

（1）曲线超高度。目前，国外高速铁路客运专线的最大超高除日本东海道新干线规定为 200mm 外，其余均为 180mm。

（2）最小曲线半径。曲线半径是限制行车速度的主要条件之一，应随速度提高而相应加大并通过公式计算后确定。几个主要国家高速铁路最小曲线半径值因地理条件各异而不同，见表 3 – 7。

（3）限制坡度与竖曲线。高速列车重量较小，机车功率较大，可在较大线路坡度上高速运行，如法国 TGV 东南线采用 35‰，日本除在东海道新干线上采用 20‰外，山阳、东北、上越新干线均为 15‰。

法国 TGV 东南线的竖曲线半径采用 25 000m；TGV 大西洋线采用 16 000m；而日本除东海道新干线采用 10 000m 以外，其余各线均采用 15 000m。

2. 路基

路基横断面除应满足高速行车的技术要求外，还要为高速行车的安全及线路维修检查提供便利条件，因此需要设计较宽的路肩宽度。法国高速铁路路肩宽度规定为 12.6m，日本东海道新干线为 10.7m，山阳新干线为 11.6m，意大利高速线为 13m，德国则采用 13.7m。

道床的基底除路堤可用石块填筑外，均应铺设 15 ~ 55 cm 厚的垫层，以保证高速列车良好的运行条件及行车安全。

3. 轨道结构

（1）高速轨道结构类型：轨道具有足够的强度和稳定性，是实现高速列车运行的必备条件。随着列车运行速度的不断提高和新型混凝土轨下基础的使用，高速行车的轨道结构，目前大体可分为道碴轨道和板式轨道两种类型。

道碴轨道在整体结构上仍为有碴轨道，但对轨道部件进行了改进和加强。有碴轨道由于具有工程费用低，施工铺设速度快和易于修整轨道变形等优点，所以在高速铁路上也大量采用，法、德等国均属此类型。

板式轨道是在混凝土整体道床的基础上发展起来的新型轨下基础，目前只有日本高速铁路采用。这种轨道结构形式一经筑成，线路就能保持稳定、平顺，且维修工作量少，但造价高、刚性大，列车振动与噪声大。行车噪声比有碴轨道高 3 ~ 8dB。

（2）高速铁路轨道结构特点：铺设超长轨条无缝线路；铺设重型轨道结构；采用强

韧性与弹性的轨道部件；铺设具有足够弹性及稳定性的道床；采用可动心轨或可动翼轨结构的大号道岔等。

世界部分国家高速轨道结构情况见表 3 - 7。

表 3 - 7 部分国家高速轨道结构

项目 \ 国名	法国		德国	意大利	日本			
	TGV 东南线	TGV 大西洋线			东海道	山阳	东北	上越
线间距（m）	4.2	4.2	4.7	4.0	4.2	4.3	4.3	4.3
最小曲线半径（m）	4 000	6 000	7 000	3 000	2 500	4 000	4 000	4 000
竖曲线半径（m）	25 000	16 000	25 000	20 000	10 000	15 000	15 000	15 000
最大坡度（‰）	35	25	12.5	8.5	20	15	15	15
钢轨（kg/m）	UIC_{60}	UIC_{60}	UIC_{60}	UIC_{60}	60	60	60	60
轨枕及长度（m）	PC 双块	PC 双块	PC 双块	PC 双块	PC 双块	PC 双块	PC 双块	PC 双块
	2.3	2.3	2.6	2.6	2.4	2.4	2.4	2.4
道床厚度（cm）	碎石 35	碎石 30	碎石 30	碎石 35	碎石 30	轨枕板 35	轨枕板 35	轨枕板 35

（二）牵引动力

电力牵引和内燃电传动牵引同样都能满足牵引高速列车的要求。从目前各国发展高速铁路的情况看，大多数国家都采用电力牵引。虽然电力牵引需要较大的投资，而电力机车具有能源来自外部供电系统，不受能源条件的限制，机车功率较大，且轴重小、经济性能好，对环境污染少等优点。所以电力牵引是高速铁路的最佳选择。内燃电传动牵引也有其投资少、见效快等特点，也被用于尚未电气化的高速铁路区段或建设高速铁路的一种过渡形式。

1. 牵引动力的方式

高速列车的牵引可以采用传统的机车牵引方式，也可采用动车组牵引方式。由于动车组的轴重低，可以减少对线路的破坏作用，因此目前世界上大部分高速列车采用动车组牵引方式。

2. 牵引动力的配置

高速列车牵引动力的配置有集中配置和分散配置两种。

（1）牵引动力集中配置于一端。这是一种传统的机车牵引客车的方式，高速列车由一台或几台机车集中于一端来牵引。

（2）牵引动力集中配置于两端。高速列车两端为动力车，中间全部为无动力的挂车，牵引采用前挽后推方式。

（3）牵引动力分散配置。这是一种动车组牵引方式，有两种模式：一种是完全分散模式，即高速列车编组中全部为动力车；另一种是相对分散模式，即高速列车编组中大部分为动力车，其余为无动力的挂车。

（三）高速铁路车辆

高速客车一般讲可以包括动力车和非动力车（拖车），高速客车的动力车一般也有客室，也要运载旅客。客室部分与拖车完全一样。而拖车的基本构成与一般车速的客车一样。

1. 车体和车内设施

为了使旅客在高速运行条件下具有较高的舒适度，与一般车速的车体相比，有如下要求：车体重量轻；车体外型为流线型；提高气密性；提高隔声性能，在车体金属表面涂刷防振阻尼层，可减少固体声。采用带空气层的双层车窗，以提高车窗的隔声量等。

2. 走行部

要确保高速列车安全、平稳地运行，高速转向架应具备以下性能：高速运行的稳定性，通常采用轴箱定位装置和回转阻尼装置，抑制蛇行运动、确保车辆运行的稳定性；通过曲线的安全性，要选择合理的踏面形状与较小的踏面斜度，以防止脱轨、倾覆现象发生；旅客乘坐的舒适性，在高速转向架中采用空气弹簧和橡胶件以降低轮轨噪声和减小噪声对车内及环境的污染。

3. 制动装置

高速列车的制动与常速列车制动原理相同。但由于高速列车的速度很高，动能很大，要在规定的时间和距离内将这些动能消耗或吸收，用常速列车的单一闸瓦制动方式是无法达到的。因此，高速列车的制动必须采用综合方式，即多种制动协调使用。目前制动方式主要采用摩擦制动和动力制动两种。

摩擦制动包括闸瓦制动、盘形制动和电磁轨道制动等；动力制动包括电阻制动、再生制动和电磁涡流制动等。

国外部分高速列车制动方式参见表 3-8。

表 3-8　国外部分高速列车制动方式

国 别	列车名称	动力车制动方式	非动力车制动方式
日本	0 系列	电阻制动 + 盘形制动	
	100 系列	电阻制动 + 盘形制动	盘形制动 + 线性涡流制动
	300 系列	电阻制动 + 盘形制动	盘形制动 + 线性涡流制动
法国	TGV - A	电阻制动 + 闸瓦制动	盘形制动
	TGV - S	电阻制动 + 闸亚制动 + 旋转涡流制动	盘形制定 + 闸瓦制动
	TGV - N	再生制动 + 盘形制动	盘形制动 + 磁轨制动
德国	ICE	再生制动 + 盘形制动	盘形制动 + 磁轨制动
	ICE - V	再生制动 + 盘形制动	盘形制动 + 磁轨制动

（四）摆式车体列车

列车通过曲线时，由于惯性的作用，产生一个指向曲线外侧的离心力，使车上旅客感到不舒适。这部分离心力与列车速度的平方成正比，由此限制了列车通过曲线时的速度。要克服这个问题，通常用外轨超高的办法，来平衡离心力的影响。但在利用既有线路并保留原半径曲线的条件下开行高速列车时，其超高度难以达到高速列车的要求，因此摆式车体是较好的选择。

从车体倾摆的原理分，有两种摆式车体：一种是主动式（又称有源式或强制式），靠外部动力使车体强制倾斜，另一种是被动式（又称无源式或自然摆锤式），动力来源于作用在车体上的离心力，不需要动力装置。两种摆式车体各有优缺点。主动式摆式车体摆角较大，舒适度改善效果较好，通过曲线速度有较大提高；缺点是结构较复杂。被动式摆式车体的优缺点则与此相反。

（五）信号与控制系统

高速铁路的信号与控制系统是保证高速列车安全行驶、高密度运行的基本保证。它是集微机控制与数据传输于一体的综合控制与管理系统，是当代铁路适应高速运营、控制与管理而采用的最新综合性高技术，一般通称先进列车控制系统（Advanced Train control systems）。近年来，许多国家为该系统研制了多种基础技术设备，如列车自动防护系统、卫星定位系统、车载智能控制系统、列车调度决策支持系统、微机联锁安全系统、列车微机自动监测与诊断系统等。目前一些国家已经开始分层次地实施。

高速铁路的信号与控制设备，是以电子器件或微电子器件为主的集中管理、分散控制为主的所谓集散式控制方式，分为行车指挥自动化与列车运行自动化两大部分。信号显示应以机车自动信号为主，车站与区间的地面信号为辅。由于列车行车速度高，列车密度大，因此区间行车采用四显示——红、黄、黄绿、绿。

目前，世界高速铁路列车自动控制系统的控制方式主要分为两类：一类是以设备为主、人控为辅的控制方式，以日本为代表；另一类是人机共用、人控为主的方式，以法国为代表。

三、高速铁路运输组织的特点

高速铁路无论在技术装备、运输服务还是在运输组织工作上都与常规铁路有着显著的差别。世界各国的高速铁路，根据本国的具体情况，在运输组织工作上采用了不同的模式，其基本特点为：

1. 运输服务系统覆盖旅客旅行服务的全过程，最大限度地满足不同层次的旅客出行需求

旅客运输组织是整个铁路运输系统中的重要组成部分，高速铁路运输服务的对象就是旅客，从客票预订和售票服务、站车信息服务、旅客换乘服务等方面应高质量的、便捷的满足旅客的需求，最后能够安全、迅速、准确、舒适地将旅客送到目的地。

2. 充分满足旅客出行需求、适应客流变化，制定运输计划和旅客列车开行方案

高速铁路主要为满足旅客快速旅行需求服务，因此列车运行图所规定的列车种类、数量、始发终到和途中停靠车站及其停站时分，都要从最大限度满足不同层次的旅客出行需求出发，统筹兼顾，合理安排。

3. 建立以高新技术为基础的安全保障体系

由于列车速度的提高和行车密度的增大，行车安全成了一个非常突出的、受到特别关注的问题。因此，对技术设备提出了必要的安全要求，如改进车辆结构与材料以保证轨道稳定、采用复合制动技术以保证满足列车制动要求，建立电力牵引供电系统的检测、监控和保护装置以保证高速流的稳定性，以及高速铁路的全封闭方式等。特别是建立了以人为核心的人—机—环检测、控制和管理系统，包括列车控制与行车指挥自动化系统，技术设备的检测、控制、整备与维修系统，故障自动诊断、报警和防护系统，环境检测与报警，事故和灾害的应变、救援和恢复系统，自然灾害的预报、监测、告警、防护与减灾等。

4. 建立以调度中心为中枢的运营管理总体系统

铁路调度指挥系统是组织铁路日常运输活动的管理中枢，又是对运输过程进行实时监督调整的指挥中心。它在协调各部门工作，提高列车运行质量，确保行车安全，保持运输系统整体有序运行方面起着重要的核心作用。

日本的"综合调度中心"，在采用调度集中（CTC）的基础上，开发配置了计算机管理系统，形成了以行车指挥自动化系统（COMTRAC）和新干线信息系统（SMIS）为中枢的，集成了一系列自动化程度很高的移动数据通信、设备监控、列车运行自动控制、事故预警、防灾、售票服务、事务管理等功能综合的统一的运营管理总体系统。

四、磁悬浮铁路

在人类旅行的整个速度范围内，存在着不同的运输方式。公路速度一般是 50 ~ 100km/h，铁路速度一般为 100 ~ 300km/h；航空速度则为 500 ~ 1 000km/h。随着目前高速铁路的发展，虽然速度有所提高，但传统铁路无法摆脱地面摩擦阻力对运动速度的约束。因此，在铁路与航空之间存在着一个空白段。长期以来人们就在思索如何弥补铁路和飞机之间的差距，而磁悬浮铁路则是当今世界上引人注目并很有发展前途的高速陆上运输系统。

磁悬浮铁路与传统铁路有着截然不同的区别和特点。在传统铁路上运行的列车，是靠机车作为牵引力，由线路承受压力，借助车轮沿钢轨滚动前进的。而在磁悬浮铁路上运行的列车，是利用电磁系统产生的吸引力或排斥力将车辆托起，使整个列车悬浮在线路上，利用电磁力导向，直线电机将电能直接转换成推进力而推动列车前进的。

所以，磁悬浮列车是介于铁路和航空之间的自动化的地面交通方式，为世界陆上运输开辟了一个新领域。

（一）磁悬浮铁路的基本制式和工作原理

尽管磁悬浮车的悬浮、推动和导向都是用电磁力，但根据磁悬浮列车上电磁铁的使用方式，基本制式可分为超导磁斥式和常导磁吸式，

1. 超导磁斥式悬浮 EDS 型（Electro Dynamic Suspension）

（1）悬浮系统。此种型式在车辆底部安装超导磁体（放在液氦贮存槽内），在轨道两侧装有按一定规律分布排列的铝环线圈，当超导线圈接通电源时就产生强磁场。若车以一定速度前进时（由于直线电机推动），该磁场就在铝环内产生感应电流，感应电流产生的磁场与车上超导磁体的磁场方向相反，两个磁场产生排斥力。速度愈大排斥力就愈大，当排斥力大于列车重量时（此时速度为80km/h），车辆就浮起来。可使车辆浮起 10 ~ 15cm，并能使列车运行保持平稳。列车在低速运行或静止时，地上线圈感应电流减少，浮力减少直至消失，列车便依靠辅助车轮支持在轨道上。此型式属于电动型悬浮。

（2）导向系统。传统列车的导向是靠车轮上的轮缘实现的。磁浮列车则是利用电磁力的作用进行导向的。在车辆上安装专用的导向超导磁体，使之与导轨侧向的地面线圈产生磁斥力。该力与列车的侧向作用力相平衡，使列车保证正确的运行方向。

（3）推进系统。磁悬浮列车由于悬浮起一定高度，使车轮与钢轨脱离，故不能依靠它们之间的摩擦力产生牵引力使车辆前进，而是采用一种叫做直线电机的推进装置作为列车的牵引动力。

直线电机的基本构成和作用原理与普通旋转电机类似，就如同将旋转电机沿半径方向

切开展平而成。于是，其转动方式也就由旋转运动变为直线运动。

2. 常导磁吸式悬浮 EMS 型（Electro Magnetic Suspension）

（1）悬浮系统。利用装在车辆两侧转向架上的常导电磁铁（悬浮电磁铁）和铺设在线路导向轨上的磁铁，在磁场作用下产生的吸引力使车辆浮起，车辆和轨面之间的间隙与吸引力的大小成反比。为了保证这种悬浮的可靠性和列车运行的平稳性以及使直线电机有较高的功率，必须控制电磁铁中的电流，才能使磁场保持稳定的强度和悬浮力，使车体与导向轨之间保持 10 ~ 15 mm 的间隙。此型式属于电磁型悬浮。

（2）导向系统和推进系统与超导磁斥式相类似。

（二）磁悬浮铁路的发展优势

磁悬浮铁路的研究和发展，是当今世界地面交通运输技术发展的必然趋势。它比传统的粘着式铁路运输及其他交通工具，有着独特的优越性。

1. 速度高、旅行时间短

航空运输是速度最高的运输方式，当运距不太长时，航空运输高速的优点就很难体现出来，磁浮铁路具有时速 500km 的能力，可以直达城市中心，节省旅客的旅行时间，对旅客具有很大吸引力。因此，可以用它来取代中、短速的航空运输。

2. 安全、可靠

由于磁浮系统采用导轨结构，列车运行平稳，不会发生脱轨和颠覆事故，提高了列车运行的安全性和可靠性。

3. 能源消耗低

据资料分析，高速列车电力驱动的电耗费比普通铁路的内燃机车要经济，磁悬浮列车属于电力驱动，因此与其速度相对而言，其能耗更为经济。

4. 无公害、无污染

各种传统的交通运输工具给社会带来严重的公害与污染，在城市交通中，汽车排出的废气占大气污染量的 60％，机动车的起动、刹车等交通噪音直接影响人们的身心健康。而磁悬浮列车可以离开地面（高架线或地下线），利用计算机技术，自动控制，有专用线路，可避免交通事故和交通阻塞。由于采用橡胶轮支撑和悬浮运行，无噪音、无振动、无废气排出，对环境无污染。

5. 故障少、维修费用低

磁悬浮列车虽然一次投资较多，但其主要部件比较单一和牢固，因而故障少，维修费用比高速铁路和传统铁路低，是一种高速、安全、舒适、方便、无污染且不受气候影响的很有发展前途的交通工具。

第八节　城市轨道交通

一、城市轨道交通的发展

1. 轨道交通发展历史

地铁的产生源于将蒸汽列车引入市中心的构想。世界上最早的地铁是 1863 年 1 月 10 日在伦敦开通的 5km 长的线路。列车由蒸汽机车驱动，火需要专门的力量来煽动，通风也成问题，这条线路被人们称为"地沟"铁路（Sewer Railway）。不过它运营几年后就电气化了。

1868年，查尔斯·T·哈维（Charles T Harvey）在纽约城的格林威治街建造了一条由电缆牵引的高架线，但这项投资经济上并不成功。1871年，新管理者将它改造为由一台小的被称为"傻瓜"的蒸汽机车牵引。1892年，芝加哥开放第一条高架线时，列车仍由蒸汽机牵引。这种设计并不令人满意，人们难以容忍这种乌黑、冒烟、噪声又很大的交通工具在大街上横行，该线路不久就拆除了。

美国第一条地下铁路是1870年由阿尔福莱德·阿里·比奇（Alfred Ely Beach）在纽约城建设开放的线路，作为试验，该线仅长约95.1m，由汽压驱动，运营到1874年。

世界上第一条电力驱动的地铁是1890年在伦敦开通的。1896年5月，布达佩斯的第一条地下线路开始运行。同年12月，格拉斯哥开通了一条10.6km的地下环线，它由电缆驱动，但不久便改造为电力驱动。

世界上第一条电力高架线是芝加哥的都市西部高架线，1895年5月6日运营，它用1台带有电机的机车，可牵引1~2台无动力的拖车。

美国第一个拥有电驱动地下铁道系统的城市是波士顿。1897年9月1日，特利蒙特街上一条街道电车线投入运营，它运行了7年。第二条电驱动地下铁道是在华盛顿修建的，其与高架线和街道电车相连。华盛顿街的隧道一直用到1987年才被另一条新的橙（Orange）线取代。历史悠久的特利蒙特街隧道则还在使用。波士顿1904年修建了连接东波士顿的隧道，穿过查尔斯河、连接剑桥的一条新线也在1912年投入运营，它就是现在的红（Red）线。

1897年，芝加哥南部当局决定将高架铁路电气化，并与当时的工程技术专家斯卜拉格（Sprague）签订了合同。斯卜拉格做出的一个重要贡献就是发明了多单元动车系统。这种系统中，每辆车均有电机，但全部由第一辆车的驾驶员操纵。1898年8月，南部线淘汰掉了所有的蒸汽机车。

多单元列车的重要性体现为可以在不减少列车牵引力的条件下增大列车编组，因为每辆车均有动力。牵引力是重量与驱动轮数量的函数，在多单元系统，整个列车(而不是机车)的重量都加于驱动轮对，故对每辆车来说，它可以有更大的加速度，从而可以增加列车平均速度，减少运营费用。动车组的出现对于城市铁路的发展具有非凡的意义，目前世界上几乎所有的地铁均采用这种驱动系统。

2. 世界各国轨道交通的发展简况

美国开展较早的轨道交通系统是1843年在沃西斯特至波士顿开通的市郊铁路线路。纽约、芝加哥等均建设了较大规模的城市铁路运输网络。

纽约城的统治者对是否修建地铁曾争执了许多年，僵局在1900年打破后，投资商顶着资金压力建设了巴尔蒙特线，它被视为"纽约地铁之父"。1902年，成立了一个快速运输公司来经营这条线路，1904年10月27日开始运营，第一年底日运量就达到了40万人次，票价相当于5先令。

芝加哥的快速运输体系一开始并未选择地铁，它建立了高架的道路网络。沙缪尔（Samuel）开始控制所有的高架运输公司时才开始这一事业，他在1924年将所有的高架公司合并为芝加哥快速运输公司。美国其他几个城市包括洛杉矶也考虑了地铁建设的提案，但由于各种原因，部分计划流产了。

欧洲在第二次世界大战前也有几个城市修建了地铁，但高架线路则不如美国常见。巴黎的第一条地铁线（Metro）建成于1900年，柏林的地铁（u—Bahn）则是1902年开始服务的。汉堡地铁在1912年开通，马德里在1919年、巴塞罗那在1924年、斯德哥尔摩在1933年开通了地铁服务。由于日间午睡的影响，西班牙一天有4个运营高峰。目前伦敦拥有世界上最大的地铁系统，其线路共406km，纽约以372km屈居第二位。

拉丁美洲的第一条地铁是1913年在布宜诺斯艾利斯开通的。澳大利亚成为第四块拥有地铁系统的大陆，它在1926年开通了悉尼近5km的隧道电车。非洲的地铁是直到1987年开罗开通连接两个铁路车站的隧道服务后才有地铁系统的。

亚洲最早的地铁是日本东京1927年12月开通的浅草—涩谷线。目前，东京已经建成了较为庞大的、形式多样的城市铁路网络。日本东京与大阪两市的磁悬浮地铁于1997年底投产，横滨、神户、福冈的磁悬浮地铁当时正在规划与建设中。

莫斯科地铁始建于1933年，该市第一条线路于1935年投产。到1993年，有运营线路230km，车站140座，车辆3 600辆，年客运量26.13亿人次。莫斯科地铁具有较大的知名度，·原因之一在于其豪华的车站建筑，采用大理石、装饰灯和雕塑等精心装修的车站显得富丽堂皇。后来其建设的车站则更考究，隧道特别深。莫斯科地铁在第二次世界大战期间曾频繁地用于防空。目前，莫斯科地铁是世界上运量最大的地铁系统之一。东京、墨西哥地铁也是运量最大的地铁系统。

随着道路交通污染的加剧和人类环境危机感的加强，越来越多的国家和地区意识到发展轨道交通系统的重要性。20世纪70年代末以来，轨道交通系统在全世界范围内得到了进一步发展。拥有轨道交通系统的城市都是各国的政治、文化中心，这些城市有良好的市场需求，可以保证轨道交通系统的经济合理性。

对基于轨道的快速运输系统的投资可以认为是鼓励郊区发展的政策之一，它为人们远离拥挤的市中心提供了一种选择。同时，近年来还造成了一种可以改变城市市中心、市区内部甚至废弃区经济萧条的势态。

总的来说，地下铁路主要是20世纪的发展产物。尽管伦敦地铁始于1863年，但建设第一条深挖电气化隧道时已经到了1890年。在某些国家，低廉的票价极大地加快了郊区化，降低了城区运输距离的费用。例如，美国波士顿电车1888年、纽约地铁1904年开通后一直采用统一票价5美分，直到1947年。

20世纪20年代以来，机动灵活的巴士系统在改善城市地区可达性、缓解交通拥挤方面作出了较大贡献。30年代以后，有轨电车的发展促进了居民区的发展。不过，更具影响的是，私人轿车的发展鼓励了郊区化和城市在更大范围内的分散化、多中心化，私人轿车在拥挤不堪的市中心同电车、巴士展开了竞争。电车被认为是过时的方式，其例子是英国从19世纪30年代后期以来在所有城镇用巴士取代电车，并于1946年得到了政府的支持；曼彻斯特1946年、伦敦1952年完成了取代，谢菲尔德保持到了1960年，格拉斯哥则维持到1962年。相比而言，德国的反映中庸一些，它将电车直接改造成轻轨系统，在拥挤的市中心地区将它们放到地下以避免与地面交通的冲突，科隆、埃森及汉诺威就是很好的例子。

另外一个方案就是开发电气化的郊区轨道交通系统，如伦敦、格拉斯哥、哥本哈根等；或地下铁路，如伦敦、慕尼黑、斯德哥尔摩。这种做法在充分利用土地使用权，集中开发车站附近地区时尤为成功。这类例子有很多，如哥本哈根5个郊区铁路通道、斯德哥尔摩各地铁线路及奥斯陆4个地铁线路等。

20 世纪 60 年代，英国对城市拥挤的普通对策是企图提供更多的道路空间，以满足迅速增长的车辆出行量，当然其中也采取了一些交通管理措施。可是不久，城市机动车计划就被放弃或削减，因为费用和环境问题。运输咨询专家开始倡议大容量轨道交通计划。随着郊区轨道电气化建议的出台，1968 年格拉斯哥市菱形线开通；利物浦的地下轨道系统计划也于 1969 年通过；泰恩斯德（Tyneside）轻铁于 1971 年通过，并得到实施，政府进行了部分投资。在伦敦，维克多尼亚（Victoria）与朱比利地铁分别在 1968 年和 1979 年开通，这是 20 代以来开通的新线。不过，曼彻斯特郊区的一条地铁线路却因财务不可行而被否决。

德国的城市也比较注重轨道交通的发展。其较为成功的做法是将有轨电车改造成轻轨，取得了较大的成功。

由此可见，20 世纪 80 年代以来，发达国家已将城市交通建设的重点集中到了发展大容量公共交通方面，而且，轨道交通建设所取得的成绩是令人瞩目的。

二、城市轨道交通的特征

1. 地铁系统

地铁建设需要大量用户来证明隧道开挖的可行性。因此，50 万人以下的城市很少能建地铁。前苏联曾有一项政策，城市只有达到 100 万人口以上才能建地铁。地铁通常要与其他轨道交通全隔离，站间距在 0.5 ~ 1.0km（市中心）之间，在郊区可达 2km 左右。单方向小时通过能力在 3 万人左右，一般可延伸到离市中心 24km 左右。有世界银行的专家认为：第三世界国家不应投资地铁，除非造价便宜或道路交通无法满足需求。

各国地铁系统的建设标准并不完全相同。根据日本的统计资料，地铁系统的技术经济参数如下所示：

（1）最小运行时间间隔：2min；

（2）每节车厢的乘客人数：280 人（按 0.14m²/人计算）；

（3）每列车编组车厢节数：6 ~ 10；

（4）每小时单向最大运送能力：50 400 ~ 84 400 人；

（5）时刻表速度：30 ~ 60km/h；

（6）建设投资（包括车辆）：250 亿 ~ 300 亿日元/km；

（7）运营费：6.66 亿日元/（km·年）；

（8）最低经济运输量：12 200 人/（km·天）（假定平均票价为 150 日元/人）。

地铁中还有一种线性地铁，即小断面地铁。它的特点是断面较一般地铁要小，可降低建设成本，此外，它可以采用较小的曲线半径和较大的坡道，也可高架，维护较易，目前在日本已有几条线路建成投产。线性地铁能力略低于一般地铁系统，主要参数如下：

（1）最小运行时间间隔：2min；

（2）每节车厢的乘客人数：142 人（按 0.14m²/人计算）；

（3）每列车编组车厢节数：4 ~ 8；

（4）每小时单向最大运送能力：17 040 ~ 34 080 人；

（5）时刻表速度：35km/h；

（6）建设投资（包括车辆）：200 亿 ~ 210 亿日元/km；

（7）运营费：6.66 亿日元/（km·年）；

（8）最低经济运输量：12 200 人／（km·天）（假定平均票价为 150 日元/人）。

日本东京都 12 号线就是小断面地铁，可实现小时输送能力达 29 000 人次。该线路最小曲线半径为正线 100m、侧线 80m，最大坡度 5.5％，采用机车多相位信号、综合了列车自动控制（ATC）、列车自动操纵（ATO）和调度集中（CTC）系统，车厢长度 16.5m，定员 90～l00 人，每列车编组 6 节，远期 8 节，直流 1 500V 供电，刚体吊架方式。列车最高速度可达 70km/h。

在北美，与地铁类似的轨道交通系统也被称为重型轨道交通。重轨最初的含义是指在市中心提供运输服务，尽管新系统常常延伸到郊区。重轨系统的车站间距比较紧密，平均间距大概为 1.6km。重轨线路或在地下，或在街道之上。现在常见的场合是将它们放在地面，尤其是在高速公路的中间地带。"重轨"一词的应用是相对于轻轨而言的，因为"重轨"的设备本身还是轻于一般的城市间铁路与市郊铁路的，有时也称其为快速轨道运输系统，欧洲则普遍采用"Metro"一词。

美国有 5 个城市有旧式的重轨系统。波士顿、纽约城、费城是美国地铁建设的先驱。这些城市建设了部分高架线路，芝加哥在第二次世界大战后建设了延伸的高架网络，20世纪 40 年代建成了两个地铁系统。克利夫兰 1955 年开放了一条线路，它也是战后美国第一条城市轨道运输线。

近几十年来，上述城市扩大了它们的轨道运输网络。波士顿延伸了"红线"并用新的高架"黄线"取代了华盛顿街道线。芝加哥在 3 条快车道中间建设了轨道交通线。1968 年克利夫兰将线路延伸到霍普金斯机场，成为美国第一个将轨道服务提供到机场的城市。

大多数重轨系统采用与城市间铁路相同的标准轨距，只有 BART 系统另外，它采用了宽轨。BART 系统的车辆也比其他系统要低一些、宽一些。虽然一般都采用钢轨钢轮，但法国提出一种采用橡胶轮在混凝土导轨上行驶的设计方案，它已用于法国巴黎、加拿大蒙特利尔和墨西哥城。这种设计的优点是安静，乘车很舒适，列车的振荡不会传到地面。不过，它能耗较高，还受气候限制，夏天轮胎会产生过多的热，冰雪也会引起牵引问题。采用这种设计的车辆冬季在地下运行是有利的。

2. 单轨铁路

单轨铁路（也可称独轨运输）是指车辆在一根轨道上行驶的轨道交通系统。最早的单轨系统可以追溯到 1821 年的英国人珀尔默（P·H·Paimer）开发单轨所获得的发明专利。世界上第一条单轨运输线路是 1824 年在伦敦船坞修建的那条木轨线路，比蒸汽铁路还早，不过它是用马来牵引的。1888 年法国人在爱尔兰铺设的、长约 15km 的跨座式独轨蒸汽铁路可以被认为是单轨铁路的先驱，它也是动力单轨铁路走向实用的标志。1893 年，德国人兰根（Langen）发明了悬挂式单轨车辆。1901 年，一条 13.3km 的悬挂式单轨铁路在德国伍珀塔尔投入运营，这也是利用街道上空建设单轨铁路的开始。

单轨铁路一般使用道路上部空间，故土地占用较少。大多数单轨系统采用橡胶轮胎，可以适应急弯及大坡度，对复杂地形有较好的适应性，从而减少拆迁量。同时，单轨系统建设工期较短，投资也小于地铁系统。单轨系统的不足是运营费用偏高，而且，目前已投产的单轨系统的运量很少达到设计运能。

在日本，一般单轨系统的主要技术特性指标如下所示：

·最小运行时间间隔：2min；

- 每节车厢的乘客人数：140 人（按 0.14m²/人计算）；
- 每列车编组车厢节数：2~6；
- 每小时单向最大运送能力：8 400~25 200 人；
- 时刻表速度：30km/h；
- 建设投资（包括车辆）：65 亿~145 亿日元/km；
- 运营费：2.21 亿日元/（km·年）；
- 最低经济运输量：4 000 人/（km·天）（假定平均票价为 150 日元/人）。

3. AGT 系统

自动导向系统（Automatic Guideway Transit，AGT）是一种通过非驱动的专用轨道引导列车运行的轨道交通。在日本，较早的 AGT 系统是 1981 年开通的两条线路：一是神户新交通公司开通的三宫——中公园线路，全长 6.4km；二是大阪市住之江公园——中埠头间的 6.6km 线路。目前这两条线路均采用无人驾驶的 ATO 系统，运营速度 22~27km/h，最大速度达到 60km/h，高峰期最小间隔达到 3min 左右。

AGT 一般采用 ATS/ATC 单人驾驶或 ATO 无人驾驶，单线或复线线路，平均站间距为 650~1 400m，采用直流 750V 或三相交流 600V 供电方式，最小曲线半径为 28~60m，最大坡度为 4.5%~6.0%。AGT 列车一般编组为 2~6 节，最高速度 50~63km/h，运行间隔 3~8min.

根据日本已有系统的情况，一般条件下，AGT 的技术经济指标如下所示：
- 最小运行时间间隔：2min；
- 每节车厢的乘客人数：70 人（按 0.14m²/人计算）；
- 每列车编组车厢节数：4~12；
- 每小时单向最大运送能力：8 400~25 200 人；
- 时刻表速度：30km/h；
- 建设投资（包括车辆）：65 亿~165 亿日元/km；
- 运营费：2.33 亿日元/（km·年）；
- 最低经济运输量：4 300 人/（km·天）（假定平均票价为 150 日元/人）。

4. LRT 系统

轻轨运输系统（Light Rail Transit 或 Light Rapid Transit，LRT）是一个范围较宽的概念。一般地，轻轨要求有至少 40% 的股道与道路完全隔离，以避免拥挤，这也是它不同于有轨电车之处。以道克兰轻轨和曼彻斯特的梅珠凌克（Metrolink）为例，前者是全隔离，自动驾驶，后者则是部分隔离。欧洲与北美对地铁的投资热潮到 20 世纪 80 年代后让位于轻轨系统。电气化的轻轨系统有许多优于地铁和郊区铁路的地方，且它的造价低廉，因为线路工程量小，车辆轻，轻轨列车可以在更大的坡道上、更小的曲线上行驶。典型的轻轨系统一般可运行到离市中心 20km，小时流量在 2 万人次，通常建于拥有 10~100 万人口的市中心，如比利时的嘎雷诺（Charlero，20 万人），日本的广岛（90 万人）。对于更大的城市，可以考虑采用地铁系统，如维也纳（150 万人）。

轻轨系统类型：一种是德国的轻轨系统，基本上是从有轨电车改造而成，如斯图加特；第二种轻轨是大部分新建的，如道克兰轻轨；第三种是利用原有城市间铁路或市郊铁路线路，如曼彻斯特的梅珠凌克、洛杉矶等。新建的轻轨中，越来越多地采用部分或全部隔离的地面线路来穿过市中心。这些线路在路口拥有先行权。它们比隧道便宜得多，对旅客来说，也方便和安全一些。

目前全世界大约还有 250 个城市存在有轨电车，其中大部分是如前苏联一类的社会主义国家，其特点是道路拥挤不太显著，因为私人轿车不多。可以预见：随着道路拥挤程度的增加，有轨电车要么升级为轻轨，要么被拆除。

一般 LRT 的主要技术经济特性指标大致如下：

· 最小运行时间间隔：2min；
· 每节车厢的乘客人数：225 人（按 $0.14m^2$/人计算，2 节/组）；
· 每列车编组车厢节数：2 ~ 4 节（1 ~ 2 组）；
· 每小时单向最大运送能力：6 750 ~ 13 500 人；
· 时刻表速度：20 ~ 25km/h；
· 建设投资（包括车辆）：33 亿日元/km 及以下；
· 运营费：1. 13 亿日元/（km·年）；
· 最低经济运输量：2 100 人/（km·天）（假定平均票价为 150 日元/人）。

在北美一些城市，轻轨也是目前最常见的轨道运输型式。轻轨实际上也可以认为是现代版的电气化有轨电车，其轨道通常位于街道上的适当位置，但大部分在地下或高架。

轻轨系统的优点主要有：

（1）比重轨安全。动力来自车顶部，而非重轨系统的第三轨。此外，轻轨一般无需防护栏杆，因为它本身可以在街道上行驶。

（2）在建设上比重轨更灵活。由于土地昂贵，尤其在闹市区，轻轨系统可以放在街道，旅客可以在人行道上乘降。

（3）更适合低运量场合。在中等规模的城市可以补充巴士运输。

（4）大部分线路按隔离设计，在混合交通条件下的平均行车速度可以更高，从而比巴士更具吸引力。

（5）轻轨铁路技术成熟，并已有丰富经验，无机械风险或大的费用过度问题。

轻轨的最早型式无疑是有轨电车，但国外从 20 世纪 50 年代以来，一直在拆有轨电车。我国东北沈阳、哈尔滨等城市到 80 年代后期也终于拆掉了有轨电车，目前只有大连还存在这种交通工具。美国有 7 个城市有有轨电车。有轨电车在欧洲的发展大概是最好的，在这期间还建了些新线。70 年代初，城市大容量交通协会（UMTA）资助了一项研究轻轨车辆设计标准的课题，但波音公司执行的这项计划失败了，波士顿和旧金山向其订购的 275 辆轻轨车辆存在许多问题，最后不得不终止合同。

20 世纪 80 年代以来，轻轨成为一项受人欢迎的运输方式。加拿大是北美轻轨系统建设较成功的国家。埃德蒙顿 1978 年开放了北美第一条 7.2km 长的线路，其中 1.6km 在闹市区，并在后来延伸。卡尔加里 1981 年建设了南部线，1985 年建设了东北线，1987 年建成了北部线，1988 年建成了冬季奥林匹克线。温哥华 1986 年开通了天车（Skytrain）轻轨系统，它是惟一由线性诱导电机驱动的系统，驾驶完全自动化，列车及车站上都没有职工。有些专家认为这种技术不是轻轨，它更像重轨，因为导轮部分需要防护，且车站结构庞大。另外一些人称其为先进的轻轨系统。不过，该系统的速度和能力绝对与轻轨类似：巡航速度 80km/h，每辆车座位为 40 个，可有 35 个站员。

美国圣地亚哥 1981 年开放了第一条 25.7km 长的轻轨线路，总投资仅为 8 600 万美元。布法罗在城市大容量交通协会（UMTA）拒绝其重轨建设计划后建成了一条轻轨新线，部分在 1985 年投产，全部项目在 1986 年底结束。该线有 2.0km 在闹市区，其余部分在地下，最终投资达 5.36 亿美元，成为每公里造价最高的轻轨项目。

美国达拉斯 30km 长的轻轨系统于 1996 年投产，投资 8.28 亿美元，该市规划轻轨网络全长达 106km。丹佛 1992 年举行了轻轨开工仪式，拟建一条新的轻轨系统。另外，匹兹堡规划改造旧的电车系统，投资 5.42 亿美元，将一段 16.9km 的电车线改为轻轨系统，并延伸到闹市区。

轻轨在过去 20 年中得到了较大发展，有如下几个主要理由：

（1）轻轨在提高效率、减少费用方面具有优势。许多地区的实践已经表明，轻轨可以在相同的成本基础上较大幅度地提高服务频率，从而提高效率。

（2）越来越多的事实表明，传统铁路发展的重点在于发展复杂技术来改进城市间铁路运输服务，而轻轨正好在需求大、运距短的城市地区大展其用武之地。

（3）大多数机车车辆亟待更新，轻轨正好在这里乘虚而入。

（4）轻轨可以提供更好的服务。

（5）对某些出行来说，轻轨系统是代替私人交通的良好方式。

5. 市郊铁路系统

市郊铁路是沟通城市边缘与远郊区的手段，它与城市间的长距离铁路相同。由于市郊铁路服务于人口密度相对稀疏的郊区，站间距比较大，它使得列车的运行速度可以提高许多。目前城市间高速铁路的商业速度已达到 250km/h 以上，一般地，市郊铁路线路的最高速度可以达到 100km/h 以上。

市郊铁路主要为通勤者提供运输服务，故有时也称通勤铁路（Commuter Rail）或地区铁路（Regional Rail）。它起源于第二次世界大战前城市间的铁路运输。在一些大城市比较重要。在经过相当长一段时间的萧条后，市郊铁路在美国的 10 来个城市又活了过来。伦敦、巴黎也都有较大规模的市郊铁路运输网络。在加拿大、亚洲、澳大利亚和其他一些欧洲国家也都有一些市郊运输。

市郊运输的特点是装备重型化，最高速度较大，加、减速度较低，通常由机车牵引一列列车，当然也可以包括自带动力的车辆。机车可以由内燃或电力驱动，线路长度一般在 40~80km，虽然市郊铁路的终点站可引入市中心区，但大多数车站仍在郊区。这种方式的一个显著特点是高质量的服务。由于列车能以高达 130km/h 的速度行驶，座位数也能保证每人都有，有些列车还采用双层客车来增加座位数量，这是惟一能与高速公路比速度的出行方式，也就不奇怪许多乘客将汽车留在家里或车站转而来乘坐它。市郊铁路票价较高，但定期乘客可以购买月票得到优惠，旅客的平均收入要比采用其他出行方式的用户甚至小轿车使用者高。

第二次世界大战以后，私人铁路在市郊开始亏损，导致大部分铁路都被拆除了。美国只有几个城市保留下来：纽约城、芝加哥、费城、波士顿和旧金山。纽约城的系统最大，每周能载运约 50 万人次旅客，纽约州拥有的长岛铁路（The Long Island Railroad）是最大的专门运送通勤旅客的系统，芝加哥仅次于它，费城、波士顿的网络也相当大。1980 年，废弃南太平洋铁路时加州拆除了一条从旧金山到圣何塞（san Jose）的铁路，目前几乎所有的系统均在政府控制之下，极少数私人铁路也在公众的监督下运营。

美国市郊铁路在近年有了些起色。佛罗里达的三轨于 1989 年开通，它将西棕榈（Palm）海滨由劳德代尔堡（Fort Lauderdale）连接到迈阿密的国际机场，全长 107.8km，旅客可以方便地换乘到迈阿密市内铁路线上。该线 1991 年日运量为 6 600 人次，1992 年 2 月达到 10 677 人次。马里兰州签约运营了巴尔的摩到华盛顿特区的 3 条线路，1991 年日运量在 15 900 人次，目前乘客还在稳步增长，政府在考虑建设新的线路。弗吉利亚铁路快运公司 1992 年夏天开始经营从弗雷德里克斯堡（Fredlericksburg）和马纳沙斯（Manassas）到华盛顿特区的运输，1993 年 3 月时平均日运量为 6 500 人次。

1992 年 10 月，南加州地区铁路局开始经营 3 条分别从木泊克（Moorpark）、圣克拉雷塔（santa clarita）、波莫纳（Pomona）连接到洛杉矶联合站的线路，第 4 条从里弗赛德（Riverside）发出的线路 1993 年开通，第 5 条 1994 年 3 月从欧申赛德（Oceanslde）开通。该系统被称为梅珠凌克（Metrolink）。在南加州铁路局的领导下由阿姆瑞克（Amtrak）公司经营。当高速公路堵塞时，成千上万的通勤旅客转向市郊铁路，梅珠凌克全日最高客流记录是 1994 年 1 月 25 日创造的 31 276 人次。

研究市郊铁路服务于城市的重点在于建立一体化的快速旅客运输系统，保证市内出行旅客能迅速抵达目的地。在过去只能跑货运列车的既有旧线上开展新的服务已成为发展的需要。这样，开展这类市郊运输业务所需的投资相当小，因为主要的支出只是机车车辆。由于大多数大城市都有足够大能力的货运线路，将通勤旅客拉回到铁路的可行性就更大。市郊铁路由于速度快、线路长，每客公里的成本也相当低。

我国的市郊铁路 20 世纪 80 年代后期进入萎缩时期，市郊运输量越来越少，动摇了铁路部门开展市郊运输的信心。目前大多数大城市仅残存少量通勤客流，市区的某些专用线也开始被拆除。

6. 小结

轨道交通系统需要单独的线路，它无疑会导致较大的初期投资。尽管如此，轨道交通在城市交通中的作用是巨大的。

首先，轨道交通大都采用与地面隔离的线路设备，运行准点性好，吸引力较其他公共交通方式大得多。

其次，轨道交通容量大，载客量大。以北京为例，北京地铁总长 53km，不到全市公交总里程的 5%，但其承担的客运分担率达全市总客运量的 15% 以上。国内外其他一些大城市的情况都说明了这一点。表 3-9 给出了几种典型的轨道交通系统的一般特性指标。

表 3-9 典型的城市轨道交通系统

	项目	有轨电车	轻轨铁路	市郊铁路	地铁
城市规模	人口 商业区雇员	20 万~50 万 2 万以上	10 万~100 万 2 万以上	50 万以上 4 万以上	100 万以上 8 万以上
线路特点	CBD 线路长度 股道 CBD 可达性 郊区站距 CBD 站距 最大坡度 最小半径 工程量	10km 以下 在街道 地面 350m 250m 10% 15~25m 最小	20km 以下 至少 40% 隔离 地面或地下 1km 300m 8% 25m 轻	40km 以下 分离 地面到 CBD 边缘 1~3km — 3% 200m 中等	24km 以内 隔离 地下 2km 0.5~1km 3%~4% 300m 重

	项目	有轨电车	轻轨铁路	市郊铁路	地铁
机车车辆	车辆重量	16t	20t 以下	46t	33t
	车辆数	1 或 2	2 或 4	至多 12	至多 8
	车辆能力	50 座 75 站	40 座 60 站	60 座 120 站	50 座 150 站
	车辆可达性	步行	步行或站台	站台	站台
运行指标	供电电流	直流 500 ~ 750V	直流 600 ~ 750V	直流 600 ~ 1500V 或交流 25KV	直流 750V 或直流 1500V
	供电方式	顶上	顶上	顶上或三轨	顶上
	平均速度	10 ~ 20km/h	30 ~ 40km/h	45 ~ 60km/h	10 ~ 20km/h
	最大速度	50 ~ 70km/h	80km/h	120km/h	50 ~ 70km/h
	一般高峰间隔	2min	4min	3min	2min
	最大小时流量	15 000	20 000	30 000	15 000

从表 3 - 9 中不难看出,各国轨道交通系统的技术经济特性尽管稍有差异,但从概念内涵上基本上是一致的。事实上,不同城市采用何种型式的轨道交通系统要根据其具体情况来确定。

表 3 - 10 对几种轨道交通型式从运营特性、车辆特性、固定设备及系统总体指标等方面进行了简单的分类和比较,它们可以作为选择轨道交通系统的参考。

表 3 - 10　城市轨道交通系统的特点

项目	指标	轻轨	地铁	市郊铁路
运营特性指标	最大速度（km/h）	70 ~ 80	80 ~ 100	80 ~ 130
	营运速度（km/h）	20 ~ 40	25 ~ 60	40 ~ 70
	最大密度（列/h）	40 ~ 90	20 ~ 40	10 ~ 30
	小时实际通行能力	20 000	60 000	30 000
	可靠性	高	很高	很高
列车及车辆特性	平均编组（节）	1 ~ 4	1 ~ 10	1 ~ 10
	车辆长度（m）	14 ~ 32	16 ~ 23	20 ~ 26
	每车载客数（个）	200	250	180
固定设备	线路隔离率（%）	40 ~ 90	100	90 ~ 100
	站台高度	低或高	高	低或高
	检票方式	车上或车下	车下	车上或车下
系统总体指标	市中心覆盖	好	一般	不太好
	站间距（m）	300 ~ 800	500 ~ 2 000	2 000 以上
	平均出行长度	中短	中长	长

城市交通系统的建设与发展要充分考虑城市经济的可持续发展,这一点已被发达国家的经验所证实。目前,发达国家的轨道交通系统的建设已经走在了世界的前列,即使是在极力倡导道路运输的美国,其近年轨道交通系统的建设也取得了很大成就。当然这也是与他们强大的经济实力分不开的。

不难看出，世界各国轨道交通的建设有两个值得借鉴之处：一是轨道交通系统的建设必须要形成网络，才能提高系统的吸引力，取得较大的市场份额；二是轨道交通系统的建设要不拘型式，只要其能满足需求，而且技术上可行、经济上尽可能有利，就可以考虑其建设。当然，由于轨道交通系统固有的特点，其初期建设费用过大，政府适当的补贴实际上也被证明是必不可少的。

我国的轨道交通系统建设要因地制宜，根据城市经济、地理特点，结合运输需求来选择适当的轨道交通类型。作为一个发展中国家，我国经济发展水平不高，城市财力有限，加快研究适合我国国情的轨道交通系统不仅有利于推动城市交通的建设，也将对我国交通产业的发展甚至整个国民经济带来巨大效益。

三、城市轨道交通的构成

（一）线路

轨道交通运营线路由区间结构、车站、轨道等共同组成。轨道交通线路按其在运营中的作用，分正线、辅助线和车场线。

正线是指供载客列车运行的线路，包括区间正线、支线、车站正线。城市轨道交通正线是独立运行的线路，一般按双线设计，采用右侧行车制。大多数线路为全封闭，与其他交通线路相交处，一般采用立体交叉。在特殊条件下（如运营初期），两条线路或交通方式的运量均较小时，经过计算，通过能力满足要求，也可考虑采用平面交叉。

城市轨道交通车站是旅客乘降的场所，一般应设置在客流量大的集散点以及与其他线路交会的地方，车站间的距离要根据实际需要确定。一般地，在市区车站间距应在 1km 左右，在郊区不宜大于 2km。

辅助线为空载列车提供折返、停放、检查、转线及出入段作业所需的线路。它包括折返线、临时停车线、渡线、车辆段出入线、联络线等。

1. 折返线

城市轨道交通线路一般都比较长，全线的客流分布可能会不太均匀，这时可组织区段运行。区段运营是指列车根据运行交路的要求，在端点站与中间车站或中间站与中间站之间进行列车折返。因此，在这些提供折返作业的中间站上，需要为列车设置折返线。折返线的型式应能满足折返能力的要求。

2. 临时停车线及渡线

城市轨道交通线路由于运输量大，列车运行间隔一般较密。在运营过程中，在线运营列车可能会发生故障。为不影响后续列车运行，设计上应能使故障列车及时退出运营正线。一般说来，在轨道交通线路沿线每隔 3~5 个车站的站端应加设渡线或车辆停放线。渡线的作用是使离开车辆段的故障列车能及时调头返回车辆段，停车线的作用则是临时停放事故列车。

3. 车辆段出入线

为保证运行列车的停放和检修，在轨道交通沿线适当的位置应设置车辆段，车辆段与正线连接的线路为车辆段出入线，出入线可以设计为双线或单线，与城市道路或其他方式的交叉处可采用平交或立交，具体方案要根据远期线路通过能力需要量来确定。

4. 联络线

在整个城市轨道交通路网中，要使同种制式的线路可以实现列车过轨运行。这种过渡一般需要通过线与线之间的联络线来实现。联络线的位置应在路网规划中确定，先期修建的线路应根据规划要求，为后建线路预留联络线的设置条件。另外，为方便车辆及大型设备的运输，有条件的地方应设置地面铁路专用线。

（二）车辆与车辆段

1. 车辆

轨道交通系统中，车辆是最重要的组成部分之一，它也是直接为乘客提供服务的设备。车辆一般可按有无动力分为动车、拖车两类，也可按有无驾驶室分为带司机室和不带司机室两类。为提高效率，现代车辆大多按动车组（单元）设计，在一组动车组内，动车、拖车与驾驶室的分布是一个有机的整体，它不能随意拆卸。

轻轨车辆的动车一般有 3 种型式：四轴动车、六轴单铰接车和八轴双铰接车。一般城市轨道交通车辆的构成包括以下 7 部分：

（1）车体，是容纳乘客和司机（如有司机室时）的地方，多采用整体承载的钢结构、轻金属结构或复合材料结构。车体本身又包括底架、端墙、侧墙及车顶等部分。

（2）转向架，装设于车辆与轨道之间，是车辆的走行部分。它又分动力转向架和非动力转向架两类。

（3）牵引缓冲装置，车辆的连接是通过车钩实现的，车钩后部一般需要装设缓冲装置，以缓和列车运动中的冲击力。

（4）制动装置，是保证列车运行安全的装置，无论动车或拖车均需设摩擦制动装置。城市轨道车辆的制动装置除常规的空气制动装置外，还有再生制动、电阻制动以及磁轨制动（轻轨车辆上常用的方式）。

（5）受流装置，从接触导线（接触网）或导电轨（第三轨）将电流引入动车的装置，也称为受流器。受流器一般有杆形受流器（多用于城市无轨电车）、弓形受流器（多用于城市有轨电车）、侧面受流器（多用于矿山货车）、轨道式受流器（第三轨受流）和受电弓受流器（适用于高速干线）5 种型式。

（6）车辆内部设备，指服务于乘客的车体内部固定附属装置（如车灯、广播、空调、座椅等）和服务于车辆运行的设备装置（如蓄电池箱、继电器箱、主控制箱、风缸、电源变压器等）。

（7）车辆电气系统，指各种电气设备及其控制电路，包括主电路系统、辅助电路系统和电子控制电路系统。

车辆的主要技术参数一般包括以下几方面：

（1）车辆自重、载重与容积；

（2）车辆构造速度，按安全及结构强度所允许的车辆最高行驶速度；

（3）轴重，指车辆在某运行速度范围内一根轴允许负担的包括轮对自身重量在内的最大总质量；

（4）通过最小曲线半径，与转向架类型及设计有关；

（5）最大起动加速度、平均起动加速度和最大制动减速度；

（6）制动型式，有摩擦制动、再生制动、电阻制动和磁轨制动等型式；

（7）轴配置或轴列数，如四轴动车一般设两台动力转向架，轴配置为 B—B。六轴单铰轻轨车一般两端为动力转向架，中间为非动力转向架，轴配置为 B—2 B；

（8）供电电压、最大网电流、牵引电机功率；

（9）座席数及每平方米地板面积站立人数，它与车辆大小尺寸有关，也与设计的服务水平有关。

设计中在选择车辆时，要考虑车辆的主要尺寸，它包括以下方面：

（1）车辆最大宽度与最大高度，涉及车辆限界；

（2）车体长度、高度、宽度，且有内外部之分；

（3）车钩中心线距轨面高度，简称车钩高度。目前，城市轨道车辆的车钩高度还没有统一标准。例如，北京地铁车钩高度为（660＋10）mm，上海地铁为720mm。我国城市间铁路车辆的车钩高度则规定为880mm；

（4）地板面高度，指新造、空车高度。北京地铁为1 100mm 上海为1 130mm；

（5）车辆定距，指车辆两相邻转向架中心之间的距离。

2. 车辆段

车辆段是城市轨道交通系统中对车辆进行运营管理、停放及维修保养的场所。一般地，1 条线路可设1 个车辆段；线路长度超过20km 时，可以考虑设1 个车辆段、1 个停车场。

车辆段主要承担的任务有列车的运营及定期检修作业。车辆修程可根据车辆的质量及管理水平确定。目前国内各城市的地铁采用的修程基本上分4 级，厂修、架修、定修、月修，但各城市所采用的检修周期不同。如北京地铁车辆达到90 万 km 才进行厂修，而上海地铁车辆需达到100 万 km 才进行厂修。

车辆段的线路布置要根据车辆段作业要求，结合用地特点来布置。一般地，车辆段设置原则包括以下3 方面：

（1）收发车顺畅。车辆段是列车运营的起始与终止场所，其设计要根据线路特点保证列车出入的流畅，满足能力要求；

（2）停车检修分区合理。在部分线路较长的场合，车辆段与停车场的确定需要考虑其位置分布，以保证运营组织与管理的方便性；

（3）用地布置紧凑。城市轨道交通系统一般在市区，土地资源稀缺，且价格昂贵，车辆段与停车场的设计要紧凑，以降低建设费用。

车辆段一般可布置成贯通式或尽端式，贯通式车辆段两端均可以收发列车，能力较大，停车列检库每股道可以停3 列车。尽端式车辆段能力稍低，停车列检库每股道一般可以停2 列车。

车辆段根据其布局还可分为多层式与平面式两种。多层式用地节省，但技术复杂，工程费用比较大。欧洲不少城市有采用这种方式的车辆段。我国北京的古城、太平湖及八王坟和上海的新龙华均采用平面式。

（三）限界

限界是指列车沿固定的轨道安全运行时所需要的空间尺寸。为保证列车运行安全，各种建筑物及设备均不得侵入限界范围。轨道交通工程地下隧道的断面尺寸及高架桥梁的宽度的设计都是根据限界确定的。限界越大，安全度越高，但工程量及工程投资也随之增加。因此，合理限界的确定既要考虑保证列车运行的安全，又要考虑系统建设成本。

限界一般是按平直线路的条件进行制定。曲线和道岔区的限界，一般应在直线地段限界的基础上根据车辆的有关尺寸以及不同的曲线半径、超高、道岔类型，再分别考虑适当的加宽和加高量。

根据轨道交通系统的构成和设备运营要求，限界可以分为车辆限界、设备限界、建筑限界和接触轨或接触网限界。它们是根据车辆外轮廓尺寸及技术参数、轨道特性、各种误差及变形，并考虑列车在运动中的状态等因素，经过科学的分析计算后确定的。

车辆限界应根据车辆的轮廓尺寸和技术参数，并考虑其静态和动态情况下所能达到的横向和竖向偏移量，按可能产生的最不利情况进行组合计算确定。设备限界是为保证轨道交通系统的列车等移动设备在运营过程中的安全所需要的限界，一般说来，设备限界要在车辆限界的基础上，考虑轨道出现状态不良而引起的车辆偏移和倾斜；此外，还要考虑适当的安全预留量，设备限界是一条轮廓线，所有固定设备以及土木工程的任何部分都不得侵入此轮廓线内。建筑限界是指在行车隧道和高架桥等结构物的最小横断面所形成的有效内轮廓线基础上，再考虑其施工误差、测量误差、结构变形等因素，为满足固定设备和管线安装的需要而必须的限界，换言之，建筑限界以内、设备限界以外的空间主要是为各类误差、设备变形和其他管线安装所预留的空间。在车站站台有效范围内，靠近站台一侧，站台边缘至线路中心线的距离应根据车厢宽度来确定。在我国，一般站台边缘与车厢外侧之间的空隙以设置 1.0mm 为宜，站台面的高度以低于车厢地板面 50～100mm 较为合适。这个数值与车辆质量及运营水平有关，也与线路和车站工程的施工质量有关。

（四）轨道

轨道是列车运行的基础，它直接承受列车荷载，并引导列车运行。轨道结构是城市轨道交通系统的重要组成部分，一般由钢轨、扣件、轨枕、道床、道岔及其他附属设备组成。为保证列车运行的安全，轨道结构应具有足够的强度和稳定性、耐久性、绝缘性及适量弹性，且养护维修量小，以确保列车安全运行和乘客舒适。

轨道交通在土质路基上一般宜采用混凝土枕碎石道床，并尽可能敷设无缝线路。

钢轨不仅直接承受列车荷载，它也是引导车辆运行的装置。在车辆运行过程中，钢轨将承受的荷载传递到扣件、轨枕、道床及路基，并依靠钢轨头部内侧与车辆轮缘的相互作用，引导列车前进。在列车动荷载作用下，钢轨将产生挠曲和变形，因此，钢轨应有足够的承载能力、抗弯强度、断裂韧性及稳定性、耐磨性、耐腐蚀性。

我国国家铁路的钢轨主要有 43kg、50kg 与 60kg 三种类型。一般地，现行轨道交通系统的设计可参考我国国家铁路钢轨选型标准，即根据"年通过总重在 15～30Mt 时，采用 50kg/m 钢轨；在 30～60Mt 时，采用 60 kg/m 钢轨，来选用钢轨类型。

国内外轨道交通有选用重型钢轨的趋势。从技术性能上分析，60kg/m 钢轨的重量只增加 17.7％，而允许通过的总重量可增加 50％。重型钢轨不仅能增加轨道的稳定性，减少养护维修工作量，而且还能增加回流断面，减少杂散电流。

城市轨道交通在经济条件允许下，无论地面线、地下线或高架线，运营正线宜选用重型钢轨。对车场线来说，由于主要是供空车运行，速度又低，考虑到经济性，选用 50kg/m 或 43kg/m 钢轨均是可行的。

轨枕是轨道的基础部件，其功能是支撑钢轨，并将钢轨压力传递到道床。轨枕的种类按构造有横向轨枕、纵向轨枕、短轨枕和宽轨枕 4 种；按铺设部位有适用于区间线路的普通轨枕、道岔区的岔枕和有碴桥上的桥枕；按制造材料可分为木枕、混凝土枕及钢枕 3 种。

扣件是联结钢轨与轨枕间的零件，其作用是将钢轨固定在轨枕上，保持轨距并阻止钢轨的横纵向移动。

道床是指路基之上、轨枕之下的部分。一般分为碎石道床和整体道床两大类。土质路基上一般采用碎石道床，碎石道床结构简单，容易施工，减振、减噪性能较好，造价低；不足之处是轨道建筑高度较高，轨道维护工作量大。从国内外城市快速轨道交通建设的发展趋势看，一般只在地面线上使用碎石道床。

（五）车站建筑

轨道交通系统中，车站是系统运行的主要设施，也是系统运营过程不可缺少的组成部分。轨道交通系统车站的选址、布置、规模等对运营效果具有决定性的意义。

轨道交通系统车站按结构型式可分为地面站、高架站和地下站；根据运营性质，也可分为中间站、换乘站、中间折返站和尽端折返站；按站台型式，也可分为岛式站台、侧式站台和岛侧混合站台。

城市中心区的轨道交通车站一般采用地下型式，车站相应地建设于地下。进行地铁车站的总体设计时，应妥善处理与城市规划、城市交通、地面建筑、地下管线、地下建筑物之间的关系。同时，地铁车站设计要保证乘客使用安全、方便，并具有良好的内部和外部环境条件。车站建筑设计应简洁、明快、大方，易于识别，并体现现代交通建筑的特点。

在市中心区以外的地点，轨道交通车站可以考虑采用地面或高架型式。

在车站建筑规划与设计中，首先要确定车站规模。车站规模可以按全日运量或高峰小时运量的大小来确定，一般可以分为小型站、中型站、大型站和特大型站。轻轨车站的站间距一般在 1km 左右。在郊区站间距可以略大一些，在市中心区则可以更短一些。

车站规模的确定要考虑近期客流量与远期预测需求的规模。对于枢纽地区，要考虑高架车站、地面车站与地下车站之间客流换乘的方便性，并满足各种安全防护要求。根据欧洲的经验，车站设计要考虑"高峰中的高峰"。例如，设计中一般要考虑 15min 最大流量，它是按高峰小时流率的 30％计算（正常为 25％）。类似地，5min 最大流率按 15min 的 40％计算。目前，国内地铁设计规范中规定，超高峰系数为 1.2～1.4。

四、城市轨道交通与其他交通方式的衔接

城市轨道交通是整个城市交通系统的骨干，大城市的交通必须向以轨道交通为主体的多层次综合客运体系发展，这已经是不争的事实。要高效地发挥城市轨道交通系统的作用，解决城市的交通问题，除要在线路规划、车站设计等方面作好轨道系统自身的建设外，城市轨道交通系统与城市其他交通方式的配合衔接，共同为整个城市客运服务，也是城市轨道交通建设中一个十分重要的方面。

城市轨道交通系统与城市其他交通方式的衔接配合，可分为以下两个方面：

（一）与其他方式的线路衔接

1. 与公交线网的衔接

城市轨道交通线路与公交线网的关系应定位为主干与支流的关系。城市轨道交通以解决城市主要客流走廊、主要干道的中远距离客流为主，平均运距一般为 6～10km，这样可以发挥其大运量、快速、准时、舒适的系统特征。公共汽车、电车运能低，但机动灵活，是解决中、短途交通的主力，应更多地考虑其网络覆盖范围，为区内出行提供方便条件。

协调地面公交与轨道交通方式的一般做法是：

（1）在轨道交通沿线取消大的重合段长的地面常规公共交通线路，将其改设在轨道交通线服务半径以外的地区。

（2）将轨道交通线路两端的地面常规公共交通线路的终点尽可能地汇集在轨道交通终点，组成换乘站。

（3）改变地面常规公共交通线路，尽量做到与轨道交通车站交汇，以方便换乘。

（4）在局部客流大的轨道交通线的某一段上，保留一部分公共汽车线，起分流作用，但重叠长度不宜超过4km。

（5）增设以轨道交通车站为起点的地面常规公交线路，以接运轨道交通乘客。

2. 与市郊铁路线的衔接

城市轨道交通与市郊铁路是两个不同层次的轨道交通系统，市郊铁路具有站距大、速度快、运量大的特点，是连接中心城市与卫星城或郊区重镇的地区性交通工具，对城市轨道交通而言，它是外延和补充。

由于城市轨道交通和市郊铁路属于不同性质的轨道交通系统，他们的服务对象和区域都不同，所以在线网布置上，要有所侧重。

目前我国市郊铁路的发展还没有形成足够的规模，与城市轨道交通如何衔接正处于研究探索阶段，还没有十分成熟的经验。国外一般有两种做法：

（1）市郊铁路深入市区，在市区内形成贯通线向外辐射，在市区内设若干站点与城市轨道交通衔接。

（2）利用原有铁路开行市郊列车，市郊列车一般不深入市区，起终点设在市区边缘，在起终点车站上与城市轨道交通进行换乘衔接。

以上两种做法各有利弊，取决于城市的发展和经济实力。一般来说，第一种做法，对市区居民出行和换乘比较方便，但投资较大；第二种做法，完全利用既有铁路，投资小，但要处理好在车站的衔接换乘关系。

（二）与其他方式的车站衔接

1. 与地面铁路车站的衔接

地面铁路车站往往是一座城市的门户，它一般具有历史悠久、周围各种设施齐全、客流聚集量较大、进一步开发的空间有限等特点。

城市轨道交通与地面铁路衔接时，要充分考虑到这一特点进行总体规划设计，一般有以下几种做法：

（1）在既有火车站站前广场地下单独建设城市轨道交通车站，利用出入口通道与铁路车站衔接。

这是目前国内普遍的一种做法。根据线路走向可分为两种型式，一种是城市轨道交通车站与地面铁路车站平行布置，如目前北京火车北站；另一种是两车站交叉布置，即城市轨道交通车站与地面铁路车站正交或斜交，线路穿越铁路站场。一般地说，前一种型式有利于与既有的火车站衔接，后一种型式为线路的延伸创造了更好的条件。

以上两种型式的优点是利用了火车站站前广场空间，明挖施工时不造成大规模的拆迁和改造，相对施工难度较小，但也要充分注意到施工期对车站客流的影响，在客流聚集比较大、广场规模容量有限时，要考虑分流措施。两种型式的客流换乘条件一般，规划设计时要尽可能使城市轨道交通车站及进出站通道靠近地面铁路出入口，有条件时应设独立通道进行换乘。

（2）在地面或高架修建城市轨道交通车站，进行客流的统一组织规划。

城市轨道交通车站设于地面或高架时，一般会对火车站周围环境造成比较大的影响，在既有铁路车站处设置时，不仅会带来较大的拆迁，其换乘客流也不宜组织，应慎重对待。

在火车站周围单独修建城市轨道交通地面或高架车站时，必须考虑景观问题，其通常的方法是将轨道交通车站置于地面铁路车站一侧或在广场前道路上与地面铁路车站平行布置，换乘客流一般通过地面或天桥疏散后进入地面铁路车站。

（3）在新建和改建的火车站中，将城市轨道交通车站一同考虑，形成综合性交通建筑，方便乘客换乘。

这种方法是最好的一种客流衔接换乘方法，目前在我国新建的铁路车站中已逐步被采用。如北京西客站，将整个地铁车站设于铁路站房下进行合建，地下一层为综合换乘大厅，地面铁路客流可直接通过换乘厅进入地铁车站，对乘客十分方便。

在进行这种建筑规划设计时，最佳方式是实现两种交通方式在站台的直接换乘，但目前由于体制、票制等原因，还难以做到这一点。

2. 与公交车站的衔接

轨道交通车站与地面常规公共交通线路车站的衔接可分为 3 种等级和规模。

（1）综合枢纽站。一般位于城市对外交通进出口处，是能吸引多种交通方式汇集的客运中心地段。在此，公交线路一般呈放射型布置，可以多达十几条，站场规模一般在 10 000m² 以上。城市中的综合枢纽站一般不仅限于城市轨道交通和城市常规地面公交，有时还包括长途汽车、单位班车、地面铁路甚至水运设施等。其具有客流集中，换乘量大，辐射面广等特点。在这样的综合交通枢纽站，要进行综合的详细的规划布局，一般采用先进的设施和空间立体化衔接，合理组织人、车流分离，使人流换乘便捷，车流进出顺畅，便于管理。目前我国正在积极进行这方面的研究和探索经验，还缺乏足够的成功经验，国外的例子屡见不鲜，应注意吸收采纳，以提高规划与设计水平。

（2）大型接驳站。指位于轨道交通首末站、地区中心及换乘量较大的车站的换乘点，在此布置的地面常规公共交通线路主要为某一个扇面方向的地区提供服务。公交车站可采用总站或规模较大的中途站两种型式，总站的规模一般在 3 000 ~ 5 000m，中途站需提供 3 ~ 4 个车位或线外有超车功能的港湾式停靠设施。大型接驳站的布置宜设于轨道交通车站 200m 范围内，有条件时，可考虑与轨道车站建筑结合。在规划设计时，除考虑尽可能减少人流、车流交叉外，要配备必要的运营服务设施和导向标志。

（3）一般换乘站。为轨道交通的一般中间站与地面常规公共交通线路的中间站的换乘点，其一般多位于土地紧张的市区。在规划设计时，要充分考虑到轨道交通换乘量大的特点，将公交车站设置成港湾式停车站，并尽可能靠近轨道车站出入口。

3. 与私人交通的衔接

城市轨道交通与私人交通的衔接主要是指与自行车和私人轿车的衔接。

（1）与自行车的衔接。我国是个自行车王国，自行车在城市交通中仍然起着十分重要的作用。随着城市轨道交通的建设，许多人缩短了自行车的出行距离，转而骑车至轨道交通车站，然后换乘城市轨道交通到达目的地。北京地铁一、二期客流调查充分证实了这一点。对于这一特点，在我国城市轨道交通规划设计时必须加以考虑。调查表明：自行车的换乘客流来源一般在距车站 500 ~ 2 000m 的范围内，这样，在居民区和市区主要交叉口的车站均应考虑设置一定规模的停车场地。自行车的停车场地应结合车站出入口周围的用地和建筑物情况进行设置。目前北京地铁的一般做法是将出入口周围划出一片地作为停车场地，但随着城市建设的发展，市中心的用地越来越紧张，这种做法越来越难以实施，因此在规模较大的车站可考虑利用地下空间设置停车场。

（2）与私人小轿车的衔接。经济发展导致小轿车拥有量增加是社会发展的必然。它不仅给城市道路交通增加了压力，也将公共交通车站的停车问题提到了议事日程。城市轨道交通的车站设计和建设要考虑这种变化。国外经验表明：在市区边缘轨道交通车站修建小汽车停车场，鼓励小汽车用户停车换乘进城，取得了一定效果。这类停车场一般与城市轨道交通有良好的衔接条件，因而被乘客所接受。因此，对于市郊范围内的轨道交通换乘车站，一般均设计或预留 r 较大面积的机动车停车场；在城区，由于停车场地十分有限，相应地停车费用也比较高。我国是一个发展中国家，受经济发展和人们出行方式的影响，是否采用这一做法可以进一步研究。但无论发展速度如何，私人轿车的增长都是历史发展的必然。因此在有条件时，在城市周围一些大的客流集散点设计或预留停车场地还是非常必要的。

五、轨道交通的运输能力

运输能力是轨道交通系统最重要的参数。运输能力计算涉及到系统设计、扩展、改建、舒适性设计及系统在不同时期内的发展。一般地，运输能力信息可用于下列方面：①新建及扩展项目的规划与运营分析；②运输线路行为的评价；③环境影响研究；④新的信号与控制技术的容量评估；⑤系统能力与运营随时间变化的估计；⑥交通可望得到显著改善条件下土地开发对能力的影响评估。

能力的分析计算可以根据线路断面、设备、列车控制方法与运营实际情况来分类。例如，一般可以将轨道运输模式分为 4 类：

（1）全隔离的、有信号控制的、双线电力驱动多单元列车轨道交通。这是最常见的交通方式，包括所有的快速轨道交通系统、所有的自动导向交通和部分轻轨线路。这类轨道交通可称为立体隔离轨道交通系统（Grade Separated Rail）。

（2）不完全隔离的轻轨系统，包括在街面运营的系统和具有优先权的平面交叉系统。街道电车系统属于这一类的一个特例。

（3）一般的通勤轨道交通系统，如市郊铁路运输系统等。

（4）自动导向系统（Automated Guideway Transit，AGT）。大多数 AGT 系统的列车更短，并采用侧式站台。侧式站台较传统车站的运输能力要大。

轨道交通系统的能力一般可定义为：某股道上某一方向 1h 内所能运载的总旅客数。在城市交通网络上，能力计算还涉及到供需概念。由于旅客到达的不均衡性，实际上不能保证所有计算的空间都会被旅客"填满"，一般地，高峰期能力利用系数在 0.70 ~ 0.95，大多数系统的高峰利用率在 0.75 ~ 0.90 之间。

1. 设计能力与可用能力

设计能力：某一股道上某一方向 1h 内通过某一点的旅客空间（Passenger Space）量。设计能力（Design Capacity）相当于最大能力、理论能力或理论最大能力。设计能力有两个要素：一是线路能力（Line Capacity）；二是列车能力（Train Capacity），如下所示：

$$设计能力 = 线路能力 \times 列车能力 \qquad (3-54)$$

式（3-54）中，线路能力是指每小时通过的列车数，列车能力是指列车容纳的旅客人数。

设计能力一般需要用到下列因素：①每辆车座位数量；②每辆车站员数量（可站立面积×站立密度）；③每列车车辆数量；④列车间隔（综合信号系统、车站逗留时间及枢纽约束得出的最小间隔）。

将能力概念扩展到更一般的情形：

设计能力 = [3 600/（最小列车间隔 + 车站停留时间）] ×每列车车辆数×每车辆定员数　　　　　　　　　　　　　　　　　　　　　　　　　　（3－55）

在公式（3－55）中，最小列车间隔与信号系统参数、列车长度、交叉口和折返影响有关，而列车在车站的停留时间则与站台高度、车门数量与宽度、验票方式及车站能力限制有关。

可用能力：在容许旅客需求发散条件下，某一股道某一方向 1h 所能运载的最大旅客数量。除非特别说明，本书中的能力均指可用能力。可用能力可描述为：

可用能力 = 设计能力×高峰发散系数（Peak Hour Diversity Factor）　　（3－56）

可用能力是设计（最大）能力和一系列现实因素的产物，这些现实因素反映了人的感觉和行为，包括特定场合下的差异（期望、文化背景、运输方法等）。

2. 线路能力

线路能力是指 1 个高峰小时内某条线路上所能运行的最大旅客列车数量。在确定线路能力时，有两个重要因素需要考虑：一是列车控制系统的能力，它受各种限制因素的影响，尤其是枢纽及交叉点和单线区段的影响；二是车站的停留时间。

理论上 1h 可能通过的列车数量取决于信号系统，包括传统的闭塞信号、机车信号和基于通信的移动闭塞系统。在城市市郊运输线路上，轨道交通系统的信号需要兼顾不同长度和速度的列车。一般地，解析模型可以得到经验或近似的通过能力，精确的结果则需要通过计算机模拟方法来确定。

车站停留时间在许多情况下是决定最小列车间隔的主导因素，而确定列车间隔的另一个因素是各种运营裕量（Margin）。在某些场合下，这类裕量可以附加到停站时间内，形成一个可控制的停站时间。例如，在纽约的格兰德（Grand）中心站，平均停站时间是 64s，大约为列车实际平均间隔时间 165s 的 39%。该位置的列车最小间隔时间是 55s，实际列车平均间隔减车站停留时间和最小间隔时间后的值为 46s，这一结果可以被认为是一种运营裕量。一般地，列车在车站的停留时间应包括 3 部分：①客流上下时间；②客流停止后的开门时间；③车门关闭后的等待开车时间。

3. 列车/车辆能力

列车能力是每辆车载客数量与每列车编成辆数的积。通过发散系数，可以将多车辆列车中负荷不均匀的情况考虑后换算为实用能力，如下式所示：

列车能力(旅客数/列车) = 每辆车旅客数×列车中的车辆数量×发散系数　　（3－57）

车辆能力一般要从拥挤水平来评价。北美拥挤水平一般按 6 人/m^2 计算，这是在扣除座位面积、设备面积后的指标。实际上，北美地区的最大容量在 5 人/m^2 左右，高峰期实际平均载荷仅为 2 人/m^2。

评价能力的惟一真实的办法是考察旅客不再上车而等待下一列车时的车辆载荷，即出现留乘（Pass - ups）时的情况。避免留乘是所有公交系统设计的目标，它可以得到评价系统可用能力的可靠数据。

车辆能力的计算涉及 3 个方面：座位密度、座位率、站立密度。在某种意义上，它们是一些政策问题。对服务水平和车辆内部的设计决策可以使上述3个因素变成一种差异，即车辆能力的差异，即使两种车辆具有同样的长度和最少间隔。

设计列车能力是车辆能力与每列车车辆数量的简单积，其中后者在很大程度上受某些具体因素的影响，如①站台长度，尤其是既有系统；②街道约束，指在街道上行驶的车辆。

实用能力受列车载荷变量的影响，主要是列车载荷发散系数，它影响到车站的设计。当车站的大多数入口都能按站台长度有效地分布旅客时，该值大致可取1.0，其他一些分布不均之处可考虑一些差别。高峰时，旅客会自动分散，但不一定会很满意，某些车辆仍会发生留乘及过度拥挤。

4. 车站能力的约束

某些情况下，车站能力约束限制了客流抵达站台及列车的效率，从而减少了可用能力。这方面的研究主要是交通供给者的任务，它需要考虑以下因素：

（1）车站能力，包括占有率的限制；

（2）站台容流限制，主要是由于出入口的数量及宽度限制引起的；

（3）车站停留空间不足；

（4）收费系统的能力限制。

六、城市轨道交通系统建设与运营经济状况

1. 有轨电车

有轨电车是最便宜的轨道交通运输工具，它在混行车道上运行，速度低，载客量也较少，每节车载客量在100~200人，乘客客票由车上的司机或售票员负责出售，车辆和轨道维修较为简单。

有轨电车投资不大，主要是轨道和电力系统投资，造价大约为每公里400万美元，有轨电车车辆价格一般每辆为30万美元。在营业情况良好、效率很高的情况下，包括折旧在内的每人公里运营成本大约为0.03~0.10美元。因此，对有轨电车系统来说，投资回收是可能的，有时通过票款就可实现这一目标。不过经验表明，大多数有轨电车系统都需要补贴。

2. 轻轨交通（LRT）

轻轨系统一般运行在全隔离或部分隔离的线路上。乘客直接从地面或低站台上车，售票形式包括车上买票和下车买票两种。典型的三节双铰链车厢满载时可容纳乘客800~900人。

地面上的轻轨系统基本建设投资包括轨道、信号和电力系统，每公里造价大约为600万~1 000万美元。不过，如果高架与地下部分比较多，其投资可能会大于该水平。轻轨车辆的购置费用大约每辆80万美元。LRT的总运营成本一般在0.10~0.15美元/（人·km）。

3. 地铁

有的文献上将地铁称为快速轨道交通（RRT）。它采用全封闭线路，能力大，无干扰。由于投资大，这些系统一般都由政府策划建设及经营，票价有统一票价和按距离计价两类。为保证高密度、高安全的要求，地铁一般需要装备先进的信号和控制设备，对旅客出入、通风、紧急疏散等方面也有较高的要求，故建设一条地铁线路需要多年的努力。地

铁建设的投资包括较多方面，表 3 - 11 给出了一般的统计。

表 3 - 11　地铁投资统计（百万美元）

项目	高架	地下
结构/隧道/km	20 ~ 40	60 ~ 90
轨道/km	1.0 ~ 1.5	1.0 ~ 1.5
信号/km	1.0 ~ 1.5	1.2 ~ 1.5
动力/km	1.0 ~ 3.0	1.0 ~ 1.5
站台/每座	2.0 ~ 5.0	5.0 ~ 20.0
车库/每座	1.0 ~ 40.0	
修理车间/每座	15.0 ~ 50.0	
车辆/每辆	1.0	

欧洲地铁运营的统计资料表明：地铁系统的运营成本，包括折旧在内，一般在 0.15 ~ 0.25 美元/（人·km）。例如，如采用统一票价，平均运距在 5km 时的票价应在 0.75 ~ 1.25 美元。

大多数城市的实践表明，地铁的票价收入一般不能补偿总成本。除了个别城市之外，各城市地铁的票价均明显低于地铁的总成本。它说明地铁的建设与运营需要政府或其他方面的支持。

4. 市郊铁路

市郊铁路系统有时也可称为通勤轨道运输系统，它与城市间铁路运输系统使用共同的线路。新建地面郊区轨道运输系统，包括封闭的专用线路、道口完全立交、轨道、信号和动力系统。造价大约为每公里 600 万 ~ 1 000 万美元；车辆的购置费则大约在 100 万美元/辆左右。如果在现有系统的基础上改造，则可大幅度降低造价，如降低到 200 万 ~ 500 万美元/km，包括车辆的购置费；市郊铁路的总运营成本（含折旧）大约为 0.08 ~ 0.15 美元/km。

例如，突尼斯郊区铁路系统总长 26km，设车站 20 座，共有 9 列列车运营，5km 票价为 0.20 美元，每人公里成本为 0.044 美元。澳大利亚阿德雷得郊区铁路系统总长 152.1km，设车站 93 座，共有 76 列列车运营，5km 票价为 0.54 美元，每人公里成本为 0.108 美元。名古屋郊区铁路系统总长 544.5km，设车站 369 座，共由 210 列列车运营，每人公里成本为 0.032 美元。

第四章　道路运输系统

第一节　道路运输系统的发展及其特征

一、汽车的发展过程

汽车是由本身装备的动力装置驱动，具有四个或四个以上车轮，不依靠轨道和架线在陆地上行驶的车辆。在我国最早出现的这种车辆多装有汽油发动机，所以称之为汽车。道路运输是伴随着汽车的出现和发展而发展起来的。

汽车最先在欧洲出现，17世纪，荷兰人曾制成利用风帆、风车驱动的车辆。蒸汽机出现后，用蒸汽机驱动的车辆相继问世。1769年，法国军官 N·J·居纽制成一辆前轮驱动的三轮蒸汽机车，时速3.6km，用来拖炮，并可乘坐4人。此后，一些国家相继制成蒸汽机汽车，1790年，法国巴黎出现蒸汽机公共汽车。19世纪初期，英国一些城镇间行驶着12～16个座位的蒸汽机载客汽车。

1875年，奥地利人 S·马尔库斯制成一台装有二冲程内燃机的汽车，现存维也纳博物馆，1950年，曾用它做过一次表演，时速4.8km。1885年，德国人 K·本茨制成一辆三轮机动车，装有一台转速为250r/min的汽油机。1886年，德国人 G·戴姆勒把一辆马车改制成四轮汽车，用转速为900r/min的汽油机驱动。不久，法国人 R·庞赫尔和 E·勒瓦瑟改进了戴姆勒的汽车，使装有底盘前部的发动机通过离合器、变速器，用链条驱动后车轮，形成现代汽车的雏形。

现代汽车有朝着专用化方向发展的趋势，即根据汽车的不同用途和使用条件，设计制造各种专用汽车，以获得最佳使用效能和提高对具体使用条件的适应性。由于汽车的数量愈来愈多，车速不断提高，交通事故、能源消耗和环境污染等已成为重要的社会问题，许多国家都为此颁布专门的法规，促使人们在这些方面改进汽车结构。

汽车结构的改进主要是：改善制动、转向、照明等与安全有关的系统，发展安全气囊等防碰撞装置；采用曲轴箱通风、废气再循环、排气触媒净化等措施，使汽车向低污染方向发展；减轻汽车自重，改进传动系统和耗能多的附属装置，采用子午线轮胎，改善车身流线型等以减少汽车行驶的能量损失，从而降低运行油耗；在公路法规允许限度内，发展大吨位汽车，降低单位载重量能耗；在轿车和轻型货车上尽可能以热效率高的柴油机替换常规汽油机，同时积极改造常规汽油机。

二、我国公路建设的发展过程

自20世纪初汽车输入我国后，通行汽车的公路开始得到发展。从推翻清朝建立中华民国到中华人民共和国成立是中国近代道路发展的时期，但发展缓慢，并屡遭破坏，原有的马车路（有的也可勉强通行汽车）和驮运道仍是多数地区的主要交通设施。这个历史时期大致可分为清末和北洋政府时期、国民党政府前期、抗日战争时期和解放战争时期四个阶段。

清末和北洋政府时期（1912～1927年）这一时期是中国公路的萌芽阶段。中国最初的公路是1908年苏元春驻守广西南部边防时兴建的龙州——那堪公路，长30km，但因工程艰巨，只修通龙州至鸭水滩一段，长17km。尔后又相继修建了一些公路，但这期间一般都是从军路开始，以地方发动，民间集资或商人集资方式修建的。当时东南沿海各省处于军阀割据和混战情况下，大都各自为政，互不联系，修建的公路既无规划，又无标准。据统计，截至1927年底，我国公路通车里程约为29 000km。

国民党政府前期（1927～1936年）这一时期是公路开始纳入国家建设规划阶段。1927年，国民政府的交通部和铁道部草拟了全国道路规划及公路工程标准，开始了按规划修建公路。据统计，截至1936年6月，我国公路通车里程达到了117 300km。

抗日战争时期（1937～1945年）抗战初期，几条主要铁路（如平汉、粤汉等）运输干线几乎全被日本侵略军切断，上海、广州等口岸也被封锁，为沟通大后方交通和打通国际道路，公路成为陆上交通主要通道。当时，为抗日战争的急需而抢修了一些公路，这一时期新建公路14 431km，其中多数是远在地理与自然条件均较恶劣的边陲地区，不论勘测设计或施工，工程都是十分艰巨的，其使用多服务于军事，对标准和质量要求不高，而且时兴时废，往往修筑和破坏交替发生。据统计，截至1946年12月，我国公路总里程达130 307km。

解放战争时期（1946～1949年）抗战胜利后，由于进行解放战争，公路交通以军用为主。公路建设进展不大。特别是国民军队溃退时，公路遭到严重破坏。截至中华人民共和国建立前夕全国能通车的公路，只剩下75 000km。

从我国近代道路的整个历史时期看，我国公路的发展是从无到有，从少到多，并随着交通量和车辆载重量的增大，线路和桥梁标准逐步有所提高，但因缺乏资金，缺乏公路建设的规划，即使有规划，也难于起到应有的作用，致使建成的公路在分布上很不合理。按1942年统计，东部几省公路每50km^{2}仅有1km，而西北及西南各省每800km^{2}才有1km。

中华人民共和国成立以后，我国公路建设进入了逐步现代化的时期，其发展过程经历了5个阶段。

国民经济恢复时期（1949～1952年）这个时期内从上到下建立了公路管理机构，并建立了设计、施工和养护的专业队伍。同时，国家颁布了一系列重要法规，对公路留地办法、公路养护办法、动员民工整修公路办法、养路费征收办法等，都作出了明确的规定。这个时期内，又进行了全国公路普查，全国恢复并改善了原有公路。到1952年底，公路通车里程达到12.6万km，有路面的里程达5.5万km。

第一个五年计划时期（1953～1957年）这一时期是公路建设稳定发展阶段。各级公路部门补充完善了各项管理制度和技术规范，公路建设队伍进一步充实发展，使各项工作走上了正轨。在这个时期，县乡公路得到普遍发展，公路通车里程和有路面里程增长了一倍，分别达到25.4万km和12.1万km。

"大跃进"时期和国民经济调整时期（1958～1966年）这个时期是公路数量猛增、再进行巩固的阶段。1958年，制定了简易公路的标准，公路里程猛增，但质量标准较低。1962年，公路建设开始了调整、巩固、充实、提高的阶段，恢复和完善了若干基本政策和制度，调整健全了公路机构和建设队伍。据统计，截至1965年底，公路通车里程达到

51.4 万 km，有路面里程达 30.5 万 km。

十年动乱时期（1966～1976 年）动乱期间公路建设仍有发展。截至 1976 年底，公路里程增长到 82.3 万 km，有路面里程增长到 57.9 万 km。但是，由于"文化大革命"对公路修筑、管理和养护的影响和破坏，有的地区路况下降，工程质量事故和交通事故相当严重。

社会主义经济建设新时期（1977 年后）这一时期是公路改革和提高的新阶段。在这个时期内，恢复并改革了各项规章制度，加强养护，扭转了路况下降的局面，公路建设进入了一个新的发展时期。2002 年底，全国公路总里程达到 176.5 万 km，有路面公路里程 160.18 万 km，全国通公路的乡（镇）占全国乡（镇）总数的 99.5%；通公路的行政村占全国行政村总数的92.3%。

三、高速公路

高速公路是供汽车高速、安全、顺畅运行的现代公路类型。世界各国的高速公路虽然没有统一的标准，命名也不尽相同，但一般都是专门指有 4 车道以上、两方向分隔行驶、完全控制出入口、全部采用立体交叉的公路。然而，也有不少国家将部分控制出入口、非全部采用立体交叉的直达干线称为高速公路。

20 世纪 30 年代，随着汽车工业的迅速发展，公路运输量猛增，形成了车多路少的局面。原有的公路形式不仅不能满足运输的需要，而且交通肇事死亡率大大增高。在这种情况下，德国于 1933 年首先修建了汉堡至柏林的高速公路。随后，美国于 1937 年修建了加州高速公路。20 世纪 40 年代以后，不少国家相继兴建高速公路，公路里程也不断增长。目前，有些国家已建成或即将建成本国的高速公路网，并与邻国接通。美国是全世界拥有高速公路里程最长的国家，以高速公路为主的全国州际与国防公路网长达 68 425km。目前，拥有高速公路 2 000km 以上的国家主要有美国、德国、意大利、法国、日本、西班牙和中国等。

高速公路造价很高，占用土地也很多，但服务水平高，能大大地提高运输效率，加快运输速度，降低运输成本，一般 8～12 年即可偿还投资。因此，许多国家当交通量发展到一定程度时，只要能力许可就修建高速公路。

我国从 1984 年 12 月 21 日动工修建沪嘉（上海至嘉定）高速公路开始，相继于 1986 年底有西潼（西安至临潼）、广佛（广州至佛山）等高速公路动工，1987 年，又有广深珠（广州、深圳至珠海）、广州环城、京津塘（北京、天津至塘沽）和京石（北京至石家庄）等高速公路动工，从而使我国公路建设进入了一个新的时代。2002 年底，我国高速公路达 25 130km。

四、公路汽车运输的特征

公路汽车运输在所有运输方式中是影响面最为广泛的一种运输方式，其特征是：

（1）全运程速度快。因公路运输可实现"门到门"运输，故对于旅客可减少转换运输工具所需要的等待时间与步行时间，对于限时运送货物，或为适应市场临时急需货物，公路运输服务优于其他运输工具，尤其是短途运输，其整个运输过程的速度，较任何其他运输工具都为迅速、方便。

（2）运用灵活。公路运输因富于活动性，可随时调拨，不受时间限制，且到处可停，富于弹性及适应性。

（3）不受地形气候限制。小汽车的行驶可逢山过山，不受地形限制；遇恶劣气候，亦不受其影响。

（4）载运量小。汽车载运量，小汽车只不过三四人，大型巴士平常也仅能载运数十人，货运汽车普通可载运 3～5t，虽然使用全拖车，亦不过数十吨，不能与铁路列车或轮船的庞大容量相比。

（5）安全性较差。公路运输，由于车种复杂，道路不良，驾驶人员疏失等因素，交通事故较多，故安全性较差。

五、城市交通运输系统的特点

（一）城市交通运输系统

城市交通系统是由道路系统、流量系统和管理系统组成的一个综合体。道路系统包括各种等级的街道、交叉路口和交通管理设施；流量系统包含行驶在道路上的各种车辆及行人，交通流量是一定时间内通过道路上某一位置的标准车辆数，即 PCU（Passenger Car U-nit）；管理系统则是指管理交通网络和流量的各种规章制度。

构成城市交通系统的三个子系统之间是相互作用的。以道路系统和流量系统为例，良好的道路系统会使车辆和行人流动迅速，促进经济和文化发展，产生更多的车流和出行人数，从而使原来的道路系统通行能力不足，迫使规划和建设部门投资改扩建道路系统。落后的道路系统如果不及时改扩建，就会影响流量系统的运转，造成严重的交通拥挤，并抑制交通需求的发生。

（二）城市交通运输系统的功能

城市交通系统的功能是为城市居民的各种出行活动提供必要的条件，城市交通设施把城市居民的各种出行活动有机地连接在一起。城市交通系统的性质，在很大程度上决定了城市的生活方式。

城市交通不只是为城市服务，同时也是城市的一部分。在发达国家，交通设施往往占市中心区地面面积的 30%～40%，约占郊区面积的 20%，大城市的居民平均每天约有 1h 左右时间花在路途交通上，城市主要是由建筑物与交通设施组成的；交通是为人们各种活动服务的，但交通与建筑物和建筑内的活动是互相依存的，城市交通设施把组成城市生活的各种活动连接起来，这些活动必须依靠交通设施。城市的结构，城市的大小及其扩展，城市生活的方式及特点往往都是由城市交通系统的性质和服务质量来决定的。

（三）城市交通运输系统的特点

1. 交通方式综合性

城市交通运输系统不同于铁路、公路、水运、航空及管道运输系统。尽管城市交通运输系统在整个运输网络中只是一个节点，但它往往是一个枢纽，各种运输方式在这里进行交汇、转换。因此，城市交通运输系统的交通特点非常复杂。城市交通系统以道路交通为主，但同时涉及铁路（含对外铁路及市内地铁）、水运、航空等运输方式的转换与协调。

2. 研究对象复杂性

在各种运输方式中，主要的研究对象是载运工具及为载运工具服务的交通基础设施（公路、航线、航道），在城市交通系统中，与其他运输系统相比载运工具及交通基础设施更为复杂，还要考虑更多的是交通系统的参与者，不管他采用的交通方式是步行、自行车、公交，还是摩托车、小汽车，他的活动都将对交通产生影响。

3. 研究目标多样性

城市交通系统是交通工程学的重点研究领域。对城市交通系统的研究，往往从五个方面展开：①工程（Engineering）。研究能满足交通需求的交通基础设施，包括这些交通设施的规划与设计；②法规（Enforcement）。由于城市交通系统的复杂性及综合性，完善的交通法规是保障城市交通系统正常运转的必要条件；③教育（Education）。由于所有城市居民都是城市交通系统的直接参与者，对于广大居民（特别是少年儿童）的交通意识教育是非常必要的；④能源（Energy）。交通工具是能源消耗大户，低能耗交通工具的研究一直是发达国家的研究热点；⑤环境（Environment）。在发达国家的城市中，80%的噪声污染及废气污染都是由汽车交通造成的，交通组织、交通结构优化及道路环境保护设计是保障城市系统可持续发展的重要措施。由于工程、教育、法规、能源、环境的英文单字开头都是"E"，因此人们常称研究城市交通问题需综合运用"5E"科学。

六、我国城市交通系统的特点和发展趋势

（一）我国城市交通运输特点

1. 城市交通基础设施相对薄弱

我国是发展中国家，绝大部分城市仍处于开发时期，城市交通基础设施的基本建设任务尚未完成，与发达国家相比，我国的城市交通基础设施相对薄弱，主要表现在以下两个方面：①城市道路密度、人均道路面积率都相对较低。我国城市交通用地面积一般都不到10%，而发达国家的城市交通用地往往达20%左右。②城市交通管理设施薄弱。

2. 道路交通流机非混行

我国是自行车大国，道路交通流中自行车占有很大比例；除了城市快速路及部分主干路实行机非分离外，大部分主干路、次干路及支路均为机非混行，在交叉口上，除立交外均为机非混行；由于大量自行车的存在及机动车、非机动车之间的相互干扰，我国城市道路机动车运行车速一般都较低，而交通事故率相对较高。

3. 城市居民出行结构复杂

在发达国家，城市居民的主要出行方式为步行、公交车及私人小汽车，这三种出行方式占总体的99%以上，自行车、出租车、摩托车等出行方式均较少。在我国，城市居民的主要出行方式为步行、公交车及自行车，这三种出行方式占总体的90%~95%，但出租车、摩托车、单位车、私人小汽车等出行方式也占有一定的比例，一般不超过10%。

（二）我国城市交通运输发展趋势

我国城市居民的出行结构是多元化的，但由于不同的出行方式有不同的道路利用效率，并产生不同的交通影响，因此各种交通方式并不是可以无限制发展的，而是通过交通发展政策的合理引导，使交通结构朝着有利于充分利用道路交通设施运输能力的方向发展。城市交通发展政策的制订，必须充分考虑我国国情（人口大国）、居民的承受力、交通设施发展规模、土地利用及土地资源的约束等因素，并使城市交通的发展符合可持续发展战略。

1. 优先发展公共交通

城市公共交通是人均道路利用效率最高，消耗资源最少、环境污染程度最轻的大众交通方式。在城市交通系统中，公共交通应该得到优先发展。

公共交通的优先发展，必须有保障体系：一是从政策上给予保障；二是从技术上给予

保障，如开辟公交专用线、专用道、交叉口专用相位等，并通过优化公交网络、优化站点布设及优化车辆调度等措施方便居民乘车，提高公交吸引力。

2. 适当控制自行车发展

中国是自行车王国，自行车是我国的城市居民出行的主体交通工具（相当于发达国家的私人小汽车），并且，我国在以后几十年内仍将保留自行车这一特色交通方式。但我国的大多数城市自行车发展有些失控，自行车出行占总出行的50%以上，而公共交通大大萎缩，造成了道路交通紧张局面。因此，适当控制自行车发展规模，引导自行车出行量向公共交通转移，能大大减轻城市道路交通压力。

3. 协调发展私人小汽车

无论是从我国居民的购买能力还是从我国经济发展（特别是汽车工业的发展）的需要来看，私人小汽车进入我国寻常百姓家庭是必然趋势，但我国是个人口大国，不能像发达国家那样一人一辆或一户一辆大规模地发展，我国的私人小汽车发展必须遵循协调发展原则。做好以下几个方面的协调：①与道路交通基础设施建设水平相协调。根据各城市的道路交通设施水平，确定城市的机动车发展规模，避免道路交通拥挤及停车拥挤问题；②与环境保护相协调；③与能源开发相协调；④与我国居民素质水平的提高相协调。

4. 有计划发展轨道交通

轻轨、地铁（通称大运量轨道交通）是城市公共交通的组成部分，当城市地面公交难以承受客流时，应开辟大运量的轨道交通。

轨道交通线路一般都建在地下，能大大节省土地资源，并且不产生环境污染，符合可持续发展战略。但轨道交通造价很高，一般城市很难在短期内完成轨道交通网的建设工作。国外发达城市的地铁网络也是通过了近一个世纪的建设才完成的。

在我国，特大城市、大城市可考虑修建轨道交通系统，但必须做长远的建设规划。

第二节　道路运输线路

一、公路的构成与分级

公路是指连接城市、乡村，主要供汽车行驶的具备一定技术条件和设施的道路。在我国，根据公路的作用及使用性质，划分为：国家干线公路（国道）、省级干线公路（省道）、县级干线公路（县道）、乡级公路（乡道）以及专用公路；根据功能和所适应的交通量水平则分为五个等级：高速、一级、二级、三级和四级公路（JTG B01—2003），各级公路所适应的交通量见表4-1。

表4-1　公路分级表

等级	高速	一级	二级	三级	四级
AADT(辆/d)	25 000~55 000(四) 45 000~80 000(六) 60 000~100 000(八)	15 000~30 000(四) 25 000~55 000(六)	5 000~15 000 (双)	2 000~6 000 (双)	<2 000(双) <400(单)
标准车	小客车	小客车	小客车	小客车	小客车
出入口控制	完全控制	部分控制			
设计年限(年)	20	15~20	15	15	10

注：AADT为标准车的年平均日交通量，括号内为车道数。

各级公路须满足不同的使用要求，为此应对各级公路的设计规定相应的基本控制标准或设计准则，以指导各项具体设计指标的制定。这些控制标准主要考虑以下几个方面：

1. 出入口控制

出入口控制是限制车辆在指定出入口以外的地点出入道路路界。出入口控制方式和数量对于行驶的质量和安全有很大的影响。

高速公路和收费公路应采用出入口完全控制的设施，仅允许车辆在规定的地点出入公路，这类公路同其他公路和铁路都不能采用平面交叉。一级公路和二级汽车专用公路，一般都设计成为部分控制的出入口，在交通量大、车速高的路口，应修建立体交叉，仅在影响通行能力不大的局部地方，允许修建少量的平面交叉。

2. 计算行车速度

计算行车速度是决定公路几何线形的基本要素，是直接决定汽车行驶曲线半径、超高、视距等几何线形要素，同时又与公路的重要性、经济性有关，是用来体现公路等级的一项指标。各级公路的计算行车速度，一般规定如表 4-2 所示。

表 4-2 各级公路计算行车速度表

公路等级	高速公路			一级公路			二级公路		三级公路		四级公路
计算行车速度（km/h）	120	100	80	100	80	60	80	60	40	30	20

3. 设计车辆

路上行驶着不同类型的车辆，各有不同的几何尺寸和性能。公路的车道宽度和高度净空应能容纳这些车辆通过，因此车辆的外廓尺寸是公路几何设计的重要依据。公路设计所采用的各种设计车辆的基本外廓尺寸一般规定见表 4-3。

表 4-3 设计车辆外廓尺寸表

尺寸(m)　车辆类型	总长	总宽	总高	前悬	轴距	后悬
小客车	6	1.8	2	0.8	3.8	1.4
载货车	12	2.5	4	1.5	6.5	4
鞍式列车	16	2.5	4	1.2	4 + 8.8	2

4. 设计交通量

交通量是公路分级和确定所需车道数的主要依据。高速公路、一级公路交通量以小客车及四个车道（即单向双车道）为准确定，二级、三级、四级公路则以中型载货汽车为准。设计中采用标准车的年平均日交通量（AADT）预测值作为依据。公路上不同的车辆组成按表 4-4 规定的换算系数折算成标准车的交通量。

表 4-4 各种车辆对标准车的换算系数表

汽车代表类型	车辆折算系数	说明
小客车	1.0	≤19 座的客车和载质量≤2t 的货车
中型车	1.5	>19 座的客车和载质量 >2t ~ ≤7t 的货车
大型车	2.0	载质量 >7t ~ ≤14t 的货车
拖挂车	3.0	载质量 >14t 的货车

二、公路的几何要素

1. 平面线型

公路的平面线型主要由直线、圆曲线、缓和曲线组成。

直线是平面线形中的基本线形。直线路段的长度应根据线路所处地段的地物、地貌，并结合土地利用、驾驶员的视觉、心理状态以及保证行车安全等合理布设。为了迅速排除道路表面的降水，公路路面作成中间高两侧倾斜的拱型，称路拱,其倾斜度就是路面横坡度。

圆曲线是平面线形中最常用的线形。它在线路遇到障碍或地形需要改变方向时设置。各级公路不论转角大小，均应设置圆曲线。由于车辆以一定速度在圆曲线上行驶时，会产生作用于车上的离心力，又由于路拱的作用，此离心力有使车辆向外侧倾倒的倾向，且离心力的大小与车速的平方成正比，与圆曲线的半径成反比，因而，可按照车辆不至于因该离心力作用而倾覆，以及该级道路设计车速的要求，计算确定该圆曲线半径的限制值。

为了平衡因离心力作用可能造成的车辆倾覆，可把道路的横断面设计为向曲线内侧单向倾斜的线型，这种倾斜称作超高。各级公路的超高横坡度限制值不同，在积雪、寒冷地区也不宜大于6%。

在直线和圆曲线之间，须插入一段其曲率半径逐渐过渡的缓和曲线。缓和曲线采用回旋曲线。回旋线参数及其长度应根据线形设计以及对安全、视觉、景观等的要求，选用较大的值，四级公路可不设缓和曲线。

车辆在曲线上行驶时，前后轮的轨迹半径亦不同，后轴内轮行驶的轨迹半径最小，前轴外轮所行驶的轨迹半径最大，所以曲线部分的路面需要比直线路段设计的更宽。在实际设计中，仅在平曲线半径等于或小于250m时，才需加宽设计，所需加宽值可查阅相应规范。

表4-5 各级公路平面、纵断面和视距主要设计指标的设计标准

公路等级	高速公路			一级公路			二级公路		三级公路		四级公路
计算行车速度（km/h）	120	100	80	100	80	60	80	60	40	30	20
最小圆曲线半径（m）											
极限	650	400	250	400	250	125	250	125	60	30	15
一般	1000	700	400	700	400	200	400	200	100	65	30
不设超高（路拱≤2%）	5500	4000	2500	4000	2500	1500	2500	1500	600	350	150
不设超高（路拱>2%）	7500	5250	3350	5250	3350	1900	3350	1900	800	450	200
最大纵坡（%）	3	4	5	4	5	6	5	6	7	8	9
最小坡长（m）	300	250	200	250	200	150	200	150	120	100	60
最小竖曲线半径（m）											
一般（凸形）	17000	10000	4500	10000	4500	2000	4500	2000	700	400	200
一般（凹形）	6000	4500	3000	4500	3000	1500	3000	1500	700	400	200
竖曲线最小长度（m）	100	85	70	85	70	50	70	50	35	25	20
停车视距（m）	210	160	110	160	110	75	110	75	40	30	20
超车视距（m）							550	350	200	150	100

2. 纵断面

纵断面指通过公路中线的竖向剖面，它随地形的起伏而变化。由直线坡度段和相邻坡段间插入的竖曲线所组成。

公路线路最大纵坡的确定是直接影响公路线路长短、使用质量、行车安全以及工程造

价和运输成本的重要指标。其坡度值的确定应使车辆上坡时行驶顺利，下坡时不发生危险。各级公路所规定的最大纵坡度限值见表 4-5。

若坡度过长，汽车在行驶过程中容易引起水箱开锅、气阻，严重时，还可能使发动机熄火，影响行车安全。而下坡时为克服下滑加速度频繁制动，制动器容易发热失灵，引起车祸。所以对山岭、重丘区的二、三、四级公路，当连续纵坡度大于 5% 时，其坡长要给予一定限制，并要设置一定长度的缓和坡度。缓和坡度的纵坡不宜大于 3%。

在纵坡变换的地点应设置竖曲线（圆弧线或抛物线），使之连接圆顺，以缓冲汽车行驶在纵坡变坡点时产生的冲击，增加行车安全和舒适，并保证行车视距和便于排水。

3. 横断面

公路横断面主要包括行车道宽度、中间带和路肩宽度等。

行车道宽度与汽车尺寸、行驶速度、道路交通量和交通构成等因素有关，一般应有能满足对向车辆错车、超车或并列行驶所必须宽度。通常在 3.5~3.75m 范围内变动，对于山岭、重丘地区一般采用低值。车道数取决于设计交通量和车道的通行能力。

高等级公路一般应设置中间带，以分隔往返车流，保证行车安全，提高通行能力。中间带由两条分设在不同方向行车道左侧的路缘带及中央分隔带组成。

行车道的两侧需设置路肩，以保持行车道的功能和临时停放车辆，并作为路面横向支撑的作用。一般路肩宽为 1.0~2.5m，最窄不小于 0.5m，单车道上考虑行车的需要，应适当加宽。

4. 行车视距

驾驶员在行车中，从发现前方障碍物后进行制动或绕避时，车辆所行驶的最短距离，称为行车视距。它是保证汽车运行安全所必须考虑的因素。视距主要分为：

（1）停车视距，是指汽车在单车道或明显分车道上行驶时，驾驶员遇到障碍物但不能绕行、只能刹车停住所需要的最短距离。停车视距应包括驾驶员心理反应时间内车辆所行驶的距离、制动距离和必要的安全距离。

（2）会车视距，是指单车道上或路面不宽的双车道上，对向行驶的车辆未能及时或无法错车，只能相对停住避免碰撞所需要的最短距离。会车视距规定为停车视距的 2 倍。

（3）超车视距，在双车道上，后车超越前车时，从开始驶离原车道之处起，至可见逆行车道来车并能超车后安全驶回原车道所需要的最短距离。

三、道路通行能力

1. 道路通行能力的含义

道通行能力是指在通常的道路条件、交通条件和人为度量标准下，在一定的时段内道路某断面可以通过的最大车辆数。

（1）基本通行能力，是道路与交通都处于理想条件下，由技术性能相同的某种标准车，以最小的车头间距连续行驶的理想交通流，在单位时间内通过道路断面的车辆数即是理论上所能通行的最大小时交通量。

（2）容许通行能力，即道路实际承担的最大交通量。它是在理想条件下人们所允许的最低质量要求时所能通行的小时交通量。

（3）设计通行能力，即根据交通运行的质量要求和该路段的具体道路、交通条件和交通管理水平，对容许通行能力进行修正后所得到的小时交通量。

2. 道路通行能力的计算

因道路交通设施情况不同，所以道路通行能力的计算分为：路段通行能力（连续流）、交叉口通行能力（间断流）、匝道通行能力（分、合流）、交织路段通行能力四种。下面仅对路段通行能力的计算做一简要介绍。

道路路段通行能力是指汽车以正常速度、车流不间断的条件下，单位时间内通过道路某一断面的最大车辆数，通常以（辆/h）表示。它是正常条件下道路交通的极限值，即基本通行能力。路段通行能力的计算可采用"车头间距"或"车头时距"推求。

车头间距 L 是指交通流中连续两车之间的距离，它要考虑汽车长度、制动距离、车速与驾驶员反应时间及汽车间距，一般可用下式计算：

$$L = l + vt + S_{制} + l_0 = l + vt + \frac{(K_2 - K_1) \ v^2}{2g \ (\varphi + f \pm i)} + l_0 \qquad (\text{m}) \qquad (4-1)$$

式中：v——汽车车速，m/s；

t——驾驶员反应时间，一般可取 1.2s；

l——汽车长度（小汽车 5m，普通汽车 12m，铰接汽车 18m），m；

l_0——汽车间距（可取 3~5m），m；

φ——附着系数，通常取 0.2~0.5；

f——滚动阻力系数，可取 0.02；

K_2、K_1——制动使用系数，后车 $K_2 \approx 1.7$，前车 $K_1 \approx 1.0$。由此前后两车的行车时间间隔则为 L/v，而每个车道的理论通行能力 N 为：

$$N = \frac{3\ 600}{L/v} = \frac{3\ 600v}{l + vt + K_0 v^2 + l_0} \qquad (\text{辆/h}) \qquad (4-2)$$

$$K_0 = \frac{K_2 - K_1}{2g \ (\varphi + f \pm i)} \qquad (4-3)$$

车头时距是指前车车头通过某一点的时间与尾随车车头通过该点的时间之差。如果已知车头时距，则通行能力为：

$$N = \frac{3\ 600}{t} \qquad (\text{辆/h}) \qquad (4-4)$$

式中 t——非间断流平均车头时距，其值可参考观测资料数值，s。

四、高速公路

1. 高速公路的概念

高速公路是专供汽车行驶的汽车专用公路。在高速公路上严格限制出入，往返车辆在分隔的车道上快速行驶，全部交叉口采用立体交叉或采用技术较完备的交通设施，从而为汽车的大量、快速、安全、舒适、连续地运行提供了条件和保证。高速公路已成为能适应公路运输交通量迅速增长、减少交通事故、改善道路交通拥塞的新型交通手段和现代公路高速发展的象征。

2. 高速公路的功能特征

高速公路与一般的公路相比，在功能上具有如下特征：

（1）实行交通限制，规定汽车专用。交通限制主要是指对上高速公路行驶的车辆和车速的限制。

106

（2）实行分隔行驶。一方面对不同方向行驶车辆由中央分割带隔开；另一方面对同方向的车辆通过设置两个车道以上的方法来分隔同向行驶的快慢车或进行超车。

（3）严格控制出入，实行全"封闭"。即对进出高速公路的车辆加以严格控制，禁止非机动车和行人上路。高速公路沿线还通过设置高路堤、高架桥、护栏分隔网等封闭措施来减少侧向干扰，以保证车辆快速行驶的安全。

（4）采用较高的设计标准，设置完善的交通与服务设施。高速公路线路采用较高的技术指标，沿线还设有完善的安全、服务、交通控制与管理设施等，为高速、安全、舒适行车，方便旅客、保护环境等提供了可靠的保证。

3. 高速公路附属设施

高速公路附属设施包括安全设施、服务设施、交通控制及管理系统等。这些设施是保证高速公路安全、减轻驾驶员和乘客疲劳、方便旅客、保护环境而设置的不可缺少的组成部分。

交通安全设施主要包括：防护栅（即护栏），设在公路两侧及中央带，用以防止高速公路车辆驶出公路或闯入对向车道，使对乘客的伤害及车辆的损坏降低到最小限度，并使车辆恢复到正常行驶方向及便于诱导驾驶员的视线；防眩设备，可采用植树防眩（树木间植以草皮）、百叶板式和金属网式等防眩栅；防噪音设备，可采用隔音墙、遮音堤、遮音林等技术措施来减少公路噪音的影响。高速公路还应设置完备的交通标志、号志及照明等安全设施。

交通服务设施主要包括应在适当地点设置停车区、服务区（如加油站、休息室、小卖部、厕所等）和辅助设施（如养路站、园地等）。对收费的高速公路还需分段设置收费站。

交通控制及管理系统是高速公路附属设施中的重要组成部分，它对保证高速公路畅通起重要的作用。即采用计算机控制和信号自动化来监视路段内的交通情况，迅速测出汽车流量、交通阻塞和事故路段，通过设置在道路上的各种交通信息显示屏及车载设备，及时告知司机有关信息，不仅便于司机合理选择线路和确定行车速度，而且也可以使中心控制室能在较短的时间内与有关方面联系，迅速处理事故现场，尽快恢复通车。

五、城市道路及交叉口

（一）城市道路及其分类

城市道路是城市中组织生产、安排生活所必需的车辆、行人交通往来的道路；是连接城市各个组成部分：包括市中心、工业区、生活居住区、对外交通枢纽以及文化教育、风景游览、体育活动场所等，并与郊区公路、铁道场站、港口、码头、航空机场相贯通的交通纽带。城市道路不仅是组织城市交通运输的基础，而且是布置城市公用管线、街道绿化，组织沿街建筑和划分街坊的基础。因此，城市道路是城市市政设施的重要组成部分。

城市道路有各种类型，一般确定分类的基本因素是交通性质、交通量和行车速度。但是由于城市道路与城市结构组成、交通组成有错综复杂的关系，因此难以用单一指标来分类，而是应综合考虑分类的基本因素，结合城市的性质、规模及现状来合理划分。我国城市道路分类，根据国家《城市道路交通规划设计规范》GB50220-95的规定，分为快速路、主干路、次干路和支路四类。

快速路完全为交通功能服务，是解决城市长距离快速交通的主要道路。快速路进出口应采用全控制或部分控制；快速路与快速路相交或与高速公路相交，必须采用立体交叉。

主干路以交通功能为主。主干路上的机动车与非机动车应分道行驶；平面交叉口间距以800~1 200m为宜，主干路不宜设置公共建筑物出入口。

次干路是城市区域性的交通干道，为区域交通集散服务，配合主干路组成道路网，起到广泛连接城市各部分与集散作用。

支路为联系各居住小区的道路，解决地区交通、直接与两侧建筑物出入口相接，以服务功能为主。支路应满足公共交通线路行驶的要求。

（二）交叉口及其分类

城市中道路与道路相交的部位称为城市道路的交叉口。由于城市内的车辆是通过由不同等级和不同方向的道路所组成的网络系统运行并达到目的地。因此，道路交叉口就成为城市交通能否快速畅通的关键部位。

城市道路交叉口分为平面交叉和立体交叉两类，每一类又包括多种形式，可以适应不同的通行能力和不同的地形构造以及相交道路的等级与走向。

1. **平面交叉**

平面交叉是指各相交道路中心线在同一高程相交的道口。平面交叉的形式决定于道路系统规划、交通量、交通性质和交通组织，以及交叉口用地及其周围建筑的布局。常见的形式有：十字形、X字形、T字形、Y字形、错位交叉和复合交叉等几种。

进入交叉口的车辆，由于行驶方向不同，车辆与车辆相交的方式亦不相同。当行车方向互相交叉时可能产生碰撞的地点称为冲突点。当车辆从不同方向驶向同一方向或成锐角相交时可能产生碰撞的地点称为交织点。选择和设计交叉口时，应尽量设法减少冲突点和交织点。交叉口的行车安全和通行能力，在很大程度上决定于交叉口的交通组织。消除冲突点的交通组织有以下几种方式：

（1）环形交叉 在交叉口中央设置圆形或椭圆形交通岛，使进入交叉口的车辆一律绕岛单向逆时针方向行驶。

（2）渠化交通 在交叉口合理地布置交通岛，组织车流分道行驶，减少车辆行驶时的相互干扰。

（3）交通管制 在交叉口设置信号灯或由交通警手势指挥，使通过交叉口的直行、左转弯和右转弯的车辆的通行时间错开，即在同一时间内只允许某一方向的车流通过交叉口。

2. **立体交叉**

立体交叉是指交叉道路的中心线在不同标高相交时的道路交叉口。其特点是各相交道路上的车流互相不干扰，可以各自保持原有的行车速度通过交叉口。立体交叉的主要组成部分包括跨路桥、匝道、出入口、变速车道。

跨路桥：高速或快速路从桥上通过，相交道路从桥下通过，称为上跨式，反之，称为下穿式。

匝道：为连接两相交道路而设置的互通式交换道。匝道又分为单向匝道、双向匝道和设分隔带的双向匝道。

出入口：由快速道路驶出，进入匝道的道口称为出口；由匝道驶出，进入快速道路的道口称为入口。"出"和"入"均是针对快速道路本身而言。

变速车道：由匝道驶入快速道的车辆需要加速，由快速道驶入匝道的车辆需要减速。

设置在快速道右侧，用于出入匝道车辆加速或减速使用的附加车道称为变速车道。

根据相交道路上行驶的车辆是否能相互转换，立体交叉又可分为分离式和互通式两种。分离式立体交叉，在交叉处设跨路桥，上下道路之间不设匝道，因此在上、下道路上行驶的车辆不能相互转换。当快速干道与城市次要道路相交时，可采用分离式立交，保证干道交通快速畅通。互通式立体交叉，相交道路上行驶的车辆可以相互转换，在交叉处设置跨路桥，与匝道一起供车辆转换使用。

六、道路交通的管理与控制

(一) 交通管理

道路交通管理分行政管理及技术管理两大类，当然它们的目标都是一致的，均是维护道路交通运行秩序、优化道路空间利用，提高网络运输效率，缓解交通紧张局面。

道路交通系统的行政管理是从行业、行政体系角度实施的一种管理办法，主要包括：交通法规制订与执法、驾驶员的管理（含培训、发执照、考核、审验等）、车辆管理（含车辆牌证、车辆转户、报废、年检等）、道路管理（含道路通行秩序、路边施工管理、违章占道清除等）、交通事故处理（现场勘测、保护、事故认定、处罚等）。

道路交通系统的技术管理是从技术角度实施的一种管理办法，它又分交通需求管理（Traffic Demand Management，TDM）及交通系统管理（Traffic System Management，TSM）两种模式。交通需求管理是一种政策性管理。它的管理对象主要是交通源，通过对交通源的政策性管理，影响城市交通结构，削减交通需求总量，达到减少道路交通流量的目的，缓解交通紧张状态。交通系统管理是一种技术性管理。它的管理对象主要是交通流，通过对交通流的管制及合理引导，引起交通流在时间上、空间上的重新分布，均衡交通负荷，提高道路网络系统的运输效率，缓解交通压力。

(二) 城市交通需求管理策略

城市交通需求管理是通过一系列的政策措施来降低出行需求量、优化交通结构的管理模式，根据我国国情及发达国家的经验，可采用以下几类交通需求管理策略。

1. 优先发展策略

在城市道路交通的各种出行方式中，不同交通方式的道路空间占用要求、环境污染程度、能源消耗量有较大差异。优先发展策略就是对某些道路空间占用要求少、环境污染低、能源消耗小的交通方式实行优先发展，并根据城市道路交通网络、能源储备及环境控制的实际情况，制订优先发展的实施措施。

在我国最需优先发展的交通方式是公共交通。因为公共交通的人均占用道路面积最少，人均污染指标最低、人均消耗能源最小。目前，国内正在开展城市公共交通优先发展保障体系的研究，从政策措施、技术措施等方面保障公交的优先发展。

发达国家除了采用公交优先发展的措施，还采用多占位车辆（HOV）优先，即乘带多名乘客（2人以上）的小汽车在交叉口、收费通道享有优先通行权，有的城市设置了HOV专用车道，以此鼓励驾车人员多带乘客，以便减少道路上的小汽车车辆数量。

2. 限制发展策略

当城市道路交通网络总体交通负荷达到一定水平时，交通拥挤现象就会加重，这时，必须对某一些交通工具实施限制发展（或控制发展），以防止交通状况的进一步恶化。通常，被限制发展的交通工具是那些交通运输效率低、污染大、能耗高的交通方式。

哪类交通工具应该被限制发展以及限制程度，应根据城市道路交通网络的发展水平、负荷水平、已有的交通结构及各类交通工具的拥有量与出行特征确定。如某一城市在某一交通负荷水平时应该限量发展私人小汽车、某一水平时需限量发展摩托车、某一水平需限量发展出租车、中巴车，某一水平时也可以考虑控制自行车总量水平，通过优先发展策略及限制发展策略的综合应用，来调整整个城市的交通结构，并使之优化，以提高交通网络的运输效率。与优先发展策略不同的是，采用限制发展策略会有一定的负面影响，因此在限制发展策略实施前，必须对此策略可能造成的正面效益及负面效益做细致的分析及定量化评价。

3. 禁止出行策略

当某些大城市、特大城市的道路网络总体负荷水平接近饱和或局部区域内超饱和时，就应该采用暂时或较长一段时间内禁止某些交通工具在某些区域内出行的管理策略。

禁止出行策略一般为临时性的管理策略。在我国常用的禁止出行策略有：某些重要通道或某些区域（甚至是全市）的车辆单双号通行（单号日禁止车牌尾数为单号的车辆通行、双号日禁止尾数为双号的车辆通行）、某些路段或交叉口转向在某些时段（通常为高峰小时，有的甚至是全天）对某种交通工具实施禁止通行等。

4. 经济杠杆策略

经济杠杆策略是一种介于无管理与禁止出行策略之间的柔性较大的管理策略，是一种通过经济杠杆来调整出行分布或减少出行需求量的管理措施。如，通过收取市中心高额停车费来减少市中心区的车辆交通量，收取某些交通工具的附加费来减少这些交通工具的出行量，某些重要通道过分拥挤时可通过收取通行费（也称拥挤费）来调节交通量，对鼓励发展的交通方式收低价、对限制发展的交通方式收高价等来调整交通结构。

经济杠杆策略实施前，应对"收费额度"对调节交通量的影响作定量分析，以便确定最佳"费额"。

（三）城市交通系统管理策略

城市交通系统管理是通过一系列的交通规划或硬件管制来调整、均衡交通流时空分布，提高交通网络运输效率的管理模式。根据我国国情及发达国家的经验，可采用以下几类交通系统管理策略。

1. 节点交通管理策略

节点交通管理是指以交通节点（往往是交叉口）为管理范围，通过采取一系列的管理规则及硬件设备控制，来优化利用交通节点时空资源，提高交通节点通过能力的交通管理措施。节点交通管理是城市交通系统管理中的最基本形式，它也是干线交通管理、区域交通管理的基础。在我国，目前常采用的节点管理方式有：

（1）交叉口控制方式。目前，我国城市道路网络中，常采用的交叉口控制方式有信号控制交叉口、无控制交叉口、环形交叉口、立体交叉口等形式。由于立体交叉口占地较大，较多情况下设置在城市边缘地区（城市出入口道路与环城公路交叉处）或城市快速路与其他干道交叉处，城市内部的交通节点绝大部分为前三类平面交叉口。

（2）交叉口管理方式。在城市交通网络中，由于交叉口的某行车方向车流平均通行时间不足50%（路段为100%），因此交叉口是交通网络的"瓶颈口"。为了提高交叉口的通行能力，使之与路段通行能力相协调，以此提高全网络运输效率。通常采用的交叉口管理方式有：①进口拓宽、增加交叉口进口车道数，提高交叉口单位时间的通行能力，以此来弥补通行时间的不足。②进口渠化，根据交通量及转向流量大小设置不同转向的专用进口道，优化利用交叉口空间及通行时间。③信号配时优化，根据交叉口交通量、转向流量大小优化信号灯配时，使有限的绿灯时间放行尽可能多的车辆数。

（3）交叉口转向限制。由于在交叉口存在转向交通行为，交叉口的交通状况要比路段复杂得多，交通流冲突点的存在使交叉口通行能力大大降低。在各转向车流中，左转车流引起的车流冲突点最多，在四路交叉口，禁止左转后车流冲突点数能从原来的 16 个减少到 4 个，交通状况能大大改善。因此，在交通流量较大的交叉口，可采用定时段（高峰小时）或全天禁止左转（全交叉口或某一些进口）的管理措施，以提高交叉口通行能力。

2. 干线交通管理策略

干线交通管理是指以某条交通干线为管理范围而采取一系列管理措施，优化利用交通干线时空资源，提高交通干线运行效率的交通管理方法。

干线交通管理不同于节点交通管理，它以干线交通运输效率最大为管理目标。干线交通管理应以道路网络布局为基础，并根据道路功能确定干线交通管理的方式。在我国，常用的干线交通管理方式有：单行线、公共交通专用线、货运禁止线、自行车专用线（或禁止线）、"绿波"交通线等。

3. 区域交通管理策略

区域交通管理是城市交通系统管理的最高形式。它以全区域所有车辆的运输效率最大（总延误最小、停车次数最少、总体出行时间最短等）为管理目标。区域交通管理是一种现代化的交通管理模式，它需要以城市交通信息系统作为基础，以通讯技术、控制技术、计算机技术作为技术支撑。目前，区域交通管理有两类形式：

（1）区域信号控制系统。这种系统 20 世纪 80 年代开始在英美等国应用，后来得到了不断发展．有定时脱机式区域信号控制系统（如 TRANSYT）、响应式联机信号控制系统（如 SCOOT、SCATS）两种控制模式。我国有些大城市已开始引进这两种区域控制系统。

（2）智能化区域管理系统。智能化区域管理系统是智能化交通系统（ITS）的主体部分。20 世纪 90 年代初欧美发达国家开始进行研究，目前尚处于开发阶段，离推广应用还有一段距离。其中，车辆线路诱导系统已在部分发达国家试运行，而智能化车辆卫星导航技术，一些发达国家正在研制中。

（四）典型交通管理策略分析

1. 城市公共交通优先发展策略及其保障体系

城市公共交通优先发展是交通管理中最典型的需求管理策略。当然，公交优先发展战略的实施，也需要其他系统管理策略的支撑。

在城市交通系统中，与其他交通方式相比，公交方式的人均占用道路面积最少、人均消耗的能源最低、人均产生的噪声、废气污染最轻。因此，优先发展公共交通不仅有利于缓解城市交通紧张压力，而且符合城市系统的可持续发展战略。

在我国，提出"优先发展城市公共交通"的交通政策已有十多年，但由于没有公交优先发展的保障体系。近十多年来，城市公共交通不但没有得到大力发展，反而出现了严重萎缩，引起公交严重萎缩的原因有二个方面，一方面是居民出行对公交方式失去了吸引力。根据调查，导致居民出行对公交失去吸引力的原因有 3 个：①乘公交车不方便；②乘公交准时性不能得到保证；③公交车服务质量差。另一方面是公交企业效率低下，亏损严重，影响服务质量。这二个方面相互影响，使公交发展进入恶性循环。

因此，要大力发展公共交通，必须建立切实可行的保障体系，保障体系的建立，应从提高公交吸引力及提高公交企业效率两方面入手。

公交优先发展保障体系应该包括以下几个方面：

（1）优化的公交线网、合理的站点布局及科学的调度管理。规划一个优化的公交线网，使它与主要客流走向基本一致，能大大减少公交空白区，减少公交出行换乘次数及出行起终点的车外步行时间。布设一个合理的站点系统，能大大减少车外步行时间（特别是换乘时的车外步行时间）。建立一个科学的调度管理系统，合理调整发车间隔，可缩短乘客的站点等车时间。

（2）公交优先通行保障系统设计。公交优先通行保障系统指道路路段的公交车专用线（或专用车道）及道路交叉口专用相位设计。它的作用在于尽可能减少（甚至消除）公交车的路段延误及交叉口排队延误，即使在高峰小时其他车辆发生交通拥挤时，公交车仍能通行无阻。公交优先通行设计在欧洲国家十分盛行。它是提高公交车到站准时率、增加公交吸引力的可靠保障。

（3）强化公交运行管理，提高公交服务质量。加强公交企业内部改造，提高司乘人员业务素质及主人翁意识，实行规范化报站制度，改善车辆硬件条件以提高公交吸引力。

2. 平面交叉口交通管理

（1）平面交叉口交通管理的主要目的及分类。

城市道路平面交叉口交通管理是城市交通系统管理（TSM）中最基本、最简单的形式。平面交叉口交通管理的主要目的是减少冲突点，提高安全性，控制车辆行驶的相对速度，并为公共交通及重交通流提供优先通行权。

平面交叉口也可以按有无信号灯控制分成信号控制交叉口及无信号控制交叉口两类，这里仅讨论无信号控制交叉口的常规交通管理技术。无信号控制交叉口又可分为全无控制交叉口及优先权交叉口两种。

（2）全无控制交叉口交通管理。

全无控制交叉口是指具有相同或基本相同交通地位，从而具有同等通行权的两条相交道路，因其流量较小，在交叉口上不采取任何管理手段的交叉口。

无控制交叉口通常没有明确的停车线，在车辆到达交叉口时，驾驶员将在距冲突点一定距离处做出决策，或减速让路，或直接通过。驾驶员所做出的决策很大程度上取决于交叉口上的视距，故无控制交叉口的交通安全是靠交叉口上良好的视距来保证的。视距三角形常是用来分析交叉口上视距是否足够的一种图解分析方法。

由于交叉口存在许多冲突点，使得有些相冲突车流的车辆不能同时通过交叉口。因此，需要有一个通行规则，确定各入口车辆以怎样的次序进入交叉口。

若相交道路不分主次及不考虑优先，则先到达交叉口的车辆应先通过是理所当然的。但实际并非如此简单。根据，《城市道路交通管理条例》第43条："车辆通过没有交通信号或交通标志控制的交叉路口，必须遵守下列规定依次让行；支、干不分的，非机动车让机动车先行，非公交车让公交车。若相交道路有主次之分，则支路车让干路车先行。

无控制交叉口的延误是较小的，但鉴于安全性考虑，使得无控制交叉口在低流量时就要求加以管制。由于从无控制变为信号灯控制，交叉口延误将明显增加。因此，必须考虑

112

一种过渡的控制形式，既能解决安全性问题，且延误又不至于增加很多。优先控制就能满足这种要求。

（3）优先控制交叉口。

优先控制可分为停车标志控制和可不停车（减速）的让路标志控制。相交的两条道路中，常将交通量大的道路称主路或干路，交通量小的称次路或支路（包括胡同和里弄）。规定主路车辆通过交叉口有优先通行权，次路车辆必须让主路车辆先行，这种控制方式称为优先控制。停车标志控制按相交道路条件的不同分有单向停车控制和多向停车。让路控制交叉口又称减速让行控制，是指进入交叉口的次路车辆，不一定需要停车等候，但必须放慢车速了望观察，让主路车辆优先通行，寻找可穿越或汇入主路车流的安全"空档"机会通过交叉口。让路控制与停车控制差别在于后者对停车有强制性。

3. 道路交通行车管理

道路交通行车管理是城市交通系统管理（TSM）中线路交通管理的最基本、最简单形式，道路交通行车管理往往有以下几种形式：

（1）单向交通管理。

单向交通又称单向线，是指道路上的车辆只能按一个方向行驶的交通线路。

当城市道路上的交通量超出其自身的通行能力时，将造成城市交通拥塞、延误及交通事故增多等问题。此时，在道路交通系统中，若对某条道路或几条道路，甚至对某些路面较宽的巷、弄，考虑组织单向交通，则将会使上述交通问题明显地得到缓解和改善。故单向交通是在城市道路交通系统中，解决城市交通拥挤，充分利用现有城市道路网容量的一种经济、有效的交通管制措施。

单向交通管理有固定式单向交通、定时式单向交通、可逆性单向交通及车种性单向交通四种管理形式。

（2）变向交通管理。

变向车道是指在不同的时间内变换某些车道的行车方向或行车种类的交通。变向交通又称"潮汐交通"。

变向交通按其作用可分为两类：方向性变向交通和非方向性变向交通。在不同时间内变换某些车道上行车方向的交通称为方向性变向交通。这类变向交通可使车流量方向分布不均匀现象得到缓和，从而提高道路的利用率。在不同时间内变换某些车道上行车种类的交通称为非方向性变向交通。它可分为车辆与行人、机动车与非机动车之间相互变换使用的变向车道。这类变向交通对缓和各种类型的交通在时间分布上不均匀性的矛盾有较好的效果。例如在早晨自行车高峰时间，变换机动车外侧车道为自行车道，到了机动车高峰时间，则变换非机动车道为机动车道。另外，在中心商业区变换车行道为人行道及设置定时步行街等，这些都是非方向性的变向交通。

（3）专用车道管理。

规划专用车道（或专用道路系统）是缓解城市交通问题的途径之一。专用车道包括公共交通车辆专用车道和自行车专用车道。公交专用车道往往又与单向交通联合使用，如在单行线上，逆向开辟公交专用车道。

（4）禁行交通管理。

为了减轻道路上的交通负荷，或将一部分交通流量均分到其他负荷较低的道路上去，根据道路条件和交通条件，实行对机动车和非机动车的某种限制管理，称为禁行管理。禁行管理一般有时段禁行、错日禁行、车种禁行、转弯禁行及重量（高度、超速等）禁行五种形式。

（五）交通控制设备

交通控制设备主要有交通标志、路面标线和交通信号3类，其功能主要是对车辆、驾驶员和行人起限制、警告和诱导作用。

1. 交通标志

交通标志是指把交通指示、交通警告、交通禁令和指路等交通管理与控制法规用文字、图形或符号形象化的表示出来，设置于路侧或道路上方的交通控制设施。它可有如下4种：

（1）警告标志 警告车辆、行人交通行为的标志，如陡坡、急转弯、窄桥、铁路平交口以及影响行车安全的地点的标志。形状为顶角向上的等边三角形。颜色为黄底、黑边、黑图案。

（2）禁令标志 禁止或限制车辆、行人通行的标志，如限速、不准停车、不准超车、不准左转等。形状为顶角向下的等边三角形或圆形，颜色为白底、红圈、红杠、黑图案。

（3）指示标志 指示车辆、行人行进或停止的标志，如绕道标志、目的地和距离标志等。其形状采用圆形、长方形和正方形、颜色为蓝底、白图案。

（4）指路标志 传递道路方向、地点、距离信息的标志。指出前方的地名或其他名胜古迹的位置和距离等。其形状为长方形或正方形，颜色为蓝底白图案或绿底白图案。

齐全的交通标志，能有效地保护路桥设施，保障交通秩序，提高运输效率和减少交通事故。它是公路沿线设施必不可少的组成部分。交通标志必须简单、明了、醒目，使驾驶员在极短的时间内能看清并识别，并具有统一性，使不同地区或国家的驾驶员都能看懂。因此，它的颜色、形状和符号三方面应符合规定要求。

2. 交通标线和路标

路面标线与交通标志具有相同的作用，它是将交通的警告、禁令、指示和指路用画线、符号、文字等标示嵌、划在路面、缘石和路边的建筑物上，例如道路中心线、车道边缘线、停车线、禁止通行区等。路面标线的颜色有黄色和白色两种，白色一般用于准许车辆越过的标线，例如车道线、转弯符号等；黄色一般用于车辆不准许超越的标线，例如禁止通行区、不准超车的双中心线等。

路标为沿道路中线或车道边线或防撞墙埋设的反光标志物。车辆夜间行驶时，在车灯照射下，路标的反光作用勾划出行车道或车道的轮廓，从而向驾驶员提供行驶导向。

3. 交通信号

交通信号是最主要的交通控制设备，是用于在时间上给互相冲突的交通流分配通行权，使各个方向和车道上的车辆安全而有序地通过交叉口的一种交通管理措施。交通信号基本上可分为定时式和感应式两类。

（1）定时信号是利用定时控制器，按预先设定的时间顺序，重复变换红、黄、绿三色灯，信号周期时间可按交叉口处不同方向的车流情况预先规定一种或几种。这种方式既经济又准确可靠。

（2）感应信号是通过车辆检测器测定到达交通路口的车辆数，及时变换信号显示时间的一种控制方式。它能充分利用绿灯时间，提高通行能力，使车辆在停车线前尽可能不停车，从而可得到安全畅通的效果。感应信号的控制又可分为半感应式和全感应式两类。

半感应式控制是检测器只设置在次要道路上，并给予最小限度的必要的绿灯时间，而把大部分时间留给主要道路。全感应控制是在所有进入路口的路段上都设置检测器，并根据该路段上的交通量来分配绿灯时间的一种控制方式。这种方式适用于等级相当的道路相交，其交通量相仿、变化大且难以预测的交叉口上，采用感应式信号装置造价很高。

（六）城市道路交通信号控制

1. 城市道路交通信号控制的目的与控制分类

一般来说，城市道路交叉口设置交通信号控制系统的目的有以下几个方面：

（1）在时间上隔离不同方向的车流，控制车流运行秩序，并获得最大的交通安全。

（2）在平面交叉的道路网络上，使人和物的运输达到最高效率。

（3）为道路使用者提供必要的情报，帮助他们有效地使用交通设施。

城市道路交通信号控制系统按其管理范围可分以下3种类型：①单点交叉口交通信号控制；②干道交通信号协调控制；③区域交通信号系统控制。

2. 单点交叉口交通信号控制

单点交叉口交通信号控制简称"点控制"。它以单个交叉口为控制对象，它是交通信号灯控制的最基本形式。点控制又可分为两类：固定周期信号控制及感应式信号控制。

（1）固定周期信号控制。

固定周期信号是最基本的交叉口信号控制方式。这种控制方式设备简单、投资最省、维护方便。同时，这种信号控制机还可以升级，与邻近信号灯连机后上升为干线控制或区域控制。

按事先设计好的控制程序，在每个方向上通过红、绿、黄三色灯循环显示，指挥交通流，在时间上实施隔离。交通规划规定：红灯——停止通行；绿灯——放行；黄灯——清尾，即允许已过停车线的车辆继续通行，通过交叉口。

信号相位方案：即信号灯轮流给某些方向的车辆或行人分配通行权的一种顺序安排。把每一种控制（即对各进口道不同方向所显示的不同灯色的组合）称为一个信号相位。一般情况下，信号控制灯多采用两个相位，即二相制，如东西向放行，显绿灯，则南北向禁行，显红灯，这为第一相；第二相时，南北向放行，显绿灯，东西向禁行，显红灯。当左转交通量比较大时，可设置左转专用相位，此时，信号控制灯采用三相制。

周期长度：是各个行车方向完成一组色灯变换所需的总时间，周期长度 = 红灯时间 + 绿灯时间 + 黄灯时间。周期长度及红灯、绿灯时间根据交叉口总交通量、两相交道路交通量确定。黄灯时间根据交叉口大小确定，一般为4s。在一个较小的时间段内（如1h），周期长度及各色灯时间是固定的，但在一天中，周期长度及各色灯时间是可变的。

绿信比：是某一方向通行效率的指标，等于一个相位内有效通行时间与周期长度之比。

（2）感应式信号控制。

感应式信号控制设有固定周期长度，它的工作原理是：在感应式信号控制的进口，均设有车辆到达检测器，一相位起始绿灯，感应信号控制器内设有一个"初始绿灯时间"，到初始绿灯时间结束时，如果在一个预先设置的时间间隔内没有后续车辆到达，则变换相位，如果有车辆到达，则绿灯延长一个预设的"单位绿灯延长时间"，只要不断有车到达，绿灯时间可继续延长，直到预设的"最长绿灯时间"时变换相位。

初始绿灯时间：给每个相位预先设置的最短绿灯时间，在此时间内，不管有否来车本相位必须绿灯。初始绿灯时间的长短，取决于检测器的位置及检测器到停车线可停放的车辆数。

单位绿灯延长时间：它是初始绿灯时间结束后，在一定时间间隔内测得后续车辆时所延长的绿灯时间。

最长绿灯时间：它是为了保持交叉口信号灯具有较佳的绿信比设置的，一般为30～60s，当某相位的初始绿灯时间加上后来增加的多个单位绿灯延长时间达到最长绿灯时间时，信号机会强行改变相位，让另一方向通行。

3. 干道交通信号协调控制

干道交通信号协调控制系统也简称"线控制"，就是把一条主要干道上一批相邻的交通信号灯联动起来，进行协调控制，以便提高整条干道的通行能力。线控制往往是面控制系统的一种简化形式，控制参数基本相似。根据道路交叉口所采用信号灯控制方式的不同，线控制也可分为干道交通信号定时式协调控制及干道交通信号感应式协调控制两种。其中，以定时式协调控制较为普遍，本节仅介绍此类系统。

（1）干道信号控制系统的基本参数。

周期长度：单个交叉口的信号周期长度是根据交叉口交通量来确定的。由于控制系统中有多个交叉口，为了达到系统协调，各交叉口必须采用相同的周期长度。为此，必须先按单个交叉口的信号配时方法，确定每个交叉口的周期长度，然后到最长的作为本系统的公共周期长度，其他交叉口也必须采用这个周期长度。

绿信比：在干道控制系统中，各交叉口的绿信比可根据交叉口的各方向交通量来确定，不一定统一。

相位差：相位差是干道交通信号控制的关键参数。通常相位差有两种：①绝对相位差：指各个交叉口信号的绿灯或红灯的起点相对于控制系统中参照交叉口的绿灯或红灯的起点的时间差。②相对相位差：指相邻两交叉口信号的绿灯或红灯起点的时间差。

（2）"绿波交通"——单向交通干道的信号协调控制。

所谓"绿波交通"，就是指车流沿某条主干道行进过程中，连续得到一个接一个的绿灯信号，畅通无阻地通过沿途所有交叉口。这种连续绿灯信号"波"是经过沿线各交叉口信号配时的精心协调来实现的。完全意义的"绿波交通"只有在单向交通干线上才能实现，实现"绿波"的关键是精确设计相邻交叉口之间的相位差。

4. 区域交通信号控制系统。

区域交通信号控制系统简称"面控制"，它把整个区域中所有信号交叉口作为协调控制的对象，控制区内各受控交通信号都受中心控制室的集中控制。对范围较小的区域，可以整区集中控制；范围较大的区域，可以分区分级控制。分区的结果往往成为一个由几条线控制组成的分级集中控制系统，这时，可认为各线控制是面控制中的一个单元。有时分区成为一个点、线、面控制的综合性分级控制系统。

区域控制系统按控制策略可分为定时脱机式控制系统及感应式联机控制系统2种。

（1）定时脱机式区域交通控制系统。

定时式脱机操作控制系统，利用交通流历史及现状统计数据，进行脱机优化处理，得出多时段的最优信号配时方案，存入控制器或控制计算机内，对整区交通实施多时段定时控制。

定时控制简单、可靠、效益投资比高，但不能适应交通流的随机变化，特别是当交通流量数据过时后，控制效果明显下降，重新制定优化配时方案将消耗大量的人力作交通调查。

TRANSYT（Traffic Network Study Tool——交通网络研究工具）是定时脱机式区域控制系统的代表。该系统主要由两部分组成：

仿真模型：建立交通仿真模型，其目的是用数学方法模拟车流在交通网上的运行状况，研究交通网配时参数的改变对车流运行的影响，以便客观地评价任意一组配时方案的优劣。为此，交通仿真模型应当能够对不同配时方案控制下的车流运行参数——延误时间、停车率、燃油消耗量等作出可靠的估算。

优化：将仿真所得的性能指标（PI）送入优化程序部分，作为优化的目标函数：TRANSYT以网络内的总行车油耗或总延误时间及停车次数的加权值作性能指标；用"爬山法"优化，产生较之初始配时更为优越的新信号配时；把新信号配时再送入仿真部分，反复迭代，最后取得PI值达到最小的系统最佳配时。TRANSYT优化过程的主要环节包括：绿时差的优选、绿灯时间的优选、控制子区的划分及信号周期时间的选择四部分。

（2）联机感应式区域交通控制系统。

由于定时式脱机操作系统具有不能适应交通随机变化的缺点。为此，人们进一步研究能随交通变化自动优选配时方案的控制系统。随着计算机自动控制技术的发展，交通信号网络的自适应控制系统就应运而生。英国、美国、澳大利亚、日本等国家作了大量的研究和实践，用不同方式各自建立了各有特色的自适应控制系统。归纳起来就是方案选择式与方案形成式两类。以SCATS为代表；方案形成式以SCOOT为代表。

SCATS（Sydney Coordinated Adaptive Traffic System）控制系统是一种实时自适应控制系统。SCATS的控制结构用的是分层式三级控制，即中央监控中心——地区控制中心——信号控制机。在地区控制中心对信号控制机实行控制时，通常将每1～10个信号控制机组合为一个"子系统"，若干子系统组合为一个相对独立的系统。系统之间基本上互不相干，而系统内部各子系统之间，存在一定的协调关系。随交通状况的实时变化，子系统既可以合并，也可以重新分开。三项基本配时参数的选择，都以子系统为核算单位。SCATS优选配时方案的主要环节为：子系统的划分与合并、配时参数优先、信号周期长度选择、绿信比方案选择、绿时差方案选择五部分。

SCOOT（Split—Cycle—Offset Optimization Technique），即"绿信比——信号周期——绿时差优化技术，是一种对交通信号网实行实时协调控制的自适应控制系统。由英国TR-RL（英国运输与道路研究所）于1973年研制开发。SCOOT是在TRANSYT的基础上发展起来的，其模型及优化原理均与TRANSYT相仿，不同的是，SCOOT是方案形成方式的控制系统，通过安装在各交叉口的每条进口道最上游的车辆检测器所采集的车辆到达信息，联机处理，形成控制方案，连续地实时调整绿信比、周期长度及绿时差三参数，使之同变化的交通流相适应。SCOOT优选配时方案的主要环节为：交通检测、小区划分、模型预测及系统优化4个部分。

第三节　汽　　车

一、汽车的种类

汽车按用途一般可分为轿车、客车、载货汽车、牵引车、专用运输车和特种车六类。轿车又称小客车，座位一般不超过9人（包括驾驶员座位）；客车座位为9个以上（驾驶员座位在内），包括城市公共汽车、公路客运汽车、旅游客车等；载货汽车俗称卡车，主要用于运输货物；牵引车专门用于牵引挂车或半挂车；专用运输车按运输货物的特殊要求设计，有专用车厢并装有相应附属设备的运输车，如自卸汽车、液罐汽车、冷藏汽车、散装水泥汽车、集装箱汽车等；特种车为主要用于完成其他任务的汽车，如救护车、消防车、垃圾车、洒水车以及各种工程车等。

二、汽车的基本构造

汽车是公路运输的基本运输工具，它由车身、动力装置和底盘 3 部分组成。车身包括驾驶室和车箱两部分；动力装置是驱动汽车行驶的动力源，现代汽车的动力装置主要是汽油机和柴油机；底盘是车身和动力装置的支座，同时是传递动力、驱动汽车、保证汽车正常行驶的综合体，它由传动系、行驶系和操纵系 3 部分组成。传动系将动力装置输出的动力传给驱动车轮；行驶系将汽车的各个组成部分联成一体并使整体能够行驶；而操纵系用于保证按驾驶人的意志控制汽车行驶和选择行驶路线。

三、汽车的技术性能

为了说明汽车的主要技术性能，经常用下列参数来表示。

（1）空车质量，是指标准装备的汽车质量（kg，以下各质量单位相同），即完整的发动机、底盘、车身、全部电气设备和车辆正常行驶所需要的辅助设备的质量，以及加足燃、润料、冷却液和随车工具、备用车轮及备品等的质量之和。

（2）载质量，是指汽车上所许可的额定装载量，通常货车以"吨（t）"表示；客车以"座位数"或"人数"表示。

（3）最大总质量，指汽车满载时的总质量。

（4）最大轴载重，指汽车单轴所承载的最大总质量。

（5）车长，指垂直于车辆纵向对称平面并分别抵靠在汽车前、后最外端突出部分的两垂面间的距离（mm，以下尺寸单位相同）。

（6）车宽，指平行于车辆纵向对称平面并分别抵靠在汽车两侧固定突出部位（除后视镜、侧面标志灯、方位灯、转向指示灯等）的两平面之间的距离。

（7）车高，指车辆支承平面与车辆最突出部位相抵靠的水平之间的距离。

（8）轴距，指汽车直线行驶位置时，前后车轮落地中心线之间的距离。

（9）轮距，指在支承平面上，同轴左右车轮两轨迹中心间的距离（轴两端为双轮时，为左右两条双轨迹的中线间距离）。

（10）前悬，指在直线行驶位置时，汽车前端刚性固定件的最前点到通过两前轮轴线的垂面间的距离。

（11）后悬，指在直线行驶位置时汽车后端刚性固定件的最后点到通过最后面两后轮轴线的垂面间的距离。

（12）最小离地间隙，指满载时汽车中间区域下部的最低点到地面之间的距离。以表明汽车在道路不平处可以无碰撞地越过的程度。

（13）接近角，指汽车前端最突出点向前轮引的切线与地面的夹角。

（14）离去角，指汽车后端最突出点向后轮引的切线与地面的夹角。

（15）最小转弯半径，指汽车在转弯时，转向盘转到最大极限位置时，外侧前轮所滚过的轨迹半径（mm），以表明汽车在行驶中的灵活程度。

（16）最高车速，指汽车在平坦公路上行驶时能达到的最大速度，km/h。

（17）爬坡能力，指汽车的最大爬坡能力。一般指汽车在满载和一挡状态下能上坡的最大倾斜角度（或%）。

（18）制动距离，指汽车以一定车速行驶紧急制动时，从踩脚制动踏板开始到完全停车为止的距离。通常用初速 50 km/h 的制动距离为准。

（19）平均燃料消耗量，一般以汽车百吨公里的最低燃油消耗量或每百公里的平均燃料消耗量表示，L/100（t·km）或 L/100km。

四、城市交通运载工具

国外城市交通载运工具通常以小汽车为主，辅以地铁、轻轨，或以公交为主，辅以小汽车。我国还处于汽车化的初期，主要城市交通载运工具包括公交、自行车和摩托车为主，辅以小汽车。

1. 公共交通车辆

（1）公共汽车。我国的公共汽车车辆类型甚多，按载客量分，有小型（载客 60～90人）、中型（载客 90～130 人）和大型铰接车（130～180 人）。铰接车对解决上下班客运高峰时间的乘客拥挤情况发挥了重要作用。

（2）无轨电车。以直流电为动力，它除了用公共车辆的设备外，还要有架空的触线、整流站等设备。初次投资较大，行驶时因受架空触线的限制，机动性不如公共汽车，行驶时能偏移触线两侧各 4.5m 左右，可以靠人行道边停站，必要时也可超越其他的城市车辆。无轨电车的特点是噪声低，不排放废气，起动加速快，变速方便，宜用于市区。

（3）有轨电车。具有运载能力大，客运成本低的优点，其设备同无轨电车，但它还有轨道（其架空触线为一根）和专设的停靠站台。有轨电车的缺点是机动性差，行驶时噪声大，当它与车行道铺设在一起时，路面很容易损坏，影响道路的使用质量。它适用于单向小时客流量 6 000～12 000 人的干道线路，运送速度可达 16km/h 以上。

（4）城市高速铁道。适用于单向小时客流量 4 万人以上的客运，年客运强度在 1 000万人/km 的市区或市郊干线线路采用，其运送速度一般达 35～45km/h。

（5）地下铁道。适用于单向小时客流 4～6 万人的客运量，年客运强度在 1000 万人/km的城市市区线路采用。地下铁道的运送速度一般在 30～40km/h，对环境影响小。地下铁道以其运量大、速度快、安全准点、占地面积小、污染少等优点为人们所重视，但地铁基建费用大，营运亏损大。因此，对兴建地铁应持慎重态度。

（6）快速有轨电车。适用于单向小时客流 1.5 万～3 万人的客运量，年客运强度 800万人/km 以上的市区或市郊干线线路采用。快速有轨电车的因地制宜性强，大城市、中等城市都可采用。其运送速度在 20～35km/h 范围内变化。快速有轨电车是在革新传统的有轨电车的基础上形成的，主要是使车辆现代化，对线路实行隔离，在市中心繁忙地段进入地下，从而提高运行速度。快速有轨电车基建费用较低，约为地铁的 1/3，建设工期短，建成后运行费用低，因此受到人们的普遍重视。

（7）出租汽车。出租汽车在城市客运交通中起着辅助作用，因而称之为辅助交通。出租汽车的车型有大、中、小型和微型，根据租用者的不同需要而提供。出租汽车是可以随时提供户到户的交通方式，它对城市居民提供的服务比其他定线公共交通更迅速、更方便。

2. 自行车

目前，我国自行车已有多种类型，通常有普通型、轻便型、载重型、赛车型、小轮型几种。自行车交通具有灵活方便、经济耐用、节能保健，不污染环境及适合大众需求的特点，但同时又有安全性差、舒适性差、稳定性差、干扰性大及老人、儿童、残疾人、病人或体弱之人难以利用的缺点。

3. 摩托车

我国将摩托车分为轻便摩托车和摩托车两类。最大时速小于50km的摩托车属轻便摩托车；最大时速超过50km的两轮或三轮机动车属摩托车。

第四节　公路运输组织与管理

一、公路运输汽车站

1. 客运站

道路运输客运站的主要功能是发售客票、候车服务、调度车辆、组织乘客上下车、行包受理与交付及其他服务等。

我国公路运输（汽车）客运站主要是按日旅客发送量（即站务工作量），并结合所在地政治、经济及文化等因素分为四级。日旅客发送量在7 000人次及其以上的为一级站；3 000～7 000人次的为二级站；500～3 000人次的为三级站；500人次以下的为四级客运站。

公路客运站站舍设计布局一般是以旅客候车室为中心的。具体设计时要以旅客综合大厅为中心，合理配置旅客的其他用房和服务处所；最大限度地避免人流、车流、行包流的相互交叉干扰；通道设置应宽敞或设置多个进站通道，以适应旅客从"等候空间"向"通过空间"的流动等。

客运站的设施主要由站前广场、停车场、发车位、站房以及车辆维修车间、材料库等辅助设施组成。车站广场的各类交通设施及停车场地要配置合理，有条件的地方，可建成交通综合换乘枢纽等。

2. 货运站

公路运输货运站有时也称汽车站或汽车场，其主要功能包括货物的组织与承运、货物的交付、装卸、保管以及运输车辆的停放、保修等内容。公路货运站又可分为汽车零担站、零担中转站、集装箱货运中转站等。通常汽车货运站比较简单，有的货运站仅有供运输车辆停靠与货物装卸的场地。对于大型的货运站还设有保养场、修理厂、加油站等。

货运站是专门办理货物运输业务的汽车站，一般设在公路货物集散点。货运站的主要工作是组织货源、受理托运、理货、编制货车运行作业计划，以及车辆的调度、检查、加油、维修等。站内一般设有营业室、调度室、停车场、驾驶人员食宿站等，有的还有装卸设备和装卸人员。

在公路运输较发达的一些国家，有些汽车货运站还是组织联运的基地。它将一些长途运输业务安排给其他运输方式，组织和协调各种运输方式的衔接和配合。有些汽车货运站既是运输组织中心，又是货运信息中心。

客货兼营站是兼办客、货运输业务的汽车站，一般设在客运业务和货运业务都不太多的城镇。

3. 停车场（库）

为了满足城市交通发展的需要，除了设置足够数量的道路之外，还应设置足够数量的停车场。城市中供机动车使用的停车场按服务对象不同分为专用停车场和公用停车场两类。专用停车场专为机关或单位使用；公用停车场为社会各种车辆停车服务，如分布在城市出入口为外地来城的车辆，或为过境车辆停放的停车场，或设置在商场、影剧院、体育场馆等公共建筑附近的停车场，以及城市道路路段上的停车场等称为公用停车场。

城市公共停车场用地面积可按规划城市人口每人 $0.8 \sim 1.0 m^2$ 计算。在市中心地区，停车场的服务半径不大于 200m；一般地区不大于 300m。公共停车场的停车面积根据规划的停车位数计算，每个停车位占地 $25 \sim 30m^2$。机动车辆的停放方式按其与通道的关系可分为平行式、垂直式、斜放式三种类型。

停车场（库）的主要功能是停放与保管运输车辆。现代化的大型停车场还具有车辆维修、加油等功能。从建筑性质来看，可以分为暖式车库、冷式车库、车棚和露天停车场等。目前我国露天停车场采用较为普遍，尤其是专业运输和公交车辆广泛采用。

停车场内的平面布置要方便运输车辆的进出和进行各类维护作业，多层车库或地下车库还需设有斜道或升降机等，以方便车辆出入。

二、车辆运输工作过程

公路运输生产过程是指客货运输对象通过汽车运输实现其空间场所移动的运输过程，通常需要经过许多作业环节才能完成，一般可划分为运输准备、运输生产和生产辅助等三项主要工作环节。

1. 运输准备工作

运输准备工作是指运输客货之前所需要进行的全部准备工作，包括运输经济调查与运输工作量预测、营运线路开辟、营运作业点设置、客货运输对象组织、运力配置、运输生产作业计划安排以及制定有关运输组织管理制度、规章等。

2. 运输生产工作

运输生产工作是指直接实现客货空间场所位移的车辆运输工作，主要包括乘客上下及货物装卸作业、运送货物或旅客工作以及必要的车辆调控作业等。具体包括以下工作：

（1）准备工作，向起运地点提供运输车辆（空车或空位）；

（2）装载工作，在起运地点进行货物装车或旅客上车；

（3）运送工作，在线路上由运输车辆运送货物或旅客；

（4）卸载工作，在到达地点卸货或旅客下车。

3. 运输生产辅助工作

运输生产辅助工作是指为运输生产及其准备工作提供后勤保障服务的各项工作的总称，主要包括车辆选择与技术运用的组织、运输生产消耗材料的组织供应与保管工作、运输劳动组织工作等。

上述各项工作环节，是构成汽车运输生产过程所必须的主要工作环节。其中又以运输生产工作为基本运输工作环节，它是运输生产经营中可获营运收入的有效运输工作环节，其余工作环节需要围绕运输生产工作环节的各类需要，科学、及时地进行组织、以保证运输生产过程正常进行。

三、车辆运用指标体系

（一）车辆运用的单位指标

表示车辆利用程度的单位指标，主要有时间利用指标、速度利用指标、行程利用指标、载重（客）量利用指标及动力利用指标等。

1. 车辆时间利用指标

汽车运输企业在评价车辆利用程度及统计车辆工作状况时，常常需同时考虑车辆和时间这两个数量因素。因此，一般采用车日和车时这两个复合指标作为统计车辆工作状况和确定车辆时间利用程度指标的基本计量单位。

车日是指在册营运车辆的保有日数。凡是在册营运车辆，不论其技术状况如何，是工作还是停驶，只要保有一天，就计为一个车日，称之为营运车日或在册车日。营运车辆按其技术状况之不同，可分为完好和非完好车辆。技术状况完好的车辆又可能处于正在进行运输工作和在车场（库）内等待运输工作两种不同状态。非技术完好状态的车辆也有处于保修状态和处于等待报废状态两种情况。因此，营运总车日的总体构成可用图4-1表示。

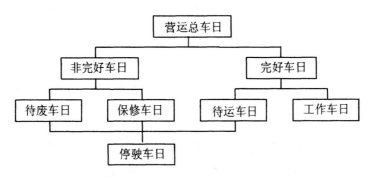

图4-1 营运总车日构成示意图

在车日统计计算中，营运车辆只要当天出车参加营运，不论其出车时间长短，完成任务多少，均计为一个工作车日。但是，车辆在一个工作车日中，可能处于不同的状态。为了进一步分析车辆在一个短时间内的利用程度，在这里又引用了车时的概念。

车时（即车辆小时）是指每辆营运车辆保有的小时数。所有营运车辆的车时总数，等于营运车辆数与其保有的小时数的乘积。车辆在一个工作日内，可能处于下述不同状态，即在路线上工作或在车库内停驶。在路线上工作的车辆又有行驶和停歇两种不同的状态。其中，处于行驶状态的车辆还可以有重车行驶和空车行驶之分；在线路上处于停歇状态的车辆，还有因装载而停歇、因卸载而停歇、因车辆技术故障而停歇及由于组织原因而停歇之分；在车库内停驶的车辆也可能有因技术保养而停驶、因修理而停驶、因等待运输而停驶及因等待报废而停驶之不同。由此可见，车辆在工作车日内可能处于十种不同的状态，因而营运车总车时也应由十种不同状态相应车时组成（图4-2）。

以车日和车时为基础，用以反映车辆时间利用的指标，包括完好率、工作率、总车时利用率及工作车时利用率4项。

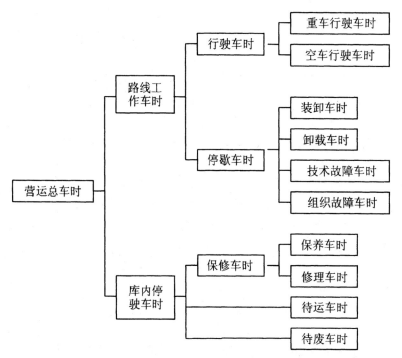

图4-2 营运总车时构成示意图

（1）完好率（a_a）。是指统计期内完好车日（U_a）与总车日（U）之比的比值，

$$a_a = \frac{U_a}{U} \times 100\% = \frac{U - U_n}{U} \times 100\% \qquad (4-5)$$

完好率用来表示总车日内有多少车日可能用于运输工作，故又称之为完好车率。

完好率以百分比表示，显然其不足百分数之值为车辆的非完好率（a_n），即：

$$a_n = 100\% - a_a \qquad (4-6)$$

同时，完好率也可用来反映营运车辆的技术状况、保修工作的水平及车辆的技术使用水平等。

（2）工作率（a_d）。是指统计期内工作车日（U_d）与总车日之比的比值，即：

$$a_d = \frac{U_d}{U} \times 100\% = \frac{U - U_n - U_w}{U} \times 100\% \qquad (4-7)$$

工作率用来表示企业总车日的实际利用程度，即实际有多少车日用于路线上工作（值勤），故又可称之为工作车率或出车率。

工作率以百分比表示，显然其不足百分数之值为停驶率（a_p），即：

$$a_p = 100\% - a_d \qquad (4-8)$$

工作率同时也可用以反映企业车辆的技术状况及企业运输组织工作的水平。

（3）总车时利用率（ρ）。是指统计期工作车日内车辆在路线上的工作车时与总车时之比的比值，它用来表示平均一个工作车日的24h中，有多少时间用于出车工作，故又可称之为昼夜时间利用系数。对于单个车辆在一个工作日内的总车时利用率。

$$\rho = \frac{T_d}{24} \times 100\% \qquad (4-9)$$

式中：T_d——车辆在路线上的工作时间，又可称值勤时间。

对于全部车辆在工作日内的总车时利用率，则可按下式计算：

$$\rho = \frac{H_{\mathrm{d}}}{24U_{\mathrm{d}}} \times 100\% \qquad (4-10)$$

式中：H_{d}——全部车辆在线路上的工作车时。

（4）工作车时利用率（δ）。是指统计期内车辆在路线上的行驶车时与路线上工作车时之比的比值，它用以表示车辆在路线上工作车时内有多少车时用于运行，故又称之为工作时间利用系数。对于单个车辆，工作车时利用率可用下式计算：

$$\delta = \frac{T_{\mathrm{T}}}{T_{\mathrm{d}}} \times 100\% \qquad (4-11)$$

式中：T_{T}——车辆在线路上的行驶车时。

对于全部车辆，工作车时利用率则可按下式计算：

$$\delta = \frac{H_{\mathrm{t}}}{H_{\mathrm{d}}} \times 100\% = \frac{H_{\mathrm{d}} - H_{\mathrm{s}}}{H_{\mathrm{d}}} \times 100\% \qquad (4-12)$$

式中：H_{t}——全部车辆在线路上的行驶车时；

H_{s}——全部车辆在线路上的停歇车时。

2. 车辆速度

车辆速度是指平均每单位时间内的行驶里程，它包括技术速度、营运速度、运送速度及平均车日行程 4 项指标。

（1）技术速度（v_{T}）。是指车辆在行驶时间内平均每小时所行驶的里程，用以表示车辆行驶的快慢，计算公式为：

$$v_{\mathrm{T}} = \frac{L}{T_{\mathrm{T}}} \qquad (\mathrm{km/h}) \qquad (4-13)$$

式中：L——车辆在行驶时间内的总行程，km；

T_{T}——包括与交通管制有关的短暂停歇时间在内的车辆行驶时间，h。

（2）营运速度（v_{D}）。是指车辆在路线上工作时间内平均每小时所行驶的里程，它用来表示车辆在线路上工作时间内运转的快慢，计算公式为：

$$v_{\mathrm{D}} = \frac{L}{T_{\mathrm{d}}} = \frac{L}{T_{\mathrm{T}} + T_{\mathrm{s}}} \qquad (\mathrm{km/h}) \qquad (4-14)$$

（3）运送速度（v_{c}）。是指车辆运送货物或旅客的平均行驶速度，它用以表示客、货运送的快慢，计算公式为：

$$v_{\mathrm{c}} = \frac{L}{T_{\mathrm{c}}} \qquad (\mathrm{km/h}) \qquad (4-15)$$

式中：T_{c}——客、货的在途时间，h。

（4）平均车日行程（$\bar{L}_{\mathrm{D}}$）。是指统计期内平均每一工作车日车辆所行驶的里程，即：

$$\bar{L}_{\mathrm{D}} = \frac{L}{U_{\mathrm{d}}} \qquad (\mathrm{km/车日}) \qquad (4-16)$$

式中 L——车辆在统计期工作车日内的总行程，km；

U_{d}——统计期内的工作车日，车·d。

3. 车辆行驶利用指标

车辆行驶利用指标，即里程利用率（β），或称行程利用系数，是指统计期内车辆的载重行程与总行程之比的比值，它用以表示车辆总行程的有效利用程度，计算公式为：

$$\beta = \frac{L_L}{L} \times 100\% = \frac{H_L}{L_L + L_N} \times 100\% \qquad (4-17)$$

式中：L_L——统计期内车辆的载重行程，km；

L_v——统计期内的空车行程，km。

载重行程为生产过程。空车行程包括空载行程的调空行程。空载行程是指车辆由卸载地点空驶到下一个装在地点的行程，也可以算为生产行程，因为它是运输过程的必要组成部分。调空行程是指空车由车场开往装在地点，或由最后一个卸载地点空驶回场的行程，它是完成运输工作的准备行程。此外，调空行程还包括与运输工作无关的行程，如空车开往加油站、维修地点进行加油、维护、小修的行程。

4. 车辆载重（客）量利用指标

车辆载重（客）量利用指标是表示车辆载重（客）能力有效利用程度的指标，它包括载重（客）量利用率和空载率两项指标。

（1）载重（客）量利用率（γ）。是指车辆实际完成的周转量与额定周转量之比的比值，它用以表示车辆在载重行程中载重（客）能力的有效利用程度。其中，载重量利用率又称动载重量利用率，载客量利用率又称满载率。动载重量利用率计算公式为：

$$\gamma = \frac{\sum p}{\sum p_0} \times 100\% = \frac{\sum (q \cdot L_L)}{\sum (q_0 \cdot L_L)} \times 100\% = \frac{\sum (q \cdot L_L)}{q_0 \cdot \sum L_L} \times 100\% \qquad (4-18)$$

式中：$\sum p$——车辆实际完成的周转量之和，t（人）·km；

$\sum p_0$——车辆额定周转量之和，t（客）位公里；

q——车辆实际载重（客）量，t（人）；

q_0——车辆额定载重（客）量，t（人）位；

L_L——载重行程总长度，km。

若只计算某一运次（或某一路段）的载重（客）量利用率，则成为静载重量利用率或路段满载率，计算公式为：

$$\gamma = \frac{\sum p}{\sum p_0} \times 100\% = \frac{q \cdot L_L}{q_0 \cdot L_L} \times 100\% = \frac{q}{q_0} \times 100\% \qquad (4-19)$$

由此可见，静载重量利用率为车辆的实际载重量与额定载重量之比的比值，表示车辆额定载重量的利用程度，它与行程无关。

（2）实载率（ε）。又称吨（客）位公里利用系数，是指车辆实际完成的货物（旅客）周转量与全行程周转量之比的比值，它用以表示车辆在总行程中载重（客）能力的有效利用程度，计算公式为：

$$\varepsilon = \frac{\sum p}{\sum p_t} \times 100\% = \frac{\sum (q \cdot L_L)}{\sum (q_0 \cdot L)} \div 100\% \qquad (4-20)$$

对单个车辆或一组吨（客）位相同车辆，计算公式也可以写为：

$$\varepsilon = \frac{\sum p}{\sum p_1} = \frac{\sum (q \cdot L_L)}{q_0 \sum L} \times 100\% = \frac{\sum (q \cdot L_L)}{q_0 \frac{\sum L_L}{\beta}} \times 100\% = \gamma\beta \qquad (4-21)$$

式中：$\sum L$——车辆在统计期内完成的总行程，km；

$\sum p_1$——统计期内车辆全行程周转量之和，即车辆在总行程中载重（客）量充分利用时所能完成的周转量之和，又可称之为总车吨（客）位公里。

由此可见，实载率在数值上等于历程利用率与载重（客）量利用率相乘之积，可以用为综合说明车辆行程和载重量两个方面的利用程度。因而，利用实载率可以较全面地评价车辆结构不同和企业运输组织不同时地车辆有效利用程度。

5. 车辆动力利用指标

车辆动力利用指标（θ）；即托运率，是指挂车所完成的周转量与主、挂车合计完成的周转量之比的比值，它用以表示车辆动力的利用程度，计算公式为：

$$\theta = \frac{\sum p_t}{\sum p_m + \sum p_t} \times 100\% \qquad (4-22)$$

式中：$\sum p_t$——统计期内挂车完成的周转量之和，t（人）km；

$\sum p_m$——统计期内主车完成的周转量之和，t（人）km。

（二）汽车运输生产率

汽车运输生产率按单位时间性质的不同，可以分为工作生产率和总生产率。工作生产率是以车辆在路线上的工作时间为单位计算的生产率，即车辆每一工作车时所完成的运量或周转量，故又可称为工作车辆生产率；总生产率是以车辆在企业在册（营运）时间为单位计算的生产率，即车辆每一营运车时（在册车时）所完成的运量或周转量，故又可称为在册车辆生产率。

1. 工作生产率

载货汽车工作生产率（W）是指平均每一工作车时车辆所完成的货运量或货物周转量，它用以评价车辆在线路上工作时间内的利用效果。

一般情况下，载货汽车的运输工作是以运次为基本运输过程来进行组织的。若一个运次所完成的货运量（Q_c）为：

$$Q_c = q_0 \gamma \qquad (t) \qquad (4-23)$$

则该运次所完成的货物周转量 P_c 应为：

$$P_c = Q_c L_L = q_0 \gamma L_L \qquad (4-24)$$

式中：L_L——一个运次的平均载重行程。

完成一个运次所需时间为 t_c，它可用下式计算：

$$t_c = t_T + t_{L_u} \qquad (h) \qquad (4-25)$$

其中，装卸停歇时间 t_{L_u} 实际上是包括车辆在路线上其他停歇时间在内的一个运次平均停歇时间，而车辆行驶时间 t_T 则可按下式计算：

$$t_T = \frac{L_L}{\beta v_T} \qquad (h) \qquad (4-26)$$

所以，又有

$$t_c = \frac{L_L}{\beta v_T} + t_{L_u} \qquad (h) \qquad (4-27)$$

这样，车辆平均每一工作小时所完成的货运量，即载货汽车的工作生产率（W_q）为：

$$W_q = \frac{Q_c}{t_c} = \frac{q_0 \cdot T}{\frac{L_L}{\beta v_T} + t_{L_u}} \qquad (t/h) \qquad (4-28)$$

而平均每一工作小时所完成的货物周转量，即载货汽车的工作生产率（W_p）为：

126

$$W_p = \frac{P_c}{t_c} = \frac{q_0 \cdot \gamma \cdot L_L}{\frac{L_L}{\beta v_T} + t_{L_u}} = \frac{q_0 \cdot \gamma}{\frac{1}{\beta v_T} + \frac{t_{L_u}}{L_L}} \qquad (t \cdot km/h) \qquad (4-29)$$

2. 总生产率

载货汽车总生产率（W'）是指平均每总车时（在册车时）车辆所完成的货运量或货物周转量。它用以评价车辆在企业在册时间内的利用效果。

在统计期平均每一总车时内，车辆在路线上的实际工作时间（T'_d）为：

$$T'_d = \frac{U_d \cdot T_d}{24U} = \frac{a_d \cdot T_d}{24} = a_d \cdot \rho \qquad (h) \qquad (4-30)$$

若已知载货汽车的工作生产率，车辆在路线上每一工作车时所完成的货运量或周转量，再乘以每一总车时内车辆再路线上的实际工作时间，就可得载货汽车的总生产率，即：

$$W' = W \cdot T'_d = W \cdot a_d \cdot P \qquad (4-31)$$

这样，车辆平均每一总车时完成的货运量，即载货汽车的总生产率（W'_q）应为：

$$W'_q = \frac{q_0 \cdot \gamma \cdot a_d \cdot \rho}{\frac{L_L}{\beta v_T} + t_{L_u}} \qquad (t/h) \qquad (4-32)$$

而车辆平均每总车时完成的货物周转量，即载货汽车的总生产率（W'_p）为：

$$W'_q = \frac{q_0 \cdot \gamma \cdot a_d \cdot \rho}{\frac{1}{\beta v_T} + \frac{t_{L_u}}{L_L}} \qquad (t \cdot km/h) \qquad (4-33)$$

由以上公式可以看出，与车辆工作生产率有关的单项指标共有六项，即额定载重量 q_0、载重利用率 γ、载重行程 L_L、里程利用率 β、技术速度 v_T 及装卸停歇时间 t_{L_u}。与车辆总生产率有关的单项指标，除上述六项外，还有工作率 a_d 及总车时利用率 ρ。

四、公路旅客运输

（一）公路客运营运方式

公路客运营运方式主要有班车客运、旅游客运、出租车客运和包车客运等四种。

（1）班车客运是有固定线路、站点、班次和班时的营运方式，在线路的起终地点及沿途都可上下旅客。

（2）旅游客运是以运送旅客游览观光为目的的，其线路必须有一端位于名胜古迹、风景区等旅游景点的营运方式。

（3）出租车客运是以轿车、小客车为主，根据用户要求的时间和地点行驶、上下及等待，按里程或时间计费的一种营运方式。

（4）包车客运是将客车租给用户安排使用，按行驶里程或包用时间计费的一种营运方式。

公路客运一般主要是以客运班车方式组织旅客运输。

（二）公路旅客运输工作组织

1. 公路旅客出行时间分析

旅客为旅行所费时间主要包括：旅客从出发地到客运站所需时间、旅客购票所费时间、旅客在起点站等车时间、旅客沿线乘车时间及途中换乘和旅客从终点站到目的地所费时间等。

旅客乘行时间是旅客为旅行所费时间的主要组成部分，其长短对旅客选择出行运输方式有很大影响。就客运企业本身而言，它主要取决于客运行车组织方式，驾驶员的工作制度以及车辆性能和保修水平等。

发展各种客运方式的联合运输，组织公路客运之间的衔接运输及公路客运与其他旅客运输方式的联合运输，不仅可以减少旅客购票、等车和乘行时间，而且还可以节约基本建设投资费用，经济效益明显，从发达国家旅客运输的发展实践也证明了这一点。

2. 公路客运班次的组织

公路客运班次主要包括行车路线、发车时间、起讫站名及停靠点等。

客运班次的安排是车站提供给旅客旅行的依据，因此，科学合理的确定客运班次有重要意义。

安排客运班次，必须深入进行客流调查，在掌握各线、各区段、区间旅客流量、流向、流时及其变化规律的基础上研究确定。具体在安排客运班次时应考虑以下因素：

（1）根据旅客流向及其变化规律，确定班次的起讫点和中途停靠点，并兼顾始发站和中途停靠站旅客乘车的需要。尽可能开行直达班次，以减少旅客不必要的中转换乘。

（2）安排班次的多少，取决于客流量的大小，遇节假日或集会等客流量猛增时，要及时增加班次或提供包车等来疏导客流。

（3）根据旅客流时规律来安排班次时刻。例如，农村公共汽车要适应农民早进城晚归乡的习惯。此外，很多旅客要经由其他路线、其他班次或火车、轮船中转换乘时，各线班次安排应尽量考虑到相互衔接及与其他交通工具的中转换乘方便。

（4）安排班次时刻，应考虑车辆运行时间，旅客中途膳宿地点，驾驶员作息时间，以及有关站务作业安排。

客运班次的安排，是一个既重要又细致复杂的工作。上述各项要求不可能都能满足，实际工作中只能从具体情况出发，分清主次，统筹兼顾。客运班次经确定后由车站公布执行，一经公布，应保持班次的稳定性和严肃性。除冬夏两季因适应季节变化需要调整行车时刻外，平时应尽量避免临时变动，更不应任意停开班次。

五、公路货物运输组织

1. 多（或双）班运输

多班运输，指在昼夜时间内的车辆工作超时一个班以上的货运形式。

组织双班运输的基本方法是每辆汽车配备两名左右的驾驶员，分日、夜两班轮流行驶。它也是提高车辆生产率的有效措施之一，但要注意安排好驾驶员的劳动休息和车辆保修时间。

在组织双班运输时，由于夜班比日班条件差，因此，除工作时间长短不同外，在安排日夜班的运行作业计划时，一般应遵循以下原则：难运的安排在日班，好运的安排在夜班，零星的货运任务及循环运输等由于装卸地点较多，情况比较复杂，所以应安排在日班完成，而大宗货运任务以及组成往复式的货运任务，适宜于安排给夜班完成。

为了开展多班运输，还应特别注意组织好货源，并与收发单位搞好协作关系，创造良好的装卸现场条件，修整现场道路，安排照明设备等，以保证顺利地开展多班运输。

2. 定点运输

定点运输,指按发货点固定车队、专门完成固定货运任务的运输组织形式。在组织定点运输时,除了根据任务固定车队外,还实行装卸工人、设备和调度员固定在该点进行调度等工作。

实行定点运输,可以加速车辆周转、提高运输和装卸工作效率、提高服务质量,并有利于行车安全和节能。定点运输组织形式,既适用于装卸地点比较固定集中的货运任务,也适用于装货地点集中而卸货地点分散的固定性货运任务。如某运输公司粮食专业运输队,在采用定点运输前,每天每车只能运 4 次,在实行定点运输后,同样运输任务,每天每车能运送 6~7 次,运输生产效率提高了 50%~70% 以上。

3. 定时运输

定时运输,指运输车辆按运行作业计划中所拟定的行车时刻表来进行工作。

在汽车行车时刻表中规定:汽车从车场开出的时间、每个运次到达和开出装卸地点的时间及装卸工作时间等。由于车辆按预先拟定好的时刻表进行工作,也就加强了各环节工作的计划性,提高了工作效率。

要组织定时运输,必须做到各项定额的制定和查定工作,包括:车辆出车前的准备工作时间定额,车辆在不同运输路线上重、空载行驶时间定额,以及不同货种的装、卸工作时间定额等。同时还应合理确定驾驶员的休息和用餐等生活时间,加强货源调查和组织工作,加强车辆调度和日常工作管理以及装卸工作组织等。

4. 甩挂运输

甩挂运输,指利用汽车列车甩挂挂车的方法,以减少车辆装卸停歇时间的一种拖挂运输形式。在相同的运输组织条件下,汽车运输生产效率的提高取决于汽车的载重量、平均技术速度和装卸停歇时间三个主要因素。实行汽车运输列车化,可以相应提高车辆每运次的载重量,从而显著提高运输生产效率。甩挂运输还可以提高车辆在路线上的工作车时利用效果。

采用甩挂运输时,需要在装卸货现场配备足够数量的周转挂车,在汽车列车运行期间,装卸工人预先装(卸)好甩下的挂车,列车到达装(卸)货地点后先甩下挂车,装卸人员集中力量装(卸)主车货物,主车装(卸)货完毕即挂上预先装(卸)完货物的挂车继续运行。

采用这种组织方法,就使得整个汽车列车的装卸停歇时间减少为主车装卸停歇时间加甩挂时间。但需要注意周转挂车的装卸工作时间应小于汽车列车的运行时间间隔。甩挂运输应适用于装卸能力不足、运距较短、装卸时间占汽车列车运行时间比重较大的运输条件下采用,并根据运输条件的不同而组织不同形式的甩挂运输。通常采用的甩挂运输形式主要有两头甩挂运输和一头甩挂运输。其中一头甩挂运输比较适应于装车困难而卸车容易或反之情况的大宗货物运输。

5. 直达联合运输

直达联合运输(即各种运输方式的直达联合运输),指以车站、港口或供需物资单位为中心,按照货物运输的全过程把供销部门、多种运输工具组织成一条龙,将货物从生产地一直运输到消费地。其主要优点是:

(1)有利于各种运输方式的综合利用和发展,促进综合运输网的形成。

(2)压缩车船等运输工具的停留时间,提高港站的通过能力,节省运力和降低运输成本。

（3）可以减少货物运输的中间环节，加速物资周转，节约运输费用。

以汽车为主体的中、短途货物联合运输，是汽车运输企业与产销部门之间的运输协作或汽车运输与其他运输方式之间的协作。为了搞好直达联运工作，最有效地利用各种运输工具以满足社会生产和生活的需要，组织直达联合运输的有关部门应首先做好货源调查工作，掌握货源及货流规律，然后根据运输任务的要求和运输工具的特点以及道路情况，合理选配和安排各种运输工具及运输任务，并组织好各种运输工具的衔接。

6．集装箱运输

集装箱运输，是指把一定数量的货物集中于一个便于运输、搬运、装卸、储存的集装箱内来进行货物运送的运输组织形式。公路集装箱运输的优越性同样也体现在可提高货物运输质量，减少货物运输过程中的货损、货差，保证货物运输安全；便于实现装卸、搬运作业机械化，提高装卸作业效率；节约货物包装材料，降低运输成本，加速运输工具的周转，提高运输效率等。

公路集装箱运输常采用以下几种形式：

（1）公路集装箱直达运输，即由汽车或汽车列车独立承担全程运输任务。许多发达国家一般都是以这种运输形式为主。

（2）公路、铁路集装箱联运，即由汽车运输部门和铁路运输部门共同完成集装箱运输任务，这种运输形式有利于发挥铁路运输能力大和公路运输机动灵活的特点。

（3）公路、水路集装箱联运，即由汽车运输部门和水路运输部门共同完成集装箱运输任务，进、出口货物运输常采用这种运输形式。

由此可见，汽车运输除了可独立承担集装箱运输任务外，在集装箱多式联运工艺流程中也是处于第一个和最后一个运输环节。集装箱运输的经济性主要集中表现在"门到门"运输，但它的最终实现只能通过汽车运输才能予以保证，是不可缺少的运输环节。因此，汽车运输是铁路、水路集装箱运输最有效的集散方式。

7．零担货物运输

凡一批货物托运的重量、体积或性质在3t以下或不满一整车装运时，该批货物称为零担货物。其一般采用定线定站式货运班车或客运班车捎带货物挂车的形式将沿线零担货物集中起来运输的货运形式。

零担货物具有运量小、流向分散、批数较多、品类繁杂的特点。零担货物以件包装货物居多，包装质量差别较大，有时几批甚至十几批才能配装成一辆零担车（零担货物以每张托运单为一批）。因此，零担货物运输组织工作要比整车货运复杂得多。

零担货运的营运组织形式主要有直达零担车、中转零担车、沿途零担车三种。

直达零担车是在起运站将不同发货人托运到同一到站、且性质适宜配装的各种零担货物，同车装运至到达地的运输组织形式。这种形式可加快零担货物的送达速度，避免中转换装作业，确保货物完好并节省中转费用。在组织零担货物运输时应尽可能地开行这种形式。

中转零担车是指在起运站将不同发货人同一方向不同到站、且性质适宜配装的各种零担货物，同车运至规定的中转站，以便再另行配装为新的零担车继续运往到达地的运输组织形式。这种零担运输形式对运量零星、流向分散的零担货物的运输很适用，符合零担货物的特点。

沿途零担车是指在起运站将不同发货人托运同一线路、不同到站、且性质适宜配装的各种零担货物，同车运装至沿途各作业计划点，卸下或装上零担货物后继续行驶，直至最后终到站的运输形式。这种零担车运输形式在组织工作上较为复杂，车辆在途时间也较长，但它能够满足沿途某些零担货主的运输需要。

第五节　城市公共客运系统及其运行组织

一、公共客运交通方式

城市公共交通是城市客运交通系统的主体，是城市建设和发展的重要基础之一。政府在制定国民经济和城市建设发展规划时，都必须包括城市公共交通运输的发展规划，以便城市公共交通与城市建设同步、协调发展。而城市公共客运交通规划，应根据城市发展规模、用地布局和道路网规划，在客流预测的基础上，合理确定公共交通方式、车辆数、线路网、换乘枢纽和场站设施用地等，并应使公共交通的客运能力满足高峰客流的需求。

城市公共交通方式结构应根据城市规模、用地形状、客流流量流向、各种公交方式的运载能力、建成区现状、土地利用规划以及资金拥有状况，综合考虑社会、经济、交通、环境效益确定。

对于中小城市，城市公共交通方式一般均为公共汽车、无轨电车。而对于大城市，特别是带状大城市、特大城市，其客流一般较大，而且集中，有可能考虑采用轻轨、地铁等中运量、大运量公交方式。不同规模城市的主要公共交通方式可参考表4－6。

表4－6　不同规模城市的主要公共交通方式

城市规模与人口		主要公共交通方式
大城市	>200 万人	大、中运量快速轨道交通、公共汽车、电车
	100～200 万人	中运量快速轨道交通、公共汽车、电车
	<100 万人	公共汽车、电车
中等城市		公共汽车
小城市		公共汽车

不同的公共交通方式有不同的运载能力，每条线路的公共交通方式应尽可能地考虑采用其运输能力与线路上的客流量相适应的方式。常用的公共交通方式单向客运能力见表4－7。

表4－7　各种公共交通方式的技术参数

公共交通车种	运送速度（km/h）	发车频率（车次/h）	单向运载能力（万人次/h）
公共汽车	16～25	60～90	0.8～1.2
无轨电车	15～20	50～60	0.8～1.0
有轨电车	14～18	40～60	1.0～1.5
快速有轨电车	20～35	40～60	1.0～3.0
地下铁道	30～40	20～30	3.0～6.0

二、公共交通线路网

（一）公共交通线路网的类型

在理论上，一个城市的公共交通线路网可按不同的战略结构分为如下三类：

1. 设有中央终点设施的放射形网络

这种形状的线网常用于小城市中，其所有的线路均使用同一个位于城市中央的终点站，这类线网的优点是乘客只需作不多于一次的换乘就能完成出行，同时管理和调度也方便，但它对于切线方向的出行绕路较多，出行距离和出行时间都较长。

2. 主干线和驳运线相结合的网络

这种形状的线网能提高客位利用率，主干线路和驳运线路的车间距可以调整到任何选定的运力水平，一般适用于有地铁和轻轨的大城市。

3. 带有环线或切线状线路的放射形网络

这种线网直达出行率高，出行时间短。由于切线状客流为切线状线路所承担，经市中心的出行量可降到最低，能适应出行需求很大的城市，同时可为乘客提供良好的服务，并具有很高的生产效率。

如果按线网的几何形状进行分类，公共交通线路网还可分为棋盘形、放射形、环线形、混合形和主辅线型 5 种。

（二）公共交通线路网和线路规划的原则

城市中有多种公共交通方式时，其线路网必须综合规划，组成一个整体，不应各自为政。市区线路、郊区线路和对外交通线路，应紧密衔接，并协调各线路网的集疏能力。公共交通线路网还应对城市用地的发展具有较好的适应性。

城市公共交通线路网的布局，应与城市用地规划范围内主要客流的流向一致，各主要客流集散点之间应有直接的公共交通线路相连。200 万人口以上的大城市，在大型客运枢纽之间宜设置快速直达公共交通线路，以缩短乘客出行时间，扩大乘客活动可达范围。

城市公共交通线路的设置应根据城市的规模和客流量的大小而定。在大、中城市里的公共汽车、电车需设主线和支线。主线应沿城市快速路、主干路布置，用以连接主要客流集散点和交通枢纽；支线线路是主线的补充，其站距较短，应在主线站点和市区各地之间起集散作用。

城市公共交通线路的规划密度，在市中心区一般应达到 $3 \sim 4km/km^2$，城市边缘地区一般应达到 $2 \sim 2.5km/km^2$。

市区公共汽车与电车主要线路的长度宜为 $8 \sim 12km$。线路过长会造成车辆到站准时率下降，均匀性不好，甚至使公交车以车队形式到站，增加乘客的候车时间。另一方面，公共线路过短会增加乘客的换乘次数。因此，公共交通线路长度也不宜低于 20min 营运时间。

城市公共交通线路非直线系数不应大于 1.4。乘客平均换乘系数，大城市不应超过 1.5，中小城市不应超过 1.3。

公交车辆的营运速度直接影响到公交乘车时间，公交车辆的实载率直接影响到公交的舒适程度，进而影响到人们出行时对公共交通的选择。而要保证公交车辆的营运速度和实载率，除了交通条件外，还必须有相应的公交车辆配备。

《城市道路交通规划设计规范》中规定：城市公共汽车和电车的规划拥有量，大城市应每 800 ~ 1 000 人拥有 1 辆标准车，中小城市应每 1 200 ~ 1 500 人拥有 1 辆标准车；城市出租汽车规划拥有量根据实际情况确定，大城市每千人不宜少于 2 辆，小城市每千人不宜少于 0.5 辆。

132

三、公共交通场站设施

1. 公共交通首末站

公共汽车、无轨电车的首末站，应安排乘客候车、车辆回转和短时停放、调度以及行车人员作息用房的用地。夜间大量停车，原则上应在专用停车场停放。

2. 公共交通中途停靠站

规划的公共交通线路网站点覆盖面积，按步行到站不大于300m的等距线计，应不小于城市用地面积的50%，按不大于500m的等距线计，应不小于90%。

公共交通停靠站站址的设置，应符合交通管理的要求。设在交叉口附近的停靠站，一般应在交叉口50m以外设置；设在路段的停靠站上下行对置时，应在道路平面上迎面错开30m。

公交站点的设置应尽量便利乘客换乘。不同线路的停靠站的换乘距离应尽量短，同侧换乘时最多不超过50m，异向换乘时最多不超过100m；穿越平交或立体交叉口的公共交通线路车站的设置须利于乘客换乘，换乘距离不宜大于150m。凡换乘量大的公共交通站点和轮渡口，在其50m范围内应设公共交通车站。

公共交通中途停靠站按表4-8的站距布置为宜。

表4-8 公共交通站距

公共交通方式	市区线（m）	郊区线（m）
公共汽车与电车	500~800	800~1 000
公共汽车大站快车	1 500~2 000	1 500~2 500
中运量快速轨道交通	800~1 000	1 000~1 500
大运量快速轨道交通	1 000~1 200	1 500~2 000

3. 公共交通枢纽

市区、郊区公共交通线和对外交通相互衔接的大型换乘枢纽站，大、中城市宜分散设置在市中心区的边缘，小城市宜集中设置在市中心区或人流集散较多的地方。在大城市的大型交通枢纽之间，宜用快速交通工具直接相连，并在枢纽站上组织各种换乘的交通线路和交通工具。对枢纽站内、外，人、车交通分流，充分利用地上地下空间，借助天桥和地道组织垂直换乘，缩小换乘的步行距离，提高枢纽站的集散能力和安全方便程度，进出大型交通枢纽站的车辆，应避免直接与城市主干路交通平面交叉或左转出入。

4. 公共交通场站设施及用地

公共交通场站设施包括：车辆保养场、修理厂、停车场、整流站、首末站、地下铁道车辆段等，其用地属于交通设施用地，其规模布局应根据公共交通车种车辆数、服务半径和所在地区的用地条件设置。停车场宜大、中、小相结合分散布置，车辆修理场应实行二级维护集中，低级维护分散并与停车场结合的原则。公共汽车修理场用地指标，包括停车、修理、生产、办公和生活用房在内，在设计容量200辆车时，可按200m²/辆计，大型铰接式车辆的用地乘系数1.2，小型出租汽车用地乘系数0.2。无轨电车整流站的规模与其服务的车辆型号和车数有关，整流站的服务半径宜1~2.5km，一座整流站的用地面积不大于1 000m²。地下铁道车辆段用地规模，一般按每辆车500~600m²计，或不大于0.8万m²/km双线股道。公共电、汽车首末站用地，满足回车并设小型调度用房用地为1 000~1 400m²，低峰时间的停车及夜间停车应回停车场或保养场内停放。

四、公共交通的运营管理

1. 城市公交运营组织

城市公共交通企业的基本任务是以运营服务为中心，努力为乘客提供安全、迅速、方便、准点、舒适的乘车条件。按乘客流动的实际需要，保证一定的行车时间和行车间隔，循环往复运行。为适应客流变化的需要，公交企业的现场调度人员应当机动灵活地调度车辆。对于不同季节、不同时间、不同区段、不同流向的客流变化情况，要积累资料，掌握客流变化规律，搞好运营服务。

公共交通在为社会提供运营服务的过程中，需要运用一系列的技术装备，依靠系统的经营管理等组织过程去实现，以尽量经济的运输手段，提供优质的运输效能。

衡量公交企业经营状况一般采用以下十项指标：服务人口、服务面积、线路数、车站数、车辆数、运行车公里、客流量、乘客公里、平均运距、定期车票平均人次为进行城市间对比，国际公共交通会议确定了一组单位数值指标。即：人口密度指标（千人/km^2）；服务指标（车站数/km^2）；供给指标（km/人年）；使用指标（人次/人年）；平均运距（km）。通过上述指标，可以比较清楚地了解城市的交通结构及交通网变化情况。

2. 城市公交车辆调度优化

公共汽车交通和整个城市公共交通，是定时、定线行驶并按客流流量、流向时空分布的变化而不断调节的随机服务系统。这个系统能否正常和有效地运行，不仅取决于道路（线路）和车辆等物质技术设施条件，还在很大程度上有赖于营运管理手段是否先进，其中最重要的是车辆调度优化。

过去，我国城市公共汽车、无轨电车的车辆调度，基本上沿用40年代"定点发车、两头卡点"的手工作业的调度方式。由于信息不灵、调度失控，车辆运行经常出现"串车"、"大间隔"现象，要么使乘客候车时间过长；要么前车提前离站、后车拥挤不堪，甚至导致全线运行秩序混乱，严重影响了公共客运的服务质量和社会信誉。近年来，部分城市引进或自主开发了调度通信手段和车辆自动监控、营运管理信息系统，并开始部分地投入使用，显示了公共交通营运管理手段现代化的重大作用。

公共交通车辆自动监控系统，国际上统称为 AVM（Automatic Vehicle Monitoring System），它是能够在运行车辆和调度室之间建立起高效率的信息通道、有效地沟通两者之间联系的现代通信调度手段。

AVM 这种实时监控系统，主要由中央处理数据、车辆检测和通信设备组成。其主要功能包括：采集车辆运行中的实时信息（车号、线路号、行驶位置和时间、载客量等）；在车辆与首末站或中心调度室之间传递信息；对采集来的信息进行加工之后及时作出调度指令；为改进公交运行计划、提高有效输送能力等提供信息支持。此外，还有紧急通话的插入功能。

3. 出租汽车运营组织与管理

出租汽车是一种不定线路、不定车站、以计程或计时方式营业、为乘用者提供门到门服务的较高层次的公共交通工具，与其他城市公共交通相比，具有快捷、方便、舒适的特点和优势。出租汽车作为城市定线公共交通系统的补充，在现代化城市建设中发挥着重要作用。但是，鉴于出租汽车流动运行的特性以及完成单位运量所占用的道路时空资源大、能耗高、废气污染严重等缺点，出租汽车应根据城市经济发展水平和社会实际需要，有控制的发展，同时，应加强出租汽车行业管理和出租汽车企业的经营管理。

第五章 水路运输系统

第一节 水路运输系统的发展及其特性

一、水路运输系统的发展过程

1. 水路运输的发展阶段

水路运输简称水运，是指利用船舶航行于水域，完成旅客与货物运送的经济活动。人类使用船舶作为运输工具的历史，几乎和人类文明史一样悠久。从远古的独木舟发展到现代的运输船舶，大体经历了4个时代：舟筏时代、帆船时代、蒸汽机船时代和柴油机船时代。

（1）舟筏时代。人类以舟筏作为运输、狩猎和捕鱼的工具，至少起源于石器时代。我国1956年在浙江出土的古代木桨，据鉴定是4000年前新石器时代的遗物。说明舟筏的历史，可以追溯到史前年代。

（2）帆船时代。据记载，远在公元前4000年，古埃及就有了帆船。我国使用帆船的历史也可以追溯到公元以前。从15世纪到19世纪中叶，是帆船发展的鼎盛时期。15世纪初，我国航海家郑和远航东非，15世纪末哥伦布发现新大陆，他带领的船队都是帆船组成的。在帆船发展史中，地中海沿岸地区、北欧西欧地区和中国都曾作出重大贡献。19世纪中叶美国的飞箭式快速帆船，则是帆船发展史上的最后一个高潮。不同地区的帆船，在结构、形式和帆具等方面各有特色。

（3）蒸汽机船时代。18世纪蒸汽机发明后，许多人都试图将蒸汽机用于船上。1807年，美国人富尔顿首次在克莱蒙脱号船上用蒸汽机驱动装在两舷的明轮，在哈德逊河上航行成功。从此机械力开始代替自然力，船舶的发展进入新的阶段。尔后，汽轮机船、柴油机船又相继问世，又有油船和散货船，以及大型远洋客船制造成功。

（4）柴油机船时代。柴油机船问世后发展很快，逐渐取代了蒸汽机船。第二次世界大战结束后，工业化国家经济的迅速恢复和发展，国际贸易的空前兴旺，中东等地石油的大量开发，促使运输船舶迅速发展。1982年同1948年相比，船舶艘数增长了1.6倍，总吨位增长了4.3倍。船舶普遍采用柴油机推进。第二次世界大战期间，为了适应战时运输的需要，美国建造的2610艘自由轮（万吨级使用燃油锅炉和蒸汽机的杂货船）是最后建造的一批往复式蒸汽机远洋运输船舶。

2. 船舶现代化

为了提高船舶运输的经济效益，船舶出现了大型化、专业化、高速化、自动化和内燃机化的多种趋势。

（1）船舶大型化。1930年的世界商船队中，油船吨位只占总吨位1/10，1980年上升为1/2。20世纪60年代中期，就出现了20万t以上的超大油船和30万t以上的特大油船。70 年代又出现了 50 万 t 以上的大油船。在大油船大型化的同时，也出现了装运煤炭、矿砂、谷物等的干散货船的大型化。60 年代末，大型散货船的载质量超过 10 万 t，最大的已达 17 万 t。船舶大型化可以发挥大型船舶的规模经济、增强竞争实力、改善装卸性能及提高港口效率。

（2）船舶专业化。第二次世界大战以后，各种专用船发展很快。杂货船用途广泛，适应性强，在艘数上至今仍占首位。典型的杂货船都以低速柴油机为动力，载质量不超过 2 万 t，航速为 15n mile/h（1n mile = 1.852km/h）左右。为了提高杂货船运输多种货物的能力，近年来制造出多用途船，除载运普通件杂货外，还能载运集装箱、重货、冷藏货和散货等。船舶专业化是随着经济建设速度的不断加快、运输需求的迅速增长而逐渐发展起来的。船舶专业化改善了各种运输工具之间的换装作业，加速了货物的整个运输流程和船舶周转。

（3）船舶高速化。自 20 世纪 50 年代起，航运界为了加快船舶周转，一度掀起船舶高速化的热潮。普通杂货船航速提高到 18n mile/h，集装箱船航速在 20n mile/h 以上，美国建造的"sL-7"型高速集装箱船，最高航速达 33n mile/h。

短途客船在高速化方面发展较快，特别是在海湾、陆岛、岛岛之间等具有地理优势及其他运输工具无法或难以竞争的地区发展尤为迅速。高速船中具有代表性的是水翼船和气垫船。高速船体一般都采用铝合金材料焊接而成，目的在于减轻船舶自身的重量而提高装载能力。由于船舶的航速大幅度提高而随之带来的一系列问题，如高速航行中船舶自适应的稳定性问题、安全性问题等，必须采取相应的措施解决好。

（4）船舶自动化。20 世纪 60 年代初期以来，各国航运企业为了减少船员人数，改善船员劳动强度和提高船舶营运的经济效益，逐步实现了轮机、导航和舣装三个方面的自动化。如 20 世纪 60 年代中期造出机舱定期无人值班的船舶，已得到各国船级社的承认。

（5）船舶内燃机化。是指船舶普遍采用柴油机为主机。柴油机同蒸汽机比较，具有热效率高、油耗低、占地小等优点。战后，低速大功率柴油机由于增压技术的进步，单机功率不断提高，过去必须安装汽轮机的大型高速船也能应用柴油机。另一方面柴油机对燃用劣质油的适应性也不断改善，这样在经济上便具有优越性。对于机舱空间受限制的滚装船、集装箱船、汽车渡船等，则可以选用体积小、质量轻的中速柴油机，通过减速箱来驱动螺旋桨。油耗低、能燃用劣质油的不同功率的柴油机现在几乎占领了船用发运机的全部市场。因此，第二次世界大战后的运输船舶发展阶段被称为柴油机船时代。

随着全球卫星导航系统（GPS）、自动雷达标绘仪（ARPA）、电子海图显示与信息系统（ECDIS）、国际海事卫星组织（INMARSAT）、船舶交通管理系统（VTS）、全球海上遇险和安全系统（GMDSS）、船舶维修与保养系统（CWBT）、港口维修中心（PMC）等系统的广泛应用，将导致船舶及其公司的管理发生一场根本性的变革，船舶的管理不但实现机电合一、驾通合一，而且实现驾机合一。船舶操纵和管理人员的功能演变成对船舶进行监控。船公司将依靠现代化通讯技术，将各个分散的、独立的通讯、导航、避碰、配载租维修、支持系统连成一个综合性的网络。船舶的位置、状态、控制、动力装置的各种参数都将依靠计算机进行分析、调整，并随时将信息反馈给船公司，由公司进行调度、指挥、监督和控制。设备的故障也可由公司直接进行诊断、预测。定期维修的方法完全由视情况维修所替代。备件、燃润物料、水的添加和管理也由全球计算机网络进行计划和调拨，届时船舶的实时管理将让位于船公司在岸上的综合管理。

3. 港口现代化

港口现代化与船舶现代化一样离不开经济贸易的发展和科学技术的进步。作为全球综合运输系统节点的港口，效率、服务质量及水平是港口得以生存发展的关键因素。港口现代化主要表现在泊位深水化、码头专业化、装卸机械自动化、信息网络化等方面。

（1）泊位深水化。为了适应现代运输技术的发展，尤其是船舶大型化、高速化对港口靠泊条件和装卸设备的要求，以及出于保持或争取成为世界级大港的目的，当前世界各国有条件、有能力的港口先后加强了港口建设，扩大港口生产规模，建造深水泊位。据预测，至2020年世界上将有20％的国际集装箱班轮需要水深在13.5 m以上的深水泊位和航道。目前许多大型港口新建的集装箱泊位水深均在14～15 m左右。

（2）码头专业化。船舶运输的历史始终贯穿着专业化运输由低级到高级的不断发展过程。船舶运输的几次重大工艺变革，均与专业化的发展有关。与船舶运输的专业化相适应，港口也相应地建起了适应专业化船舶运输的专业化码头。

（3）装卸机械自动化。现代高科技的发展给港口装卸机械向自动化方向发展奠定了基础。目前，世界第一大港——荷兰鹿特丹港，是世界上最先进的港口，该港出于商业竞争和树立大港形象的需要，建设了全球自动化程度最高的散货码头和集装箱码头。

4. 我国水路运输的发展

我国幅员辽阔，大陆海岸线一万八千多公里，岛屿海岸线一万四千多公里，流域100km² 以上的天然河流有五千多条，大小湖泊有九百多个，具有发展水运的自然条件，而且我国也是世界上水路运输发展较早的国家之一。据记载，我国在公元前2500年已经制造舟楫，从事水运。早在商代即已出现帆船运输。春秋吴国阖闾九年（公元前506年），开凿了世界上第一条运河——胥溪，全长约100km。秦始皇33年（公元前214年），挖成长约30km的灵渠，连接长江和珠江两大水系。灵渠上的斗门（又称陡门），堪称世界上最早的船闸。举世闻名的大运河，始于春秋吴国，以后经历代特别是隋、元两代的大规模开凿，沟通了钱塘江、长江、淮河、黄河、海河五大水系，全长1 794km。8～9世纪，唐代对外运输丝绸及其他货物的船船，直达波斯湾和红海之滨，被誉为"海上丝绸之路"。北宋时为增加粮食载运量和提高结构强度而建造的对槽船，是当今航运发达国家所用分节驳船的雏型。12世纪初，我国首先将指南针应用于航海导航。15世纪初～30年代，明朝航海家郑和率领巨大船队七次下西洋，经历亚洲、非洲30多个国家和地区。凡此表明，在一个相当长的历史时期内，我国的水路运输事业不论在对本国的经济文化发展方面，还是在开展对外贸易和国际交流方面，均起着十分重要的作用。明、清时期，实行海禁和闭关锁国政策，尤其是1840年鸦片战争开始的帝国主义入侵以后，我国水运事业的发展受到了阻碍。

1949年中华人民共和国成立以后，我国水运事业获得了很大的发展。五十多年来，水路客、货运量，轮驳船总载重吨位和在全国各种运输方式总货物周转量中水运的比重都有了大幅度的增长。目前，我国的商船已航行于世界一百多个国家和地区的四百多个港口。我国目前已基本形成一个具有相当规模的水运体系。

二、水路运输的技术经济特性

水路运输在所有运输方式中，是最为便宜的运输工具，但运输速度最慢，其系统特性主要反映在以下方面。

1. 运输量大

船舶货舱与机舱的比例比其他运输工具都大。因此，可以供作货物运输的舱位及载质量均比陆运或空运庞大。以国际最大之超巨型油轮而言，其每次载运原油的数量可以高达56万t，而最大的集装箱船，每次可装载20t集装箱4000TEU。

2. 能源消耗低

运输1吨货物至同样距离而言，水运（尤其是海运）所消耗的能源最少。

3. 单位运输成本低

水运的运输成本约为铁路运输的1/25～1/20，公路运输的1/100。因此，水运（尤其是海运）是最低廉的运输方式，适于运输费用负担能力较弱的原材料及大宗物资的运输。

4. 续航能力大

一艘商船出航，所携带的燃料、粮食及淡水，可历时数日，绝非其他任何运输工具可比。且商船具有独立生活的种种设备，如发电、制造淡水、储藏大量粮食的粮舱、油槽等，能独立生活。

5. 受天候和商港限制，且可及性低

商船航行海上，遇暴风需及时躲避；遇大雾需按避碰章程办理，以防损害，这都是气候对水路运输的限制。另外，商船到达商港，每因港湾水深或装卸设备的缺乏，而限制商船的入港与作业。再者，水路运输的可及性不高，往往需要地面运输系统的配合才能完成客、货运输过程。

6. 航速低

由于大型船舶体积大，水流阻力高，因此航速一般较低。低速行使所需克服的阻力小，能够节约燃料；航速增大所需克服的阻力直线上升。例如航速从5km/h增加到30km/h，所受的阻力将增大到35倍。一般船舶行驶速度只能达到30km/h左右（冷藏船可达40km/h，集装箱船可达40～60km/h）。

三、水路运输分类

水路运输以船舶、排筏等为运输工具，在海洋、江河、湖泊、水库等水域沿航线载运旅客和货物的一种运输方式，可以有多种分类方法。

按贸易种类，水路运输可分为外贸运输和内贸运输。外贸运输系指本国同其他国家和地区之间的贸易运输；内贸运输系指本国内部各地区之间的贸易运输。

按航行区域，水路运输可分为远洋运输、沿海运输、内河运输、湖泊（包括水库）运输。远洋运输系指国际间的运输，以外贸运输居多；沿海运输系指几个邻近海区间或本海区内的运输，以内贸运输为主；内河运输系指在一条河流（包括运河）上或通过几条河流的运输，一般为国内运输，但如属于流经数国河流，例如欧洲的莱茵河、多瑙河等，在这种河流上也有国与国间的运输；湖泊运输系指一个湖区内的运输，大多属于国内运输，但在像美国、加拿大两国间的五大湖这样的湖区内也有国与国之间的国际运输。

按运输对象，水路运输可分为旅客运输和货物运输。旅客运输有单一客运（包括旅游）和客货兼容运之分。货物运输按货类有散货运输和杂货运输两类，前者系指无包装的大宗货物，如石油、煤炭、矿砂等的运输（有时散货运输是专指干散货如煤炭、矿砂等的运输）；后者系指批量小、件数多或较零星的货物运输。

按运输工具，水路运输可分为船舶运输和排筏运输（包括木排和竹排）。

按船舶营运组织形式，水路运输可分为定期船运输、不定期船运输和专用船运输。定期船运输是选配适合具体营运条件的船舶，在规定航线上，定期停靠若干固定港口的运输；不定期船运输系指船舶的运行没有固定的航线，而是按照运输任务或按租船合同所组织的运输；专用船运输系指企业自置或租赁船舶从事本企业自有物资的运输。

第二节 船 舶

一、船舶的重量性能和容积性能

1. 船舶的主要尺寸

船舶的主要尺寸是表示船体外形大小的基本度量，有船总长、型宽、型深和吃水。

（1）船总长，指船舶首端至尾端的最大水平距离。

（2）型宽，指沿船体设计水线自一舷的肋骨外缘量至另一舷的肋骨外缘之间的最大水平距离，一般在船长的中点处。

（3）型深，指在船长中点处，沿舷侧自龙骨上缘量至上甲板下缘的垂直距离。

（4）吃水，指在船长中点处，从龙骨上缘量至设计水线的垂直距离。

2. 船舶的重量性能

运输船舶的重量性能包括船舶的排水量和载重量，计算单位以"吨（t）"表示。

（1）排水量，指船舶浮于水面所排开水的重量，它亦等于船上的总重量。排水量又可根据不同装载状态分为空船排水量和满载排水量。

（2）载重量，是指船舶所允许装载的重量。载重量有总载重量和净载重量之分。总载重量，指在任一水线下，船舶所允许装载的最大重量。它包括货物货旅客、燃料、淡水、粮食和供应品、船舶备品、船员和行李以及船舶常数等重量的总和。船舶总载重量等于相应该吃水时的船舶排水量减去空船重量。船舶净载重量等于船舶总载重量减去燃料、淡水、粮食和供应品、船用备品、船员和行李以及船舶常数后的重量。

船舶的重量组成是：

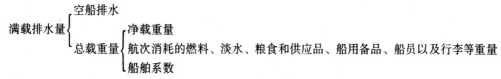

3. 船舶的容积性能

船舶容积性能包括货舱容积和船舶等级吨位，货舱容积的计量单位以立方米或立方英尺表示，等级吨位的计量单位是以立方米或立方英尺折算的"等级吨"表示。

（1）货舱容积，指船舶货舱实际能够容纳货物的空间。货舱容积根据转运货物方法不同分为散装舱容和包装舱容两种。

$$船舶舱容系数 = 货舱容积/船舶净载重量 \quad （m^3/t）$$

舱容系数是船舶的重要容积性能，也是反映载货性能（指适于装重货或轻货）的重要技术指标。一般杂货船的舱容系数均在 1.5 m³/t 以上，且有明显增大的趋势，有时达 1.8～2.1 m³/t，这是为了适应装运轻货的需要。

（2）船舶等级吨位

等级吨位是指按吨位丈量规范所核定的吨位。它是为船舶注册登记而规定的一种以容积折算的专门吨位。船舶投入营运以前，根据国家规定须对船舶进行丈量以确定。

二、船舶的航行性能

1. 船舶的航行性能

船舶为了完成运输生产任务，经常在风浪、急流、险滩等航行条件极为复杂的情况下工作。因此，要求船舶必须具有良好的抗风浪能力，能够有效控制船舶的航行性能。

（1）浮性，即船舶在各种装在情况下，保持一定浮态的性能。

（2）稳性，即船舶受外力作用离开平衡位置而倾斜，当外力消除后能自行回复至原平衡位置的能力。

（3）抗沉性，即船舶破损浸水后仍保持一定浮态和稳性的能力。

（4）快速性，即船舶的快速性，即使指主机以较小的功率消耗而得到较高航速的性能。

（5）适航性，即船舶在多变的海况中的运动性能。

（6）操纵性，即船舶操纵性是指船舶能保持或改变航行方向的性能。其中，船舶保持其航向不变的能力，称为航向稳定性。船舶改变其航向的能力，称为回转性。

2. 各类船舶的特点

船有多种分类，可按用途、航行区域、航行状态、推进方式、动力装置和船体材料及船体数目等分类。按用途分类，作为军事用途的称为舰艇或军舰，用于交通运输、渔业、工程及研究开发的称为民用船舶。运送货物与旅客的船舶称为运输船，它是民用船舶中的主要部分。

（1）旅客船。凡以载运旅客为主要业务之船舶称为客船。客船多以定期方式经营，兼营邮件、行李及贵重物品。客船因需给予旅客舒适、便利、安全、准时等享受，多称为豪华客船，快速客船或称之为游船。

（2）客货船。这种船舶为兼载旅客或货物的船舶。有的以客运为主，有的以货运为主，不尽相同，但只要是客货船必有一共同的特点，即必须兼顾客船或货船两方面之优点而避免其缺点。例如装卸设备必须使用电动，以免噪声妨害旅客安宁；起重装卸机具必须完备良好，以确保装卸迅速，并可严格控制船期；有完善的旅客生活起居设备；有合乎规定之救生、防水、防火及各种安全设施。

（3）货船。以载运货物为主要业务者称之为货船。在当今世界商队船中有95％以上为货船，由于造船技术的进步，使得货船在性能、设备方面日益改进，并因各种特殊之货物而制造出各种不同的专用船舶。现代货船因所载货物种类不同，行驶航线不同，其构造、性能、速率、设备亦各有不同，因而使货船日趋专业化，依承运货物种类不同将主要的货船分为下列几种：

1）杂货船。凡定期行驶在货运繁忙的固定航线港口，以装运零批件货或装运不能集装箱化的杂货为主要业务的商船，称为杂货船。因所装货物种类繁多，须具备装载各种不同货物货舱与设备，如稳定设施和通风设施等。

2）冷冻船。凡将鱼、肉、蔬菜、青果、鲜兽皮等货物装入保持一定温度冷冻船舱或冷藏舱内从事运输船舶，就称为冷冻船或冷藏船。冷冻船一般在其货舱内装有调节空气温度与湿度的冷藏机器及设备，货舱舱壁及甲板、舱盖等均加装隔温材料以保持舱内温度。

3）集装箱船。集装箱船是载运规格统一的标准货箱的货船。集装箱船具有装卸效率高，经济效益好等优点，因而得到迅速发展。

4）散装货船。凡专供装运无包装货物的船舶称为散装货船，为不定期航业的主要船舶。散装货物的数量庞大，价值低廉，运费负担能力较低，通常有定向性或季节性流动。装载无需特别设备的农产品或工业原料，如谷物、矿砂、煤炭、水泥、糖、盐等。这类船舶舱口大，舱内无中层甲板，有永久性或半永久性的隔舱板，船上一般有抓斗或升降斗或真空传送机之类的装卸设备。

5）木材船。凡专门用以运输木材或原木的船舶，称为木材船，为不定期航业船舶之一。船舱宽大，舱内无梁柱及中层甲板，起重机需有10t左右之起重能力，并装置于高架台上或船楼甲板上，甲板两侧舷墙应加高，以便甲板上亦能装载木材。

6）液体货船。这类船舶多用以装运特种液体货物，如化学品类的硫酸、液化石油、液化天然气及液体硫磺之类的货物。这类船舶多为将船舱分隔成若干密封货舱，彼此绝对隔离，管道及货舱内壁镀有特殊金属，以防腐蚀。无舱口，无吊杆设备，以管道等装卸液体货物。

7）车辆运输船。这是专门设计用来运送车辆的船舶。将车开入车辆运输船，到达目的地后，直接开出船舱，无需起吊装卸设备，但设计有驶入驶出车道及舷门，甲板层数也较一般船舶为多，甲板上也都有系拴车辆之设备，以免海上颠簸倾倒碰撞，为运送车辆最适合的船舶。

8）笨重船。为专门用以装运超长、超重（重量在数十吨至数百吨）、超大货物而设计的船舶。如火车、小艇、锅炉、机器、飞机等。船上应有起重50t以上至数百吨的起重机，舱口宽大，无二层舱，舱内没有系拴设备。

9）油轮。凡以散装方式运输原油或燃料的专用船舶统称为油轮。它是近年货船专业发展最快的船舶。油轮都不直接靠港口，而是在港外利用管道等系统卸油类，装卸速度快，一般20万吨原油可在24h内装毕或卸毕。

第三节　港　　口

一、港口的作用、分类和选址

（一）港口的作用

港口是具有一定面积的水域和陆域，供船舶出入和停泊、货物和旅客集散的场所。它是一个国家或地区的门户，是交通运输的枢纽、水陆运输的衔接点，又是货物的集散地，还是对外贸易的重要通路。

港口的任务是为船舶提供能安全停靠的设施，及时完成货物和旅客由船到岸或由岸到船以及由船到船的转运，并为船舶提供补给、修理等技术服务和生活服务。港口具有运输、工业和商业等多种功能，是一个国家和地区的重要经济资源。

根据港口在水运中的作用，港口的营运活动主要可以分为客运组织工作（包括组织客运，调查客流，负责行李的托运、寄存和保管，以及办理旅行手续等各类服务工作）和货运装卸工作（包括装卸船舶和车辆、组织货源、收发和保管货物等，是港口日常最大量、最繁重的工作）两大方面。

为了完成货物和船车的装卸，港口还要进行生产计划、商务管理以及设备维修等大量工作，以确保整个水运生产能按计划、有节奏、不间断地进行下去。

（二）港口的分类

1. 按用途分类

（1）商港。以一般商船和客货运输为服务对象的港口，也称贸易港，如我国的上海港、大连港、天津港、广州港和湛江港等均属此类。国外的鹿特丹港、安特卫普港、神户港、伦敦港、纽约港和汉堡港也是商港。

（2）渔港。是为渔船停泊、鱼货装卸、鱼货保鲜、冷藏加工、修补渔网和渔船生产及生活物资补给的港口，如舟山的定海港。

（3）工业港。供大型企业输入原材料及输出制成品而设置的港口，如大连地区的甘井子化工码头、上海市的吴泾焦化厂煤码头及宝山钢铁总厂码头均属此类。

（4）避风港。供船舶在航行途中，或海上作业过程中躲避风浪的港口。一般是为小型船、渔船和各种海上作业船设置的。

（5）军港。供舰船停泊并取得供给的港口。

（6）旅游港。为海滨休憩活动的海上游艇设置的港口。日本主要海滨城市一般均设有游艇基地，布置有防波堤、港池、码头、艇库、停放场、俱乐部和绿地等。

2. 按地理位置分类

（1）海港。即在自然地理条件和水文气象方面具有海洋性质的港口。其中海岸港，位于有掩护的或平直的海岸上。属于前者大都位于海湾中或海岸前有沙洲掩护，如旅顺军港、湛江港和榆林港等。位于平直海岸上的港一般都需要筑外堤掩护，如塘沽新港。河口港，位于入海河流河口段，或河流下游潮区界内。我国的上海港，国外的鹿特丹港、纽约港和汉堡港均属河口港。

（2）河港。即位于河流沿岸，且有河流水文特征的港口，如我国的南京港、武汉港和重庆港。

（3）运河港 即位于运河上的港口，如我国的徐州港。

3. 按潮汐的影响分类

（1）开敞港。即港内水位潮汐变化与港外相同的港口。

（2）闭合港。即在港口入口处设闸，将港内水域与外海隔开，使港内水位不随潮汐变化而升降，保证在低潮时港内仍有足够水深的港口，如英国的伦敦港。

（3）混合港。即兼有开敞港池和闭合港池的港口，如比利时的安特卫普港。

4. 按地位分类

（1）国际性港。即靠泊来自世界各国港口的船舶的港口，如我国的上海港和大连港等、国外的鹿特丹港和伦敦港。

（2）国家性港。即主要靠泊往来于国内港口的船舶的港口。

（3）地区性港。即主要靠泊往来于国内某一地区港口的船舶的港口。

（三）港口选址要求

1. 船舶航行方面的要求

（1）船舶能安全方便地进出港口及在港内运转和锚泊；

（2）港口水域和航道，经过适当疏浚后就能达到所需的水深；

（3）港口水域要有良好的掩护条件，能防淤、防浪，以减少水流和流沙的影响。

由于港口主要是为船舶服务的，因此上述要求是极为重要的。

2. 港口经营管理的要求

（1）应有足够的陆域面积，或有回填陆域的可能，以便港口作业区和陆域上各种建筑物合理的规划与布置；

（2）有远景发展需要的水域和陆域面积；

（3）能方便地布置陆上各种运输线路，并尽可能靠近生产和消费点，以缩短运距。

3. 港口建筑方面的要求

（1）港址的自然条件良好，使建筑工程量最小，工程造价最低；

（2）具有良好的建筑施工条件，有为施工船舶防浪、避风的水域，充足的水源和电源，以及必要的生活设施；

（3）建筑材料运距最短和费用最低。

4. 港口与城市配置方面的要求

（1）港址必须符合城市总体规划的要求；

（2）水路联运换装作业应在城外进行，以减轻市内交通压力和对环境的污染；

（3）港口所在应不影响城市的安全和卫生，特别是危险品作业应远离市区。

二、港口的主要设施

（一）港口水域设施

港口的水域包括港池、航道与锚地。

1. 港池

港池一般指码头附近的水域。它需要有足够深度与宽广的水域，供船舶靠离使用。对于河港或与海连通的河港，一般不需要修筑防浪堤坝，如上海黄浦江内的各港区和天津海河口的港口。对于开敞式海岸港口，如烟台、青岛、大连等，为了阻挡海上风浪与泥沙的影响，保持港内水面的平静与水深，必须修筑防波堤。防波堤的形状与位置根据港口的自然环境而确定。

2. 锚地

锚地是供船舶抛锚候潮、等候泊位、避风、办理进出口手续、接受船舶检查或过驳装卸等停泊的水域。锚地要求有足够的水深，使抛锚船舶即使由于较大风浪引起升沉与摇摆时仍有足够的富裕水深。锚地的底质一般为平坦的沙土或亚泥土，使锚具有较大的抓力，而且远离礁石、浅滩等危险区。锚地离进出口航道要有一定距离，以不影响船舶进出为准，但又不能离进出口航道太远，以便于船舶进出港操作。过驳装卸的锚地不仅要考虑锚泊大船本身的旋回余地，还要考虑到过驳小船与装卸作业的安全。锚地水域面积的大小，根据港口进出口船舶艘次与风浪、潮水等统计数据而定。

3. 航道

航道是指船舶进出港的通道。为保证安全通航，必须有足够的水深与宽度，不能弯曲度过大。为了避免搁浅、擦浅而造成船舶、生命财产损失与环境污染，船舶在航行时必须在龙骨基线以下保持足够的水深。

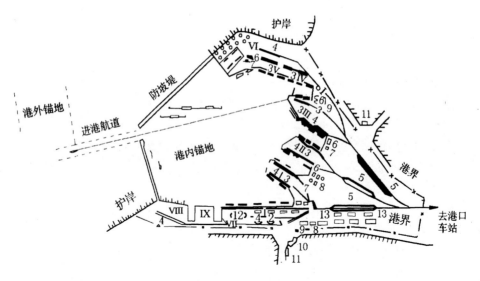

I—件杂货码头；II—木材码头；III—矿石码头；IV—煤炭码头；V—矿物建筑材料码头；
VI—石油码头；VII—客运码头；VIII—工作船码头及航修站；IX—工程维修基地；
1—导航标志；2—港口仓库；3—露天货场；4—铁路装卸线；5—铁路分区调车场；
6—作业区办公室；7—作业区工人休息室；8—工具库房；9—车库；10—港口管理局；
11—警卫室；12—客运站；13—储存仓库

图 5-1　海港平面图

（二）港口陆上设施

为保证船舶货物的流通，港口要有配套的铁路、道路、货物仓库与堆场，港口机械、给排水和供电系统。

1. 港口铁路

由于我国海港集中在东部沿海，腹地纵深大，铁路运输是货物集疏的重要手段。完整的港口铁路应包括港口车站、分区车场、码头和库场的装卸线，以及连接各部分的港口铁路区间正线、联络线和连接线等。港口车站负责港口列车到发、交接、车辆编解集结；分区车场负责管辖范围内码头、库场的车组到发、编组及取送；港口铁路区间正线用于连接铁路接轨站与港口车站；装卸线承担货物的装卸作业；联络线连接分区车场与港口车站；连接线连接分车场与装卸线。

2. 港口道路

港口道路可分为港内道路与港外道路。港内道路由于要通行载货汽车与流动机械，对道路的轮压、车宽、纵坡与转弯半径等方面都有特殊要求。港内道路行车速度较低，一般为 15km/h 左右。港外道路是港区与城市道路与公路连接的通道。若通行一般的运输车辆，其功能及技术条件与普通道路相同。

3. 仓库

港口是车船换装的地方，也是货物的集散地。出口货物需要在港口聚集成批等候装船；进口货物需要检查、分类或包装，等候散发转运。因此，港口必须具有足够容量的仓库与堆场，以保证港口的吞吐能力。按仓库所在位置分为前方仓库和后方仓库。前方仓库位于码头的前沿地带，用于临时存储准备装船与从船上卸下的货物；后方仓库用于较长期存储货物，位于离码头较远处。按结构与用途，将港口仓库划分为普通仓库和特种仓库

144

（筒仓、油罐等）。普通仓库用于堆放杂货，也有堆放粮食或化肥等散装货物。筒仓主要用于存储散装水泥与粮食等。油罐主要用于存储油类等液体货物。随着海上油田的开采，还出现了大型海上油库。

4. 港口机械

港口装卸机械是完成港口货物装卸的重要手段，用于完成船舶与车辆的装卸，货物的堆码、拆垛与转运等。港内流动的装卸机械有较大型的轮胎起重机、履带式起重机、浮式超重机、各种装卸搬运机械，如叉式装卸车、单斗车、索引车等；固定装卸机械有门座起重机，岸边起重机，集装箱起重机；各种连续输送机械，如带式输送机，斗式提升机，气力输送机和螺旋输送机。

5. 港口给水与排水系统

港口给水系统是为船舶和港口的生产、生活、环境保护与消防提供用水。根据不同用途的需要提供不同的水量、水压和水质。港口排水系统的任务是：及时地排除港区的生产水、生活污水及地面雨水，对有害的污水必须进行净化处理，达到环境保护的要求后才能排放，以防止对环境水域的污染。

6. 港口供电

港口供电对象主要是装卸机械、维修设备、港口作业辅助设施、照明、通信与导航设施等。

7. 船舶基地

为了保证港口生产与安全，需要有各种辅助船舶，如拖轮、供水船、燃料供应船、起重船、垃圾船、巡逻艇、搜救船等。

8. 港口通信

港口通信系统是保证港口与船舶高效与安全生产的重要手段。目前已广泛应用的有各类有线、无线通信与计算机网络通信等手段，主要用于港口生产、调度、安全保障等方面。

（三）航标

为了保证进出港船舶的航行安全，每个港口、航线附近的海岸均有各种助航设施。航标的主要功能是为航行船舶提供定位信息；提供碍航物及其他航行警告信息；根据交通规则指示航行；指示特殊区域，如锚地、测量作业区、禁区等，即定位、警告、交通指示和指示特殊区域四方面功能。

第四节　航道与航标

一、航道及航行条件

（一）航道

以组织水路运输为目的所规定或设置的船舶航行通道，称为航道。随着运输生产与科学技术的发展、船舶尺度的增大、船舶运行密度的增加和纵横水运网的逐步形成，现代水上航道已不仅是天然航道，而是包括人工运河、进出港航道以及保证航行安全的航行标志系统和现代通讯导航设备系统在内的工程综合体。

1. 海上航道

海上航道属自然水道，其通过能力几乎不受限制。每一海区的地理、水文情况都反映在该区的海图上。船舶每次的运行都是根据海图，结合当时的气候条件、海况和船舶本身的技术性能进行计算并在海图上标出。经过人们千百年来的努力和探索，加上现代化导航技术的应用，全世界各国地区间的海上航道已基本为人们所了解和掌握。

2. 内河航道

内河航道大部分是利用天然水道加上引航的航标设施构成的。内河航道与海上航道相比，其通行条件是有很大差别的，反映在不同的通航水深（如各航区水深不同）、不同的通行时间（如有的区段不能夜行）和不同的通行方式（如单向或双向过船）等，因此在进行综合规划时，还应考虑航道分级和航道标准化。航道分级有利于从安全角度对船舶进行管理；航道和过船建筑物的标准化则是实现船型及港口设备标准化、形成现代化高效运输系统的前提条件。同时，大多数内河自然水道还需考虑航运、发电、灌溉、防洪和渔业的综合利用与开发，所以在发展内河航运而涉及航道问题时，还应注意与其他国民经济部门协调配合。

3. 人工航道

人工航道是指由人工开凿、主要用于船舶通航的河流，又称运河。人工航道一般都开凿在几个水系或海洋的交界处，可以使船舶缩短航行路程，降低运输费用，方便人们生产和生活，扩大船舶航行的范围，进而形成一定规模的水运网络。一些著名的国际通航运河对世界航运的发展和船舶尺度的限制影响很大，其中主要有苏伊士运河、巴拿马运河和基尔运河。我国有世界上最古老最长的人工运河——京杭大运河。运河全长1 794 km，横跨北京、天津两市，直穿河北、山东、江苏、浙江等4省，从内陆将海河、黄河、淮河、长江、钱塘江五大水系沟通，是我国国内水运的大动脉。正是由于这种特殊的重要作用，两千多年来人们一直在对大运河进行整治和扩建。

（二）航道的航行条件

因海上航道的通过能力一般不受限制，故着重于内河航道的航行条件。影响航道通行能力的主要因素有：航道的深度、宽度、弯曲半径、水流速度、潮汐及季节性水位变化、过船建筑物尺度以及航道的气象条件及地理环境。这些因素对港口建设、船型选择及运输组织往往具有决定性影响。为了保证船舶正常安全航行和获得一定的运输效益，航道必须具备一定的航行条件。

1. 有足够的航道深度

航道水深是河流通航的基本条件之一，它常常是限制船舶吨位和通过能力的主要因素。航道深度是指全航线中所具有的最小通航保证深度，它取决于航道上关键性的区段和浅滩上的水深。航道深浅是选用船舶吃水量和载重量的主要因素。航道深度增加，可以航行吃水深、载重量大的船舶，但增加航道深度，必然会使整治和维护航道的费用增高。因此，设计航道深度时，应全面考虑，可按下列公式计算：

$$最小通航深度 = 船舶满载吃水 + 富余水深$$

其中富余水深应根据河床土质、船舶类型、航道等级来确定，一般沙质河床可取0.2～0.3m，砾石河床则取0.3～0.5m。

2. 有足够的航道宽度

航道宽度视航道等级而定。通常单线航行的情况极少，双线航行最普遍，在运输繁忙的航道上还应考虑三线航行。

$$所需航道宽度 = 同时交错的船队或船舶宽度之和 + 富余宽度$$

富余宽度一般采用"同时交错的船队或船舶宽度总和"的1.5~2.5倍。

3. 有适宜的航道转弯半径

航道转变半径是指航道中心线上的最小曲率半径。一般航道转弯半径不得小于最大航行船舶长度的4~5倍。若河流转弯半径过小，将造成航行困难，应加以整治。若受自然条件限制，航道转弯半径最低不得小于船舶长度的3倍，而且航行时要特别谨慎，防止事故。

4. 有合理的航道许可流速

航道许可流速是指航线上的最大流速。船舶航行时，上水行驶和下水行驶的航线往往不同，下水在流速大的主流区行驶，上水则尽量避开流速大的水区而在缓流区内行驶。船舶航行速度与流速的关系如下：

下驶时：航速 = 船舶静水速度 + 流速

上驶时：航速 = 船舶静水速度 - 流速

航道上的流速不宜过大，否则不经济。比较经济的船舶静水速度，一般在9~13 km/h，即2.5~3.5m/s之间。因此，航道上的流速以3m/s之内为宜。

5. 有符合规定的水上外廓

水上外廓是保证船舶水面以上部分通过所需要的高度和宽度。水上外廓的尺度按航道等级来确定，通常一、二、三、四级航道上的桥梁等建筑物的净空高度，取20年一遇的洪水期最高水位来确定；五六级航道则取10年一遇的洪水期最高水位来确定。

航行对航道的上述要求中，最主要的是航道水深，因为无论江河湖海和水库，只要有足够的水深，船舶航行一般没有大的问题。对于上述这些自然条件，通常人为改变的部分较少，更多的还是尽量去适应，即在大多数情况下总是根据航道条件来设计港口、选择船舶和组织运输。

二、航标的种类及用途

航标即助航标志，是用以帮助船舶定位、引导船舶航行、表示警告和指示碍航物的人工标志。为了保证进出口船舶的航行安全，每个港口、航线附近的海岸均有各种助航设施。航标的主要功能是：

（1）定位 为航行船舶提供定位信息；

（2）警告 提供碍航物及其他航行警告信息；

（3）交通指示 根据交通规则指示航行方向；

（4）指示特殊区域 如锚地、测量作业区、禁区等。

永久性航标的位置、特征、灯质（灯火的颜色、高度、射程、闪频等）、信号等已载入各国出版的航标和海图。

航标的分类方法有：

（1）按照设置地点，航标可分为海区航标与内河航标。海区航标建立在沿海和河口地段，引导船舶沿海航行及进出港口航行；内河航标是设在江、河、湖泊、水库航道上的助航标志，用以标示内河航道的方向、限界和碍航物，为船舶航行指示安全航道。

（2）按照工作原理分类，有视觉航标、音响航标与无线电航标。

1. 海区航标

海区航标是指在海上的某些岛屿、沿岸及港内重要地点所设的航标，分为视觉航标、音响航标、无线电航标三种。

（1）视觉航标。白天以形状、颜色和外形，夜间以灯光颜色、发光时间间隔、次数、射程及高度来显示，能使驾驶人员通过直接观测迅速辨明水域，确定船位，安全航行，是使用最多最方便的航标。常见的视觉航标有灯塔、灯桩、立标、浮标、灯船、系碇设备和各种导标。

1）灯塔。设置在重要航道附近的塔型发光固定航标. 是海上航行的重要航标，一般设在港口附近和海上某些岛屿的离处。大的灯塔夜间能照射 20～30n mile，小的灯塔能照射 5～6n mile。

2）灯船。是作为航标使用的专用船舶，装有发光设备，灯光射程一般为 10n mile。灯船的作用与灯塔相同，锚碇于难以建立灯塔而又很重要的航道进出口附近。

3）浮标。是用锚碇泊于水中的航标，设在港口附近及进出港航道上，用于表示航道、浅滩和碍航物等，发光的称灯浮标。

其他还有立标和导标，用于引导船舶进出港口，通过狭窄航道，进入锚地以及转向、避险、测速和校正罗经等。激光导标也已开始应用。

（2）音响航标。能发出规定响声的助航标志。它可在雾、雪等能见度不良的天气中向附近船舶表示有碍航物或危险，包括雾号、雾笛、雾钟、雾锣、雾哨、雾炮等。通常指雾号，即下雾时按照规定的识别特征发出的音响信号。一般听程仅为几海里。根据工作原理分为气雾号、电雾号与雾情探测器。气雾号用压缩空气驱动发声，电雾号以电能驱动发声，雾情探测器能自动测量能见度和开启电雾号。

（3）无线电航标。是利用无线电波的传播特性向船舶提供定位导航信息的助航设施，包括无线电指向标、无线电导航台、雷达应答标、雷达指向标和雷达反射器等。

2. 内河航标

它的主要作用是准确标出江河航道的方向、界限、水深和水中障碍物，预告洪汛，指挥狭窄和转弯水道的水上交通，引导船舶安全航行。

内河航标一般分为三等。在航运发达的河道上设置一等航标，由岸杆和浮标交相组成，夜间全部发光，保证船舶昼夜都能从一个航标看到次一个航标；在航运较为发达的河段上设置二等航标，它的密度较一等为稀，夜间只有主航道上的航标发光。亮度也较弱；在航运不甚发达的河段上设置三等航标，密度稀，夜间不发光，船舶只能利用航标和天然参照物在白天航行。

内河航标的种类很多，各国不尽相同。我国目前分为三类。即航行标志、信号标志和专用标志，共计 19 种。

（1）航行标志。用于标示内河安全航道的方向和位置等。有过河标、接岸标、导标、过河导标、首尾导标、桥涵标等 6 种。

例如过河标，标示跨河航道的起点或终点，引导由对岸驶来的船舶过河，同样引导沿本岸驶来的船舶，在标志达到本船正横的时候驶往对岸；接岸标，标示沿着河岸的航道，指示船舶继续沿着本岸行驶。

（2）信号标志。用于标示航道深度、架空电线和水底管线位置，预告风讯，指挥弯曲狭窄航道的水上交通，有水深信号杆、通行信号杆、鸣笛标、界限标、电缆标、横流浮标、风讯信号杆等 7 种。

（3）专用标志。用于指示内河中有碍航行安全的障碍物，有三角浮标、浮鼓、棒形浮标、灯船、左右通航浮标、泛滥标等6种。

第五节　水路运输的组织

一、船舶营运指标

（一）船舶营运指标的意义

船舶营运指标是以实物形式反映船舶运输生产活动情况和运用效率的指标，它由数量指标和质量指标两部分组成。船舶营运指标体系的结构如图5-2所示。

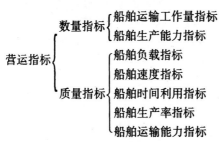

图5-2　船舶营运指标体系结构图

船舶营运指标是对航运企业实行科学管理所必需的，其作用是：

（1）营运指标的完成实绩是编制船舶运输生产计划的基础；

（2）为考核和评价船舶运输工作成绩，进行方案比较以及决定有关政策提供依据；

（3）可作为分析和改善船舶运输工作的手段；

（4）是有关领导了解运输生产情况和指导运输工作的工具。

（二）船舶营运数量指标

船舶营运数量指标表示船舶营运活动应达到的数量要求或已达到的数量，它包括船舶运输工作量指标与船舶生产能力指标。

1. 船舶运输工作量指标

船舶运输工作量指标是说明船舶营运活动的运输任务或成绩的指标，它包括船舶运输的货物数量（货运量、以吨计）、船舶运输的旅客数量（客运量，以人计）和用所运输的货运量乘相应运输距离的积表示的货物周转量（以吨公里或吨海里计），用所运输的客运量乘相应运输距离的积表示旅客周转量（以人公里或人海里计）。为了综合反映船舶运输工作量情况，在船舶运输中也还采用换算周转量指标。换算周转量在数值上等于货物周转量与旅客换算吨周转量之和。

2. 船舶生产能力指标

船舶生产能力指标是说明在一定历史时期内可使用运输船舶最大能力的指标，它包括船舶保有量、船舶营运时间、船舶空间位移情况和船舶吨位（客位、马力）次数等。

（1）船舶保有量指标

运输船舶保有量的计算单位有艘、吨位、客位和马力。艘数系指船舶数量，但不包括船上的救生艇。吨位数系指正常条件下船舶用于载运货物的额定载货吨数，即船舶的净载重量；客位数系指船舶用于载运旅客的额定载客量（不论铺位或座位，均按一个客位计算载客量）；马力数系指拖（推）船主机的额定功率（其中蒸汽机按指示马力计算，内燃机按制动马力计算）。通常船舶出厂经过船舶检验局鉴定以后，其额定吨位、额定客位、额定马力均应登入船舶有关证书，不得任意改变。

（2）船舶营运时间指标

船舶营运时间指标是从时间上反映船舶所处状态和营运情况的指标，以吨位（客位、马力）天作为计算单位。它是计算船舶营运效率的基础。

船舶营运时间是指船舶总时间中技术状况完好，可以从事客货运输工作的时间。它包括航行、停泊和其他工作时间。

船舶航行时间是指船舶从离开港口码头或锚地、浮筒时起，至到达港靠好码头或在锚地、浮筒泊妥时止的实际航行时间。它包括重航和空航时间。重航系指船舶载货、载客的航行，拖（推）船拖带（顶推）重载船队或排筏的航行，否则称为空航。

停泊时间是指船舶在运输生产过程中，因各种原因在港口和途中的全部停泊时间。船舶到达港靠好码头或在锚地、浮筒停泊时起，作为停泊时间开始；离开码头或锚地、浮筒时止，作为停泊时间结束。

其他工作时间是指船舶营运时间中除去航行、停泊时间之外，临时从事港内作业以及为完成救援遇难船舶等特殊任务而工作的时间。

非营运时间是指船舶修理时间、等待修理时间、等待报废时间、航次以外进行检修和洗炉时间，以及专门修船进出船厂的航行时间。

（3）船舶空间位移情况指标

船舶空间位移情况指标是从船舶空间位移上反映船舶营运情况的指标，在数值上它等于船舶吨位（客位、马力）数与其航行里程（包括重航和空航）的乘积，并用船舶吨位（客位、马力）公里（海里）表示。船舶吨位（客位、马力）公里（海里）也可分为重航和空航。船舶在重载和空载航行时，应分别计算重航、空航船舶吨位公里。

（4）船舶吨位（客位、马力）次数指标

船舶吨位（客位、马力）次数是从船舶周转上反映船舶营运情况的指标，在数值上它等于营运期内船舶航次数与相应的船舶吨位（客位、马力）的乘积。航运企业某种船型（如货船）在营运期间内的总吨位次数等于各货船吨位次数的总和。这一指标不仅可以反映船舶的周转情况，也可以在一定程度上反映出时间、空间因素对船舶设备能力的影响。

（三）船舶营运质量指标

1. **船舶负载指标**

船舶负载指标是反映船舶在营运过程中，客位、吨位和推（拖）船马力利用情况的指标，它包括发航负载率及每马力发航拖（推）量、载重量（客位）利用率及平均每马力拖（推）量。

发航负载率和每马力发航拖（推）量是指货船（客船）拖（推）船发航时载货量（载客量）、所拖（推）驳船载货量与货船（客船）、拖（推）船额定吨位（客位）、额定功率之比的比值，分别用以说明客船客位、货船载货吨位以及拖（推）船功率在发航时的利用情况。

载重量（客位）利用率及平均每马力拖（推）量是指在一定时期内船舶运输周转量与船舶行驶吨位（客位）、拖（推）船功率公里之比的比值，它是反映船舶在行驶距离内船舶吨位（客位、马力）平均负载情况的指标。

2. 船舶速度指标

船舶速度是指船舶平均航行一天所行驶的里程，它等于船舶航行吨位（客位、马力）公里（海里）与航行吨位（客位、马力）天的比值。一组船舶的平均航行速度（v）则应等于各船舶航行吨位（客位、马力）公里（海里）之和与船舶航行吨位（客位、马力）天之和的比值，

船舶速度指标反映了船舶周转的快慢，其中也包含着货物运送时间的长短，特别是在国际贸易运输中，提高船舶的航行速度，对提高船舶在国际航运市场中的竞争能力具有重要的意义。

3. 船舶时间利用指标

我国目前采用的船舶时间利用指标包括营运率、航行率和船舶平均航次时间三项指标。

（1）营运率。是指一定历期内船舶从事营运时间（用营运吨位、客位、马力天表示）占在册时间（总时间，用在册吨位、客位、马力天表示）的百分比。营运率指标反映船舶在册时间的利用程度。船舶维修保养愈好，修期愈短，修船间隔时间愈长，营运率愈高。提高船舶营运率是挖掘运输能力的重要途径之一。国外船舶的营运率一般保持在94％左右。

（2）航行率。是指一定历期内船舶的航行时间（用航行吨位、客位、马力天表示）占营运时间（用营运吨位、客位、马力天表示）的百分比。若船舶航行吨位（客位、马力）天代之以重航吨位（客位、马力）天，则计算所得为船舶重航率指标。船舶重航才能产生货物（旅客）周转量，所以减少和避免船舶空航，提高船舶重航率，对提高船舶运输经济效益有重要的意义。

（3）船舶平均航次时间。是指船舶每一吨位（客位、马力）完成一个航次平均所需天数，平均航次时间指标反映航区或航线上船舶生产周期的长短。在货流结构比较稳定、船舶航线固定、技术设备一定的条件下，平均航次时间的长短，可反映生产组织管理工作的质量和水平。

4. 船舶生产率指标

船舶生产率是指船舶在营运期内平均每吨位（客位、马力）在一昼夜内所完成的周转量，所以又称为营运期船舶吨位（客位、马力）天生产量，生产率指标实际上是在船舶营运期间，其航行时间所占比重大小，航行速度快慢以及装载（或牵引）能力利用程度的综合反映，是一项综合指标。而常常把载重（客）量利用率（或每马力拖带量）指标、航行速度和航行率指标称为单元指标。在实际工作中，也常把货船生产率简称为吨天生产量，而把拖（推）船生产率简称为马力天产量。

除船舶生产率外，水运企业使用的船舶综合效率指标还有单位船舶产量指标。单位船产量是指某历期内平均每吨位（客位、马力）所完成的周转量，单位船产量指标较船舶生产率指标多包括了一个营运率因素，它能更全面地说明整个水运企业的工作质量水平。所以，它是企业领导更应关注的指标，也是国家对航运企业考核的主要标准之一。

5. 船舶运输能力指标

船舶运输能力指一定历期内，根据一定的营运经济条件，一定的运输设备条件和一定的生产组织方法，船舶所能完成的最大客货运输量和周转量。它可以根据船舶生产率指标，各类船舶数量以及其营运时间来确定。

二、船舶运行组织

1. 船舶运行组织的航次

船舶运行组织就是对船舶生产活动的计划安排。它主要包括规划航线系统，为航线选配适当的船舶或船队，协调各环节的工作，确定推（拖）船与驳船工作配合方式，以及制定船舶运行时刻表。

在船舶运输生产中，将船舶从事货物或旅客运输的一个完整运输生产过程（即一个生产周期）称为一个航次。航次所包括的作业可分为基本作业、辅助作业和服务作业三类。基本作业包括装货、卸货或上下旅客、船舶航行；辅助作业为装卸货前的准备作业，包括办理文件、编解船队等作业；服务作业包括供应燃料、物料、淡水、食品、备品等作业。

根据船舶运输生产组织的特征，航次可分为简单航次和复杂航次。简单航次是指船舶在两个港口间完成一次货物（旅客）运输完整过程的航次，而复杂航次是指船舶在多个港口间完成的航次，即船舶不仅运输从始发港到终点港的货物（旅客），还在中途一个或几个港口装或卸部分货物（上或下旅客）或加、减驳船。此外，在水运生产中还有一种往返航次的概念。它是指船舶在两个或两个以上港口间从事客货运输，船舶到达终点港卸完货或下完客以后又重返回始发港的航次。根据具体组织形式之不同，往返航次又有以下3种：

（1）单向运输货物的往返航次。这是一种船舶在两港之间实现单向货物运输任务，而回程空载的往返航次。大多数专用散货船及石油运输船的运输组织都采用这种往返航次；

（2）双向运输的简单往返航次。这是一种船舶在两港之间运输，往返两程重载的简单航次。船舶在这一往返航次中，完成两个运输生产周期；

（3）双向运输的复杂往返航次。这是船舶在两港之间运输，往返两程重载的复杂航次。船舶在这一往返航次中，完成两个运输生产周期。大多数班期航线的运输组织都采用这一类航次。

2. 船舶运行组织方法

船舶运行组织可概括为航次形式和航线形式两种。

所谓航次形式是指船舶的运行没有固定的出发港和终点港，船舶仅为完成某一项运输任务，按照航次计划运行的船舶运行组织形式。采用航次形式时，船舶完成一个航次后，便可用于它能够到达的任一港口，运输适合它运输的货物，开始另一个航次。航次形式船舶的使用性质，它所运输的货种、数量、发送港和发送期限以及船舶的运行方向等，主要取决于货主的具体运输申请书。这样，常常会造成船舶空驶，使船舶使用效率降低。因此，加强货源组织工作，加强调度领导监督，对充分利用航次航行船舶尤为重要。另外，由于航次形式的不定期性，不利于与港口工作的配合，也不利于与其他运输方式的配合，但它也有机动灵活的优点，可对航线形式起调整和补充作用，所以它也是船舶运行组织不可缺少的一种形式。

航次形式的一部分任务，也是以运输计划为基础的。例如，计划内的小批量货物不需要开辟航线，在规划航线和配船论证结果中需要安排航次航行的特种货物运输。航次形式的另一任务是满足临时发生的运输需要，如防汛物资、救灾物资、急需的支农物资、急需的城市供应物资以及其他运输需要。另外，有封冻的河流，在航期开始时及航期将结束时，临时也可能采用航次形式。在船舶调动航线时，为充分利用船舶，也可临时安排一次任务。

所谓航线形式是指在固定的港口之间，为完成一定的运输任务，选配适合具体条件的一定数量的船舶，并按一定的工艺过程组织船舶生产活动的船舶运行组织形式。航线形式成为一种独立组织形式，是由航次形式在具有稳定的运输需要的航区形成和发展起来的。组织航线形式的条件，首先是要有量大而稳定的货流（客流）。航线形式的主要优点是：

（1）货物（旅客）能够定期送达，有利于吸收和组织货源；

（2）有利于各生产环节协调配合并有节奏的工作，保持正常、稳定的生产秩序，有利于缩短船舶泊港时间，提高运输效率；

（3）为组成几种运输方式协调工作的联合运输创造了条件；

（4）有利于加强人员熟悉航行条件，有助于安全航行和缩短时间；

（5）有利于对船舶的调度领导和管理；

（6）有利于船员安排生活。

航线由在各航线工作的不同船型、供船舶停靠作业的港口码头以及各种辅助设备构成，它可按船舶航行区域、运行状况、航线有效期限，以及航线港口数的不同进行分类。

（1）按船舶航行区域分，航线可分为内河航线、沿海航线和远洋航线。内河航线是指适合内河航行条件的船舶，在内河沿岸固定港口间航行而组成的航线；沿海航线是指适合沿海航行条件的船舶，在沿海固定港口间航行而组成的航线；远洋航线则主要是为适应国际贸易的需要及第三国的运输需要，并根据运输贸易协定的规定而组织的航线，它由适合远洋航行条件的船舶组成。

（2）按船舶运行状况分，航线可分为定期航线和一般航线。定期航线又称专线或班轮航线，它是指船舶在港口定期、定时刻到发的航线。一般航线则是指没有严格定期要求，而只规定计划期内发船次数的航线。

（3）按航线有效期限分，航线可分为全年或全航期有效航线和季节性有效航线。全年或全航期有效航线是指在全年时间内或整个航期内都有船舶工作的航线，而季节性有效航线是指一年中仅在部分季节期内有船舶工作的航线，这种航线的季节期主要取决于航道条件和季节性货流。大多数航线属于全年或全航期有效航线。

（4）按航线港口数分，航线可分为简单航线和复杂航线。

此外，航线还可以按运输货物的货种、船舶类型、运输组织方法和船舶运行组织方法进行分类。按货种分类时，有油运航线、煤运航线、杂货航线等；按船舶类型分类时，有客船航线、货船航线、推（拖）船航线，其中客运航线又有干线、区间（短途）、市郊、市内轮渡航线之分；按运输组织方法分类时，有直达航线和非直达航线；按船舶运行组织方法分类时，推（拖）船队航线则又有直通航线和区段牵引航线之分。

在中途港不加减载或不加减驳船的航线为直达航线，否则为非直达航线。而直通航线是指推（拖）船从航线的始发港至终点港在中途不更换推（拖）船的推（拖）船航线，若中途更换推（拖）船，实行分段牵引，则称为区段牵引航线。

3. 船舶运行与港口工作的配合

解决船舶运行与港口工作的配合问题，也就是解决港口的到发船密度、船舶在港密度和合适的到发船时间问题。保持港口工作的节奏性，使港口工作均衡，这对于提高船、港工作效率和经济效益具有重要意义。

船、港工作的配合，主要是重点港口，故应先从重点港口着手，并且要按船舶的类型、作业区和货种等分别进行平衡。此外，对物资单位的专用码头也应作出专门的安排。对某些锚泊地有限制的港口，或主要是在水上作业的港口，还要检查锚泊地是否能容纳在港作业的船舶和过境需临时停泊的船舶。

三、航道通过能力

1. 影响航道通过能力的因素

航道通过能力是指在一定的船舶技术性能和一定的运行组织方法条件下，一定航道区段在单位时间（昼夜、月、年或航期）内可能通过的货吨或船吨数，它取决于各困难航道的通过能力及其相互影响。

影响航道通过能力的因素很多，它包括航道和船舶的技术性能、经济因素、自然因素以及运行组织方法等方面。

航道和船舶的技术性能方面包括：

（1）天然航道区段的通航尺度（深度、宽度、弯曲半径）和人工运河及船闸的尺度与设备；

（2）航道通航及枯、中、洪水位的水深，历期的流速；

（3）天然航道的航标设置和过滩设备能力；

（4）航道困难地段（如急流、浅滩、单行水道）的长度、数量及分布；

（5）船舶尺度（长、宽、吃水）；

（6）船舶和船队的速度。

经济因素主要是指航区的客流结构及船舶性能与货物性能的适应情况。

自然因素是指风、雨、雾等自然气象因素。

运行组织因素包括所采取的发船方法以及船舶（船队）通过困难地段的方法和驾驶人员的技术水平。

上述四个方面的影响因素，前三者属于客观条件，后者主要取决于人的因素。因此，提高管理人员素质，充分发挥人的积极因素，对提高航道通过能力也有重要意义。

2. 天然航道通过能力的确定

天然航道包括自由行驶区段和受限制区段（困难区段）。自由行驶区段是指船舶可以自由对驶和超越的航段，其通过能力一般不受限制。困难区段是指航道狭窄、弯曲半径小、水流急、有险滩暗礁的航段或浅水航段，船舶通过这些航段会受到不同的限制。例如，有的航段船舶不能夜航；有的航段只能单船（船队）行驶，不能对驶和超越，船舶要在统一指挥下顺序地通过；在浅水地段船舶吃水要受限制，不仅如此，如果船舶航行在分布有几个困难地段的航道上，这些限制条件还可能互相制约。因此，某航道区段的通过能力，必须在全面分析各困难地段通过能力的基础上才能确定。

确定天然航道通过能力的大致步骤为：

（1）收集和掌握资料，如区段内不同水位时期的禁止夜航地段和禁航时间，单行水道位置和长度，过滩设备（或工作拖船）的有关资料，自然因素资料等；

（2）确定通过航道区段的航线，航线上营运的标准船型及其负载率指标，船舶的发船方法；

（3）计算区段内困难区段的通过能力；

（4）全面分析区段内各困难区段的相互制约关系，确定整个区段的通过能力。

3. 人工航道通过能力的确定

人工运河及渠化河段，为保证船舶顺利通过航道上的集中水位落差，一般都建有称为通航船闸的箱形水工建筑物。根据沿船闸轴线方向的闸室数，船闸可分为单级船闸、双级船闸和多级船闸（或称单室船闸、双室船闸和多室船闸）；根据同一枢纽中布置的船闸数，航闸又可分为单线船闸、双线船闸和多线船闸。通常情况下一个枢纽只布置一个船闸（即单线船闸），且多为单室船闸。

船舶通过船闸要受到一定限制，不能自由行驶，这就是说人工航道的通过能力主要取决于船闸的通过能力。因此，要确定人工航道的通过能力，首先要研究船舶通过船闸的作业程序和各项作业所需的时间。各项作业的时间消耗取决于船闸尺度、牵引方法、过闸船舶类型与数量、输水道断面，以及闸门启闭机械的功率等，并可根据定额确定。各项作业时间的总和，即为船舶通过船闸的时间。

要确定船闸的通过能力，除了应先计算出通过船闸的作业时间外，还应计算同向过闸的间隔时间。而同向过闸的间隔时间，与船舶通过船闸的方法有关。因此，还必须先决定船舶通过船闸的方法。

表 5-1　船舶过闸作业程序表

单向通过单室船闸	双向通过单室船闸
	1. 甲船驶进闸室
1. 船舶驶进闸室	2. 关闭闸门
2. 关闭闸门	3. 调整闸室水位
3. 调整闸室水位（通过输水管路）	4. 开放闸门
4. 开放闸门	5. 甲船驶离闸室
5. 船舶驶离闸室	6. 对驶乙船驶进闸室
6. 半闭闸门	7. 关闭闸门
7. 调整闸室水位	8. 调整闸室水位
8. 开放闸门	9. 开放闸门
	10. 乙船驶离闸室

最后根据确定的通过方法，并分配好各类船舶的过闸次数，确定出每闸通过的船吨数或平均船吨数以及负载率指标或平均负载率指标，即可按相应公式计算出以货吨表示的通过能力。

四、港口装卸工艺

1. 装卸工艺的内容

工艺是社会生产中改变劳动对象所采取的方法。港口装卸工艺是指港口装卸货物的方法。即按照一定的劳动组织形式，运用装卸机械及其配套工具等物质手段，遵照规定的技术标准和规范，按一定的操作过程，以合理和经济的原则完成货物在不同运输工具之间的换装作业的方法。其主要内容包括装卸作业的操作方法、作业技术标准和规范以及维护工艺纪律的生产组织程序。

装卸作业的操作方法，是对货物在具体的操作过程中所采用的作业手段。它包括货物的吊装方法、加固方法、拆码货组方法、水平搬运方法、堆装作业方法等，还包括机械、工具的运用以及每一作业环节的操作方法，如摘挂钩动作、指挥手势等。

作业技术标准和工艺是指装卸作业过程中的技术标准和规范。如货物的堆码标准、装车标准、码舱标准、机械运用规范、工具的使用标准、船舶的配载技术等等。这些标准和规范是保证装卸作业正常进行的工艺纪律。

港口生产组织包括船舶作业组织、火车作业组织、库场作业组织、驳船作业组织、车船直取换装作业组织等。为保证各作业环节之间的衔接和生产率的一致性，每一类型的生产组织都应编制出作业组织程序，确定出各作业环节的配工人数、配机台数、工具的种类和数量等。工艺过程的实现应按程序进行。

港口是交通运输的枢纽，设计港口装卸工艺的目的是经济合理的完成货物在不同运输工具之间的换装。货物在港口换装有两种形式：直接换装和间接换装。直接换装是指货物从一种运输工具直接换装到另一种运输工具；间接换装是指货物经过港口的仓库或堆场储存之后再换装至其他运输工具。换装是由一个或者一个以上操作过程实现的。一个操作过程是指车、船、库（场）之间，货物每经过其中两个环节所完成的一次位移。例如，船→船（海船、江船、驳船）、船→车（火车、汽车）、船→库（场）、车→库（场）。

在直接换装作业中，货物只经过一个操作过程；而在间接换装作业中，货物要经过两个以上的操作过程。一般来说，操作过程越多，港口为了完成货物换装所耗费的人力，物力越大，因此直接换装是最为简单的作业形式，在生产作业组织中应该尽可能地采用。但是车船直取作业时车船在港停时较长，因此应该采取何种作业方案，要根据具体情况确定。

2. 装卸工艺设计的基本原则

装卸工艺设计的任务是根据货类、运量、流向、船型、车型、使用要求以及自然条件，结合国内外技术水平，完成装卸工艺流程的设计、装卸机械化系统的技术经济论证和各生产环节通过能力的计算等项工作。其基本原则如下：

（1）装卸工艺设计应尽量满足加快车船周转、货物疏运、安全优质地完成装卸任务的要求，并结合具体情况进行多方案的技术、经济分析。

（2）各环节通过能力应根据船舶流、车流、货物流的密度和分布规律相互适应。

（3）装卸机械化系统应根据装卸工艺的要求选型，尽量减少机械设备的类型和规格。

（4）应尽量简化工艺流程，减少操作环节，提高机械化、自动化水平。

（5）应根据有关标准、规范的要求保证作业安全，保护工人健康，减轻劳动强度和改善劳动条件。

3. 主要货种的装卸工艺

（1）件货装卸工艺

件货又叫杂货，指有包装和无包装成件运输的一类货物。由于件货种类多、包装形式各异，而且在同一泊位上既有进口又有出口。因此，要求装卸机械设备应具有通用性并能适应货流的双向性。

件货装卸工艺方案通常采用门座起重机或船舶吊杆—流动机械工艺方案。即码头前沿采用门机或船舶吊杆进行船舶装卸作业，水平搬运和库场作业采用各种流动机械进行。

港口使用的流动机械主要有：叉式装卸车、蓄电池搬运车、牵引车挂车、汽车和流动起重机等。叉式装卸车既可作短距离水平运输，又可作拆码垛和装卸卡车、铁路平板车的机械。对于较长距离的码头水平搬运作业，通常采用牵引车挂车。特长距离的搬运可采用汽车。码拆垛和装卸车辆可采用各式流动起重机。流动起重机和叉式装卸车比较，有货堆堆得高，单位面积堆存量大以及能装卸敞车等优点。但使用流动起重机通常需要与其他水平运输机械配合作业．距离在100～200m内时，不如采用叉式装卸车方便。

（2）集装箱码头装卸工艺

现代化集装箱专用码头普遍采用集装箱装卸桥进行船舶作业。集装箱堆场使用的机械有跨运车、底盘车、叉式装卸车及有轨和无轨龙门起重机。集装箱装卸桥与堆场和水平运输作业机械可以组合成多种装卸工艺方案。

集装箱装卸桥——跨运车工艺方案，集装箱装卸船作业采用集装箱装卸桥。跨运车承担码头前沿与堆场之间的水平运输，以及堆场的堆码和进出场车辆的装卸作业。近年由于跨运车的制造技术水平大幅度提高，世界上集装箱专用泊位采用跨运车方案的数量最多。

集装箱装卸桥——轮胎龙门起重机工艺方案，集装箱装卸船作业采用集装箱装卸桥。轮胎龙门起重机承担码头堆场的装卸和堆码作业。从码头前沿至堆场、堆场内的水平运输由牵引车和底盘车完成。我国绝大多数的集装箱专用泊位采用此工艺方案。

（3）干散货装卸工艺

干散货是指不加包装而呈松散颗粒状态运输、装卸和保管的货物。在水上运输中，主要有铁矿石、煤炭、粮谷等大宗干散货，以及化肥、食糖、水泥等小宗干散货。散货具有黏性、固结性、自流性、吸湿性、腐蚀性等性质。散货这些特性对装卸工艺、运输和保管都提出了不同的要求。因此，很多港口设有专门的码头泊位进行散货的装卸作业。散货的装船工艺和卸船工艺是不同的，它们采用不同的装卸机械设备。散货装船比散货卸船效率要高得多。散货码头上的装船机，无论采取哪一种形式，它的核心部分用的都是皮带输送机。散货卸船作业，常采用的机械有：船吊或普通门机抓斗、带斗门机抓斗、装卸桥抓斗、连续卸船机（如链斗卸船机、螺旋卸船机、斗轮卸船机）和吸粮机等。

散货堆场作业根据散货保存在露天场地或专用仓库，而采用不同的作业方式。散货露天堆场一般采用地面堆、取料机作业系统进行堆场进、出料作业。专用仓库通常设计成高架式。可用皮带运输机向仓库内装货，装车作业时货物通过漏斗从仓库中靠重力自行流到车箱里。卸车作业通常采用链斗卸车机、螺旋卸车系统、翻车机系统及自卸车方式进行。

（4）石油装卸工艺

石油具有易燃烧、易爆炸、易挥发和易生静电等特性。在石油专用码头，不同油品的油舒别贮存在不同的油罐内。石油的装卸设备主要包括输油泵、输油管、输油软管或输油臂及附加设备。输油泵，多采用离心泵。装卸黏度较大油品时，也可用往复泵。输油管是联系泵房、油罐、油码头及铁路装卸车台的主要设备。为了使黏度大的油品在输送过程中不冷凝和降温不要过大，油管需采用伴热和保温措施。伴热保温有蒸汽管伴热或电加热。

油船的装卸通常是用橡胶管或输油臂将船上与岸上的管路接通。装卸时，一般可同时接通3～5根输油管线。卸货时由船上自有的货油泵向岸上排油；装船时，一般由岸泵向船上注油。有条件的地方，装船常常采用自流方式。例如，我国原油出口码头秦皇岛港和大连港，油罐区设在距海平面几十米高的山坡上，可以保持较高的自流装油速度。

五、港口通过能力

1. 港口通过能力的概念

港口通过能力是港口企业的生产能力。它是在外部环境条件为一定时港口各项生产要素和经营管理条件综合作用的结果。它分为理论通过能力、营运通过能力和后备通过能力。理论通过能力是港口最大的通过能力，它是指港口在一定时期（通常是一年）内，在港口设施为既定和劳动力为一定时，在一定的组织管理条件下，最大限度利用港口各生产要素所能装卸的一定结构的货物的自然吨数。它由营运通过能力和后备通过能力所组成。港口营运通过能力是港口的实际通过能力。它是港口编制年度生产计划和短期作业计划的基础。其定义是港口在一定时期（通常是一年）内，在港口设施和劳动力为既定时，在一定的组织管理条件下，港口各生产要素在得到合理利用时所能装卸的一定结构的货物吨数。它与理论通过能力的区别在于生产要素的利用程度不同。后备通过能力则是应付运输工具或货物密集到港时的那部分生产能力，在非高峰时则以闲置状态存在着。

2. 影响港口通过能力的主要因素

港口通过能力通常是指货类结构一定时的通过能力。在港口生产要素为一定的前提下，不同时期通过能力的变化，此变化主要是货类结构的变化所引起的。货类对通过能力的影响主要表现为货物种类、批量、单件重量、运输的形式（如散装、包装等）以及货物在流向和时间上的分布特征等。

港口设施和设备是港口企业进行生产活动的物质基础。它们的数量和规模、性能和技术状态是影响港口通过能力的主要因素。进港航道的水深、宽度、曲率半径及其可利用的潮位将限制进港船舶的最大尺度和来港船舶的艘数；锚地的规模、水深、掩护程度及其距港池或装卸泊位的距离决定着港口水上过驳能力、船舶让档时间以及内河港口对船队的编解能力。泊位的数量、结构、水深及其装备情况，包括岸壁机械的数量、技术性能和技术状态都决定着泊位的通过能力；仓库和堆场的面积及其布置，仓库的结构特征，进出库场的方便程度和库场使用的机械，不仅决定着库场的能力，而且决定着装卸效率，它们是影响港口通过能力的主要因素；其他辅助设施和设备，如供电能力，港内运输能力，装卸机械的维修能力，港内导航设备等都会影响到主要设施和设备能力的充分发挥。

港口的总体布置对通过能力的影响主要表现在码头的布置，码头前沿、堆场和仓库的相对位置；水域、路域面积是否满足需要；港内外交通的方便程度。此外，有水中转的港区，船舶之间的换装是否方便等，也会影响通过能力。

装卸工人和机械司机的技术水平、数量和积极性的发挥程度通过设备在时间上的利用程度以及装卸效率的高低体现出来。此外，装卸工人与司机的劳动组织形式，如轮班制度及工组的组成等，对港口通过能力也有影响。

港口的自然条件，如风、雨、雪、雾、气温、水深，都会对港口通过能力产生影响。如有些货种雨天不能装卸；遇有大雾船舶不能进出港，使港口无法作业等。

此外，港口的经营管理水平以及港口系统和外部环境之间的协调发展程度等，对港口通过能力也起着重大的作用。

3. 港口通过能力的计算

港口综合通过能力在一般情况下是指能力最小环节的能力，由于港口各环节的功能不同，计算单位也不一样，在计算港口通过能力时，首先要分别计算各环节的能力，如泊位装卸能力、库场堆存能力、铁路线装卸能力、工人装卸能力和机械装卸能力等，然后再把它们化为自然吨进行平衡，从而确定港口综合通过能力。

第六章 航空运输系统

第一节 航空运输系统的发展及其特性

一、航空运输系统的发展过程

航空运输是指使用航空器运送人员、行李、货物和邮件的一种运输方式。

航空运输的历史可以追溯到19世纪70年代。1871年普法战争中，法国人用气球把法国政府官员和物资、邮件等运送出被普军围困的巴黎。使用飞机的航空运输则始于1918年5月5日在纽约——华盛顿——芝加哥间，同年6月8日在伦敦——巴黎间的定期邮政航班飞行。第一次世界大战结束后，就有更多的欧美国家开始使用飞机运送人员和邮件。在飞机作为运输工具面世的同时，飞艇运输也有了一定程度的发展。德国的"齐伯林伯爵"号飞艇在20~30年代曾多次载客横渡大西洋，1929年实现载客环球飞行。1937年5月，德国"兴登堡"号大型飞艇在飞行中因气囊起火，烧死旅客多人，至此，飞艇才停止了运输飞行。随着航空工业的发展，专门用于运输的飞机相继出现。30年代初期，美国生产的运输机得到较为广泛的应用。在一些国家和地区已初步形成了航线网。同时，工业发达国家开始研制多台发动机的大型单翼全金属结构的运输机，进行远程、越洋飞行的尝试。

第二次世界大战中，喷气技术开始在航空领域应用，远程轰炸机和军用运输机在战争中得到很大发展。大战结束后，战争中发展起来的航空技术转入民用，定期航线网在全世界逐步展开。20世纪50年代初，大型民用运输机陆续问世。20世纪60年代，航空运输进入现代化的世界航空运输时代。

目前，世界航空运输业已发展成为一个规模庞大的行业。以世界各国主要都市为起讫点的世界航线网已遍及各大洲。

我国筹办民用航空运输始于1918年3月，当时北洋政府交通部成立筹办航空事宜处，1919年2月在国务院下又开设航空事务处，1921年两处合并，改组为航空署，掌管全国航空事务。1920年4月24日筹办航空事宜处组织了北京——上海航线的北京——天津段试航，载运了邮件和报纸；同年5月8日正式开航，载运了旅客和邮件，这是我国最早的民航飞行。

我国的航空运输事业在中华人民共和国成立以前的30余年里发展缓慢。在1929~1949年的20年时间里，航空运输的总周转量只有2亿km。中华人民共和国成立以后，航空运输事业得到较快的发展。目前，我国民航已拥有大、中、小各种类型的飞机配套的机群。

二、航空运输设备体系

航空运输设备体系包括飞机、机场、空中交通管理系统和飞行航线四个部分。这四个部分有机地结合，在空中交通管理系统的协调控制和管理下，分工协作，共同完成航空运输的各项业务活动。

飞机是航空运输的主要运载工具。按运输类型的不同，民用飞机可分为运送旅客和货物的各种运输机和为工农业生产作业飞行、抢险救灾、教学训练等服务的通用航空飞机两大类。按其最大起飞重量，民用机可分为大型、中型、小型飞机。按航程远近，可分为远程、中程、短程飞机。

机场是提供飞机起飞、着陆、停驻、维护、补充给养及组织飞行保障活动的场所，也是旅客和货物的起点、终点或中转点。机场由供飞机使用的部分（包括飞机用于起飞降落的飞行区和用于地面服务的航站区）和供旅客、接用货物使用的部分（包括办理手续和上下飞机的航站楼地面交通设施及各种附属设施）组成。

空中交通管理系统是为了保证航空器飞行安全及提高空域和机场飞行区的利用效率而设置的各种助航设备和空中交通管制机构及规则。助航设备分仪表助航设备和目视助航设备。仪表助航设备是指用于航路、进近、机场的管制飞行，包括通信、导航、监视（雷达）等装置。目视助航设备是指用于引导飞机降落、滑行的装置，包括灯光、信号、标志等。空中交通管制机构通常按区域、进近、塔台设置。空中交通管制规则包括飞行高度层配备，垂直间隔、水平间隔（侧向、纵向）的控制等。管制方式分程序管制和雷达管制。

飞行航线是航空运输的线路，是由空管部门设定飞机从一个机场飞抵另一个机场的通道。飞行航线分航路、固定航线、非固定航线。航路是用于国与国之间、跨省市航空运输的飞行航线，规定其宽度为 20 km。固定航线是用于省市之间和省内定期航班飞行，尚未建立航路的飞行航线。非固定航线是用于临时性的航空运输或通用航空飞行，在航路和固定航线以外的飞机航线。

航空运输体系除了上述四个基本组成部分外，还有商务运行、机务维护、航材供应、油料供应、地面辅助及保障系统等。

三、航空运输的特点

航空运输之所以能在短短半个多世纪内得到快速的发展，是与其自身所具有的特征分不开的。航空运输的特征主要表现在以下几个方面：

（1）速度快。这是航空运输的最大特点和优势，现代喷气式客机，巡航速度为 800～900km/h，比汽车、火车快 5～10 倍，比轮船快 20～30 倍，而且距离越长，航空运输所能节约的时间越多，快速的特点也越显著。

（2）不受地形限制，机动性大。飞机在空中飞行，受陆地高山等因素的限制很少，受航线条件限制的程度也远比汽车运输、铁路运输和水运小得多。它可以将地面上任何距离的两个地方连接起来，可以定期或不定期飞行。尤其对灾区的救援、供应、边远地区的急救等紧急任务，航空运输已成为必不可少的手段。

（3）舒适、安全。喷气式客机的巡航高度在 10 000m 左右，飞行不受低空气流的影响，平稳舒适。现代民航客机的客舱宽敞，噪声小，机内有供膳、视听等设施，旅客乘坐的舒适程度较高。由于科学技术的进步和民航客机适航性严格的要求，航空运输的安全性比以往已大大地提高。

（4）适用范围广泛，用途广。飞机，尤其是直升机，不但可供客货运输，而且还可以用于邮政、农业、渔业、林业、救济、工程、警务、气象、旅游观光和军事。因此，航空运输用途十分广泛。

（5）基本建设周期短、投资少。要发展航空运输，从设备条件上讲，只要添置飞机和修建机场就可基本满足。这与修建铁路和公路相比，一般说来建设周期短、占地少、投资省、收效快。据计算，在相距1 000km的两个城市间建立交通线，若载客能力相同，修建铁路的投资是开辟航线的1.6倍。铁路修建周期为5~7年，而开辟航线只需2年。

（6）航空运输的国际性。航空事业属于环球多国籍的运输企业，且具有跨国服务的特性，故需考虑提供国际化服务与合作关系。例如，天空开放和代码共享的出现。

（7）航空运输由于受飞机机舱容积和载重量都比较小的制约，运载成本和运价比地面运输高。受飞行气象条件的限制，常影响飞机的航期和安全，且噪声污染也比较严重。

由于航空运输具有快速、机动的特点，可以为旅客节省大量时间，为货主加速资金周转。因此，在客运和进出口贸易中，尤其是在贵重物品、精密仪器、鲜活物资等运输方面，起着越来越大的作用。

第二节　飞机特性

一、民用飞机的组成

民用飞机主要由机身、机翼、尾翼、起落架、发动机等部分组成。机身是飞机的主体，其他各个组成部分都直接安装在机身上，机身前部布置有驾驶舱和操纵系统。机身还是承载的容器，客机的机身内有客舱、行李舱和服务舱，货机则安排有货舱。机翼是使飞机产生升力并在空中保持稳定性的主要部分。机翼上有襟翼、副翼等操纵面。大多数机型都把主要的燃油箱安置在机翼里面。尾翼通常由垂直尾翼和水平尾翼组成。垂直尾翼上安装方向舵，水平尾翼上安装升降舵，两者均为飞机的重要操纵面。起落架是飞机起飞离地前、着陆后滑跑和地面滑行时使用的机轮组及其支架的总称。多数飞机的起落架在飞机升空后可以收入机身，以减小飞行阻力。在雪地或水上起降的飞机起落架，可以用橇板或浮筒代替轮子。发动机是飞机的动力装置如图6-1所示。

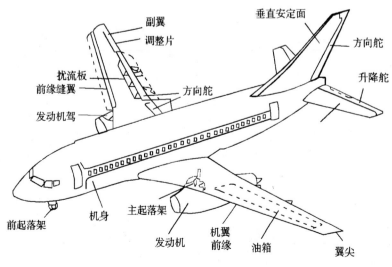

图6-1　飞机示意图

飞机的尺寸大小，主要是翼展（横向最宽）和机身（纵向最长）的长度，直接影响到对停机坪大小的需求，而停机坪的大小又对航站布置有极大影响。另外，翼展和机身长度还决定了跑道和滑行道的宽度，以及这些交通道之间的距离。

飞机的重量是确定跑道长度，以及道面结构与厚度的一个重要因素。由于飞机是以相当大的速度造成与空气间的相对运动而产生空气动力以支托它在空中飞行的，因此，为了确保飞行的安全和起飞、着陆安全，应了解飞机的重量组成，并在每次飞行前严格根据当时当地的具体条件控制其装载重量。

飞机的基本重量是指除燃油和业务载重以外，包括空勤人员和所有准备飞行所必需的全套装备的飞机重量。飞机的最大起飞重量是指该机型根据结构强度、发动机功率、刹车效能限制等因素而确定的飞机在起飞线加大马力滑跑时全部重量的最大限额。飞机在滑行时全部重量的最大限额称为飞机的最大滑行重量，大于最大起飞重量，多出滑行用油重量。飞机在着陆时，其起落装置与机体结构所能承受的冲击荷载决定的飞机重量的最大限额，叫做飞机的最大着陆重量。飞机的最大业务载重量，是指有收益的包括旅客、行李、货物和邮件在内的全部载重的最大限额。

二、民用飞机的主要性能

1. 速度性能

飞机优于其他运输工具的主要特征之一是速度快。标志飞机速度性能的指标是飞机的最大平飞速度。当飞机的飞行速度增大时，飞机的阻力就增大，克服阻力需要的发动机推力也相应增大。当飞机作水平直线飞行，飞机的阻力与发动机的最大可用推力相等时，飞机能达到的最大飞行速度称为飞机的最大平飞速度。由于飞机的阻力和发动机的推力都与高度有关，所以飞机的最大平飞速度在不同的高度上是不相同的。通常在 11km 左右的高度上，飞机能获得最大的平飞速度。显然，飞机不能长时间地以最大平飞速度飞行，这一方面会损坏发动机，另一方面消耗的燃油也太多。所以，对民用运输机这类需作长途飞行的飞机而言，更注重的是巡航速度。所谓巡航速度是指发动机每公里消耗燃油最少情况下的飞行速度。也就是说，飞机以巡航速度飞行时，最为经济，航程最远或航时最长。

2. 爬升性能

民用飞机的主要爬升性能是指飞机的最大爬升速率和升限。飞机的爬升受到高度的限制，因为高度越高，发动机的推力就越小。当飞机达到某一高度，发动机的推力只能克服平飞阻力时，飞机不能再继续爬升了，这一高度称为飞机的理论升限。通常使用的是实用升限是指飞机还能以 0.5m/s 的垂直速度爬升时的飞行高度，也称之为飞机的静升限。

3. 续航性能

民用飞机的续航性能主要是指航程和续航时间（航时）。航程指飞机起飞后，爬升到平飞高度平飞，再由平飞高度下降落地，且中途不加燃油和润滑油，所获得的水平距离的总和。飞机的航程不仅取决于飞机的载油量和飞机单位飞行距离耗油量，而且是业务载重量的函数。飞机在最大载油量和飞机单位飞行距离耗油量最小的情况下飞行所获得的航程就是飞机的最大航程。续航时间是指飞机一次加油，在空中所能持续飞行的时间，增加续航时间的措施同增加航程的措施相类似。

4. 起降性能

飞机的起降性能包括飞机起飞离地速度和起飞滑跑距离、飞机着陆速度和着陆滑跑距离。飞机的起飞和着陆过程如图6-2所示。

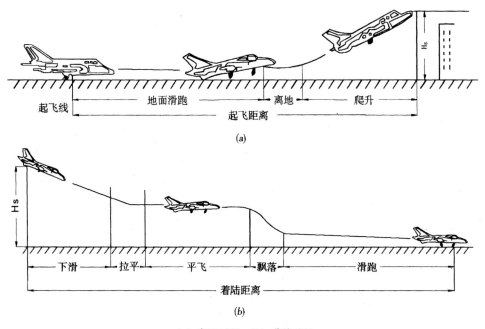

(a) 起飞过程；(b) 着陆过程

图6-2 飞机的起飞与着陆过程

在地面滑跑的飞机，当其前进速度所产生的升力略大于飞机的起飞重量时，飞机就能够离陆。但在正常起飞时，为了保证安全，离地速度要稍大于最小平飞速度（飞机能够保持平飞的最小速度）。离陆距离也称起飞距离，由起飞滑跑距离和起飞爬升距离组成。飞机从松开刹车沿跑道向前滑跑至机轮离开地面所经过的距离称为起飞滑跑距离。从机轮离开地面到升高至规定的安全高度，飞机沿地平线所经过的距离称为起飞爬升距离。飞机的离陆距离希望尽可能地短，这样可以在较短的跑道上起飞。飞机发动机的推力越大，最小平飞速度越小，其离陆距离也就越短。

飞机的着陆过程，也希望着陆的速度尽可能地小。着陆过程的速度，分着陆进场速度和着陆接地速度。着陆进场速度是指飞机下滑至安全高度进入着陆区时的速度，着陆接地速度有时也简称为着陆速度。着陆距离可分成着陆下滑距离和着陆滑跑距离。着陆滑跑距离取决于飞机的着陆接地速度和落地后的减速性能。现代民用飞机除了在机轮上安装刹车外，通常还采用减速板、反推力装置等来缩短着陆滑跑距离。

三、民用飞机的适航管理

1. 适航性

航空器在进行运输及其他航空作业时，须适应各种气象、地形、距离、载荷、飞行高度、空中交通规则程序等各方面的要求，才能安全、及时和经济地运送旅客、货邮或完成其他飞行作业。为了保障安全，航空器首先要具备相应的适航性能。适航性（或称适航）是指航空器（包括其部件和子系统、整体性能和操纵特性）在预期的运行环境中和在经申明并被核准的使用限制下运行时，应具备的安全性和物理完整性品质，这种品质使航空器始终处于符合其型号设计及安全运行的状态。

为了保障航空器的适航性，世界各国民航当局对航空器的设计、生产、使用和维修等制定了适航标准。适航标准是一类特殊的技术性标准，是为保证实现民用航空器的适航性而制定的最低安全标准，是政府管理部门或授权管理部门在民用航空实践，尤其是空难事故调查结果的基础上，为对航空器的安全性进行有效控制而制定的法规性文件，是国家民用航空法规的重要组成部分。

2. 适航管理

航空器的适航性工作称为适航管理。民用航空器的适航管理是以保证民用航空器的安全性为目标的技术管理，是政府适航部门在制定了各种最低安全标准的基础上，对民用航空器的设计、制造、使用和维护等环节进行科学、统一的审查、鉴定、监督和管理。适航管理工作主要包括：

（1）制定各类适航规章、标准、程序、指令、通告和审定监督规则。

（2）民用航空器的型号合格审定，颁发型号合格证书。

（3）对航空器、发动机螺旋桨的制造进行生产许可审定，颁发生产许可证；对其他民用航空产品进行设计和生产审定，颁发制造人批准书或技术标准规定项目批准书。

（4）对已取得国籍登记证的航空器进行适航检查、鉴定并发给适航证，没有适航证的飞行是违法的。

（5）对维修企业进行审定，发给维修许可证，该维修企业要根据批准的维修大纲制定维修方案，对维修人员进行考核，发给执照。

（6）掌握民用航空器的持续适航情况，颁发适航指令。

（7）对安全问题和事故进行调查，对违章和不符合适航标准的情况采取措施。

上述适航管理内容，一般可分为初始适航管理和持续适航管理两部分。初始适航管理是对航空器设计、制造阶段所赋予的适航性实施的控制，即在航空器交付使用之前，依据有关适航标准和规范对航空器所进行的审定、批准和监督工作，包括型号合格审定和生产许可审定及其相应的监督工作。持续适航管理是对航空器在使用、维护阶段所保持的适航性实施的控制，即在航空器通过初始适航审定，并获得适航证投入运行之后，为保证航空器保持其设计、制造所赋予的安全性和物理完整性所进行的各项审定、批准和监督工作，包括维修单位的合格审定、维修人员的资格评审和航空器适航性的监督等3个方面。

第三节　航空港

一、航空港的组成

航空港是航空运输用飞机场及其服务设施的总称。飞机场简称机场，是用于飞机起飞、着陆、滑行、停放、维修等活动的场地，其中有为飞行服务的各种建设物和设施。在航空港内，除飞机场外，还有为客、货运输服务的设施，如候机楼、货运站等。航空港和飞机场是两个含义不同的概念，但在民用航空中往往混用，例如，北京的国际航空港习惯上称北京首都机场。

航空港一般由飞行区、客货运输服务区和机场维修区3个部分组成。

1. 飞行区

飞行区是航空港的主要区域，占地面积最大。飞行区域有跑道、滑行道和停机坪，以及各种保障飞行安全的设施，无线电通信导航系统、目视助航设施等。航空港内供飞机起降用的跑道，根据飞行量和风向风力条件，可以设一条或多条。一般在好天气条件下，以目视飞行时，一条跑道每小时可以起降飞机 45～60 架次；在坏天气条件下，以仪表飞行时，每小时可起降 20～40 架次。为保证飞机安全起飞和着陆，在飞行区上空划定净空区，即在机场及其邻近地区上空，根据在本机场起降飞机的性能，规定若干障碍物限制，不允许地面物体超越限制面的高度。这些限制面以上的空域称为净空区。净空区的规定可以随飞机的发展而改变。

2. 客货运输服务区

客货运输服务区是旅客、货物、邮件运输服务设施所在区域。区内设施包括客机坪、候机楼、停车场等，其主要建筑是候机楼。区内还配备有旅馆、银行、公共汽车站、进出港道路系统等。货运量较大的航空港还设有专门的货运站。在客机坪附近设有管线加油系统，其特点是使用高压油泵，在 30min 内向飞机加注的燃油有时高达几十吨。

3. 机务维修区

机务维修区是维修厂、维修机库、维修机坪等设施的所在区域，区内还有为保证航空港正常工作所必需的各项设施，如供水、供电、供热、供冷、下水等各种公用设施以及消防队、急救站、自动电话站、储油库、铁路专用线等。

整个航空港的布局以跑道位置的安排为基础，见图 6-3。根据跑道位置布置滑行道、客机坪、货坪、维修机坪以及其他飞机活动场所。客货运输服务区的位置通常位于连接城市交通网并紧邻飞行区的地方。

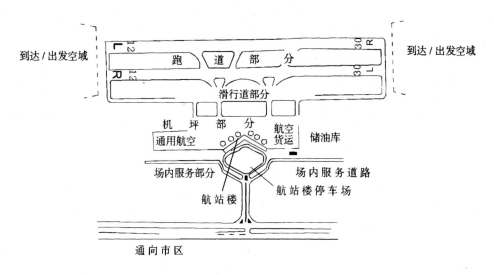

图 6-3 机场平面示意图

二、机场的分类

民航运输网络由机场、航路和机队构成。机场是民航运输网络中的节点，是航空运输的起点、终点和经停点。机场是实现运输方式的转换，是空中运输和地面运输的转接点，因此也可把机场称为航空站。

（1）按航线性质划分，可分为国际航线机场（国际机场）和国内航线机场。

国际机场有国际航班进出，并设有海关、边防检查（移民检查）、卫生检疫和动植物检疫等政府联检机构。国内航线机场是专供国内航班使用的机场。我国的国内航线机场包括"地区航线机场"。地区航线机场是指我国内地城市与港、澳等地区之间定期或不定期航班飞行使用的机场，并设有相应的类似国际机场的联检机构。

（2）按机场在民航运输网络系统中所起作用划分，可分为枢纽机场、干线机场和支线机场。

国内、国际航线密集的机场称为枢纽机场。在我国内地，枢纽机场仅北京、上海、广州三大机场；干线机场是指各直辖市、省会、自治区首府以及一些重要城市或旅游城市（如大连、厦门、桂林和深圳等）的机场，共有30多个。干线机场连接枢纽机场，空运量较为集中。而支线机场则空运量较少，航线多为本省区内航线或邻近省区支线。

（3）按机场所在城市的性质、地位划分，可分为Ⅰ类机场、Ⅱ类机场、Ⅲ类机场和Ⅳ类机场。

（4）按旅客乘机目的划分，可分为始发/终程机场、经停（过境）机场和中转（转机）机场。

始发/终程机场中，始发和终程旅客占旅客的大多数，始发和终程的飞机或掉头回程架次比例很高。目前国内机场大多属于这类机场。

（5）按服务对象机场可分为军用机场、民用机场和军民合用机场。

三、跑道

1. 跑道的平面布置

跑道是供飞机起飞时加速和着陆时减速滑跑用的带状地面，是航空港的组成部分之一。运输机用的跑道大多设有铺筑面。为了保证飞机在接地过早、滑出跑道或中断起飞时的安全，跑道两侧设有道肩和侧安全道，跑道两端设端安全道。这些设施和跑道一起组成升降带。跑道的方位主要是根据当地风的恒风向和附近障碍物的位置确定的。跑道平面布置如图6-4所示。

图6-4 跑道平面布置图

2. 跑道的分类

跑道按道面结构可分为土质的、草皮的和人工铺筑的。土质道面的跑道和草皮道面的跑道多供农用飞机季节性临时性使用或班次较少的地方航线的小型飞机使用。

性质分为柔性道面和刚性道面两种。柔性道面多指沥青胶结粒料道面；刚性道面是指混凝土或钢筋混凝土道面。

根据机场是否拥有仪表着陆系统，跑道可分为仪表跑道和非仪表跑道。仪表跑道按设备的精密程度又可分为非精密近跑道和一类、二类、三类精密近跑道。其中，三类精密近跑道又按精密程度分为A、B、C三种。

3. 跑道的技术要求

跑道要有一定的长度、宽度、坡度、平坦度，以及结构强度和摩擦力等。

（1）长度。跑道长度根据机场起降的主要机型在标准大气条件下（即大气压力为760mm 水银柱，气温为 15℃，无风）的技术性能，以及当地的标高、地形坡度、气温和风等因素确定。例如，在标准大气条件下，"运五"飞机使用跑道的长度只需 600m，，而波音 707 型客机则需 3 200m 左右。在高原和高温情况下，因空气稀薄须增加跑道长度。上坡有利于缩短着陆滑跑长度，下坡有利于缩短起飞滑跑长度。具有高摩擦力的平坦道面有利于缩短起飞和着陆滑跑的长度。侧安全道的长度等于跑道长度。端安全道的长度，一、二级机场为 200m，三级机场为 150m，四级机场为 50m。

（2）宽度。宽度是根据飞机起降时约有大部分的轮迹都集中在以跑道中心线为中心的 25 ~ 30m 范围内这一事实确定的。从 20 世纪 60 年代起，多数国家的跑道都规定为 45m 宽，连同道肩共 60m。

（3）坡度。为便于排水和减少修建的工程量，对跑道的坡度规定有各种限制。例如，对跑道的不同部分有最大纵坡和变坡的限制，有最大和最小横坡的限制等。基本原则是跑道的坡度变化越小和变化次数越少越好。但是，要考虑修建工程的经济合理性。以我国的现行规定为例，对一级机场的纵坡限制是跑道两端各长 1/4 的部分不大于 0.005，其他部分不大于 0.010，而坡度变化不大于 0.010；横坡限制是不大于 0.015，不小于 0.008。

（4）平坦度。跑道平坦度的标准是用长 3m 的直尺放在道面的任何地方检查时，直尺底边的任何地方与道面表面之间没有大于 3mm 的间隙。平坦度不良，不仅使旅客不舒适，而且会导致飞机起落架和其他部分的结构损坏，甚至发生事故。

（5）结构强度。道面结构强度与飞机全重、起落架及轮子布局、胎压和运行频率有关，道面每个点所承受的载荷和重复次数各不相同，因此跑道各部位道面的厚度也不相同。从纵向看，跑道两端承受飞机的静载荷和低速滑行时的重量，而跑道中部，飞机滑行到此时已有一定速度，产生一定的空气浮力，道面的载荷就减少了。因此，跑道两端比中间厚。从横向看，跑道两侧比中间 25 ~ 30m 范围内的道面薄。

（6）摩擦力。跑道表面要具有一定的粗糙度，保证机轮与道面之间产生一定的摩擦力，以防止在跑道潮湿、积水时发生机轮打滑、失控，造成事故。保证道面具有适当摩擦力的关键是选材合适，施工方法得当。跑道使用一段时间后，如道面变得过于光滑，则可以在跑道上刻槽、加铺多孔磨阻层或颗粒封层。

四、候机楼

1. 候机楼的基本功能

候机楼是为航空旅客提供地面服务的主要建筑物，又称航站楼，通常根据跑道和通往城市公路的布局而设置在航空港内比较适中的地点。其基本功能是保证出发、到达和中转的旅客能迅速而有秩序地登上飞机或离开机场，同时为旅客或迎送亲友的客人提供候机和休息等场所。

2. 候机楼的设施

早期航空运输企业在机场只建有一些简易房屋接待航空旅客。20 世纪 50 年代以来，航空旅客激增，客运业务繁忙的航空港陆续修建了规模宏伟、设备复杂、多功能的现代化候机楼，其主要设施有旅客服务设施、生活保证设施、行李处理设备和行政办公用房等。

旅客服务设施有：航空公司售票、问讯柜台，登记客票、交运行李服务柜台，安全检查、出入境管理、海关检查、卫生检疫等柜台，有线广播设备，进出港航班动态显示装置和旅客登机设施（如登机口、旅客集中休息厅、登机桥、自动客梯、升降登机车、可移动的旅客休息室）等。此外，还有为迎送旅客者使用的迎送厅、瞭望平台等设施。生活保证设施主要有：旅客休息室、游乐室、餐厅、酒吧间、食品饮料自动出售设备，以及其他公共设施，如银行、邮局、书报摊、售品部和旅馆及出租汽车预订柜台等。行李处理设备有：行李分拣装置、行李车、传送带、行李提取柜台等。行政办公用房、航空公司业务用房等，根据业务需要设置，对旅客不开放。

3. 候机楼的布局和登机口布置方式

大型航空港起降飞机多，旅客吞吐量大，业务十分繁忙。例如，美国芝加哥奥黑尔航空港，客流高峰季节，每天进出港飞机达 2 000 架次以上，过往旅客十余万人。在交通流量大的情况下，为适应旅客的特点并满足他们的使用要求，候机楼各种设施的配置必须合理。同时，要设计科学的旅客流程图，使各类旅客在楼内的活动互不干扰。

多数候机楼对进出港旅客采取立体隔离的办法，即将进出港旅客的行动路线分别安排在两个楼层内；对国际和国内旅客，则采取平面隔离的办法，即在同一层楼内，分别设置国际旅客和国内旅客的或活动场所。

候机楼按登机口布置方式不同，可分为前列式、廊道式、卫星式和综合式四种。前列式候机楼是沿候机楼前沿布置登机口和机位。廊道式候机楼是由候机楼的主楼朝停机坪的方向伸出一条或几条廊道，沿廊道的两侧布置机位，正对每一机位设登机口。芝加哥奥黑尔、伦敦希思罗、东京羽田等航空港的候机楼即属此种形式。卫星式候机楼是在主楼之外建一些登机厅，用廊道与主楼连通。登机厅周围布置机位，设相应的登机口。北京首都机场候机楼即采用此种形式。综合式候机楼是采用上述三种或其中两种形式而建造的候机楼。巴黎奥利航空港南候机楼即属此种形式。

候机楼按其建筑物的布局可分为集中式和分散式两类。集中式候机楼是候机楼为一完整单元的建筑物，前列式、廊道式、卫星式、综合式候机楼均属此类。分散式候机楼是每个登机口成为一个小的建筑单元，供一架飞机停靠，旅客乘汽车可以直接到达飞机门前，建筑单元排列成一直线或弧线，组成候机楼整体。

旅客登机方式与候机楼的形式有密切关系。集中式候机楼多采用登机桥；分散式候机楼一般采用登机车和登机梯。登机车往返于候机楼和飞机之间接送旅客上、下飞机，有普通式和升降式两种。升降式登机车可以升到与飞机舱门相同的高度。登机梯有机上自备客梯和地面客梯两种，一般多在规模小的航空港使用。

五、机场其他设施

1. 滑行道

滑行道的主要功能是提供从跑道到航站区的通道，使已着陆的飞机迅速离开跑道，不与起飞滑跑的飞机相干扰，并尽量避免延误随即到来的飞机着陆。同时，滑行道也提供了飞机由航站区进入跑道的通道，且将性质不同的航站各功能分区连接起来。

2. 机场净空

机场能否安全有效地运行，与场地内外的地形和人工构筑物密切相关。飞机在机场起飞降落必须按规定的起落航线飞行。这样，就必须对机场附近沿起降航线一定范围内的空域提出要求，即净空要求。这个空域称为机场净空区。在该空域内，不应有高障碍物和干扰导航信息的电磁环境。

3. 停机坪

停机坪包括站坪、维修机坪、隔离机坪、等候机位机坪、等待起飞机坪等。停机坪上设有机位（供飞机停放的划定位置）。航站楼空侧所设停机坪称作站坪，可供飞机滑行、停驻机位和上下旅客及加油。

4. 目视助航设施

目视助航设施是指在机场及其附近地区为给驾驶员操纵飞机起飞、着陆和滑行提供目视引导信号而设置的设施，主要包括助航灯光、标志和标志物。

助航灯通常由机场灯标、近进灯、目视下滑角度指示、着陆区灯、跑道灯、滑行道灯和障碍灯几部分组成。机场灯标是安装在机场区域内的一具强闪光灯标，用以标志机场位置。在一个地区机场较多时，还设有识别灯标，它以闪光的方式播发标志机场代号的莫尔斯电码；进近灯光系统分为简易的、Ⅰ等、Ⅱ等、Ⅲ等的四类，设在跑道中线延长线上，供驾驶员在进行目测着陆时对准跑道方向，调整飞机的姿态和判断到跑道入口的距离等；目视下滑角度指示系统用于帮助驾驶员检查和修正飞机的下滑角度，国际上认可的有"T"式和2排、3排式等布置形式，利用在垂直方向上扩散角非常狭窄、光强和颜色突变的光束的组合来提供信息；着陆区灯装在跑道着陆端的900m范围内，标志接地地带；跑道灯光系统用为标志跑道的入口、中线、边线和末端；滑行道灯光系统包括滑行道边灯和中线灯；障碍灯装在机场及其附近地区对飞行安全可能构成威胁的人工或天然障碍物上。

标志是指在跑道和飞机活动地区道面上标出的鲜明的白色或黄色线条、字码和符号，包括跑道号码标志、跑道中线标志、跑道边线标志、入口标志、接地地带标志、定距标志、滑行道中线标志、滑行等待位置标志和停机坪上各种引导线。机场及附近地区的障碍物也涂有醒目的标志。

标志物是利用不同形状和涂色以传达信息的设施，有照明和不照明的，有带文字符号和不带文字符号的，如风向标、着陆方向标、信号板、铺筑面不作为使用标志物、全向信标机场校准点标记牌、各种滑行引导标记牌等。

由于无线电导航设备性能日益提高，运输机驾驶员已有可能利用这种设备进行自动着陆。但是自动着陆所需的地面设备和机载设备造价昂贵，而现代化目视助航设施则造价低廉，并能保证绝大多数机场常年不至于能见度低而关闭。因此，目视助航设施将不会完全被电子设备所取代。

六、航空港的规划与选址

航空港是随着城市的发展而建立的，它的建设和发展，又促进了城市的建设和繁荣。但是，航空港也给城市发展带来一些环境问题，如飞机和机场噪声对城市的干扰，航油和排放的其他有害物质造成的环境污染，以及航空港扩建和城市发展在用地方面产生的矛盾等。另外，为了便于客、货运输，航空港距市区不宜过远，并应备有快速、方便的地面交通线。因此，在航空港的建设中，航空港选址问题是城市建设规划中的一个重大课题，必须通盘考虑，妥善安排。

1. 周围地区的发展类型

一般地说，航空港的活动，尤其从噪音的观点看，是不受航空港邻居欢迎的。因此，研究航空港邻近地区现在和将来对土地的使用情况，是很重要的。对于与航空港活动相容的场地应给予优先考虑。

应尽可能避免靠近住宅区和学校。从航空港的规模还没有怎么发展，就应考虑将航空港附近的土地分区控制使用，以免将来发生矛盾。航空运输对公众运输来说是必不可少的，但它仅是社会的一个组成部分。因此，它和社会其他组成部分一样受相同的原则和政策的规划管理，而且必须与其他组成部分的现状和发展计划协调一致。

凡有喷气式飞机运行的航空港，噪音是一个非常重要的因素，因为，社会上对噪音的不良反应极为强烈。为此，有关部门制定了一些规划，规定了飞机到达和离去的专门飞行模式，以减少噪音的影响。另外，飞机制造厂也在与飞机的使用经济性和安全性协调一致的前提下，千方百计地设法减少噪音的发生。

2. 大气条件

雾和烟的存在会降低能见度，从而降低航空港的交通容量。而在很少有风的地方，雾有停留的趋势。有无风，及风的大小，可能是由于周围地形所造成的。而烟雾的出现，一般是在大工业区的附近。

3. 进出航空港的交通情况

从旅客的起点到达航空港的交通时间是一个主要考虑的问题。在许多情况下，在地面花费的时间往往大大地超过空中花费的时间，而航空运输的进一步发展，必然使进出航空港的车辆增多，为此，应把与航空港的联系作为整个大城市快速交通的一部分，对通往航空港的道路和港区的停车场进行综合规划。

4. 扩建时取得土地的可能性

对于航空这样活跃的事业，必须预先获得或能在将来获得足够的土地，以备航空港扩建之用。从航空运输的发展史可知，随着飞机速度、机身尺寸和交通量的增大，必须加长跑道，扩建航站设施，并提供更多辅助设施。因此，必须有足够的土地来容纳这些新的设施。

5. 有关地区内的其他航空港的存在

当开辟新航空港，或在现有航空港增加跑道时，必须考虑有关地区内其他航空港的存在。航空港与航空港之间应相隔有足够距离，以防止一个航空港上作着陆操作的飞机干扰其他航空港上飞机的活动。航空港间的最小距离完全取决于交通量和交通类型，以及航空港是否有在能见度差的情况下飞机运行的装备。

在一个城市内如果存在几个航空港，可能会极大地影响它们各自的容量。若间距过近，在不良天气时，它们可能会因互相妨碍以致两个航空港的容量之和并不比一个航空港的容量大。

6. 周围障碍

所选择的位置应使航空港的最终发展所需的区域没有障碍，或即使有障碍也能予以清除。

7. 建造的经济性

显然，如果可供选择的一些港址都是同样适用的，那就应考虑建造起来比较经济的那个位置。

8. 获得供应和公用设施的可能性

一个航空港，特别是大型航空港，需要大量水、煤气、电力和飞机与地面车辆用的燃料。在选址时，必须考虑到提供这些供应的情况，这些供应中的大多数是靠卡车、火车、轮船或管道运送来港。必须考虑的另一因素是污水的处理，在不靠近污水管道时，可能还需建造污水处理场。至于电力，多数大型航空港应有自己的发电装置，以便在商业电源中断时应急使用。

9. 接近需要航空服务的地点

在选择新的航空港地址时，十分重要的是地面交通时间要尽可能缩短，以争取旅客和货主。

10. 航空港的大小

航空港必要的大小取决于：预期使用该航空港的飞机的性能和大小；预计的交通量；气象条件（风和温度）；港址的标高。

飞机的性能和大小直接影响跑道的长度。交通量及其性质对所需的跑道数目、滑行道的布置和停机坪的大小有影响。温度影响跑道的长度，温度愈高，跑道需要愈长。风向影响跑道的数目和布置。

第四节　航空运输的组织与管理

一、民用运输机飞行

1. 民用运输机飞行的意义及其类别

民用运输机飞行是指民用运输机执行运输任务的飞行，它包括自飞机起飞前开车至着陆后关车的全过程。民用运输机飞行按飞行区域分，可分为机场区域飞行和航线飞行；按领航和驾驶条件分，可分为目视飞行和仪表飞行。

机场区域飞行包括飞机起飞、上升、下降和着陆。起飞为飞机开车后在跑道上滑跑增速，以产生升力、克服重力，离开地面的过程；上升和下降分别为飞机起飞后向规定航线高度爬升和执行任务后脱离规定航线高度下降的过程；着陆为飞机下降后接地，在跑道上滑跑减速，直至停止、关车的过程。飞机的上升、下降飞行，通常都在机场的进近区域内进行。

航线飞行指飞机沿规定路线从一个机场到另一个机场的飞行，它通常又有沿航路飞行、沿地方航线飞行和沿临时航线飞行之分。航路飞行是沿划设有航路的航线飞行，主要用于国际航线以及国内的主要干线的航空运输；地方航线飞行是沿设有划设航路的小范围航线飞行，地方航线通常没有规定宽度，通信导航设施和气象保障不如航路完善，在我国，这类飞行主要用于省、自治区范围内，以及彼此相邻的省、自治区之间的航空运输；临时航线飞行是沿根据飞行任务临时确定的航线飞行。

目视飞行指在可见地平线和地标的条件下，能够目视判明飞机飞行状态方位的飞行。在《目视飞行规则》中，对各种不同速度的飞机，不同性质的空域，分别规定目视飞行的气象条件、最低安全高度、飞机之间（垂直、纵向、侧向）的安全间隔。国际通用的气象条件是：在管制空域内飞行时，能见度至少8km，距云的水平距离至少7.5km，垂直距离至少300m；在管制空域外，高出平均海平面900m或高出地面300m以上飞行时，与在管制空域内相同，在此高度以下飞行时，条件放宽到能见度至少15km，云下能看到地面。目视飞行时，机长对保持飞机之间的间隔和距地面障碍物的安全高度负责。

仪表飞行指按照航行驾驶仪表判断飞机飞行状态及其位置的飞行。在《仪表飞行规则》中，对不同的飞行区域和地形条件，分别规定最低安全高度；根据飞机飞行高度、速度和导航及管制设备的配备情况，分别规定飞机之间的安全间隔和距离。凡低于目视气象条件所规定的最低标准，即为仪表飞行的气象条件。仪表飞行时，航行管制员对飞机间的间隔、距离和高度层配备负责。国际民航组织和绝大多数国家规定，在低于目视气象条件下飞行、夜间飞行、高度6 000m以上飞行和作跨音速或超音速飞行时，不论天气情况如何，都必须按照《仪表飞行规则》执行。按照《仪表飞行规则》飞行，在一国领土和领海上空，通常都要实施飞行管制，提供空中交通管制服务。

2. 飞行的准备和实施

民用运输机飞行活动通常包括准备阶段和实施阶段。我国民航规定分飞行的预先准备、飞行的直接准备、飞行实施和飞行后讲评四个阶段。

飞行的预先准备通常于飞行前一日进行，遇有临时紧急任务，方可和直接准备阶段合并进行。预先准备的主要内容有：下达任务，配备空勤组，确定机型，选择航线，研究制定飞行、指挥方案，办理飞行申请。飞行的直接准备通常于飞机预计起飞前1h30min开始进行，其主要内容有：研究天气情况，进行领航计算，准备飞机，旅客登机，装载货物，检查设备，修订和补充各项工作计划和方案措施，决定飞机的接受和放行。飞行实施是指按照预定计划实施飞行全过程和保证飞行。飞行后讲评为对飞行进行总结，以便提高飞行水平。

3. 空勤组

空勤组是指由执行航空客货运输任务的飞机上人员组成的小组，也称机组。客机机组包括飞行人员和乘务人员。飞行人员是在飞行中操纵飞机和使用机上航行、通信设备的人员，包括驾驶员、领航员、空勤通信员、空勤机械员（工程师）。空勤组由机长领导。机长对飞行安全、航班正常和服务质量负责。机长通常由正驾驶员担任。领航员负责掌管、使用机上全部领航仪器、设备，掌握全航程的无线电导航资料，向驾驶员和地面提供各项经过计算的航行数据。通信员负责掌管、使用机上通信设备，保证陆空通信的畅通。机械师（工程师）负责监视飞机的动力装置和各个系统在飞行中的工作状态，遇有异常情况，协助机长采取必要措施；在飞机起飞和着陆时，协助驾驶员操作。乘务人员的工作是为机上乘客服务。大型客机客舱内设乘务长，负责领导服务工作。随着机上领航和通信设备自动化程度的提高，一些机型空勤组中的领航员和通信员的工作，已逐渐由正副驾驶员分别承担。有些新式飞机机组内的飞行人员只有两人。航空运输企业根据机型、任务性质、航程长短等情况，决定空勤组人数，如执行货运任务，则不配派乘务员。

二、空中交通管制

1. 管制工作任务与管制机构

空中交通管制是指对航空器的空中活动进行管理和控制的业务。它的主要任务是使航空器按计划飞行，使保障工作有条不紊；维护飞行秩序，合理控制空中交通流量，防止航空器之间、航空器与障碍物之间相撞，保证飞行安全；对违反飞行管制的现象，查明情况，进行处理。为此，需要设置如下空中交通管制机构：

（1）空中交通服务报告室。负责审理进离本机场的航空器飞行预报，申报飞行计划，办理航空器离场手续，向有关单位和管制室通报飞行预报和动态。

（2）塔台管制室。管制范围包括起落航线与最后进近定位点以后的空间及机场活动区，它负责提供塔台管制区域内航空器的开车、滑行、起飞、着陆和与其有关的机动飞行的管制服务。

（3）进近管制室。这是通常在一个或几个机场附近的航路汇合处划设的管制空域，以便于进场和离场的航空器飞行。它是中低空管制空域与塔台管制空域之间的连接部分，垂直范围通常在 6 000m 以下，最低高度层以上，水平范围通常是半径 50km 以内。

（4）区域管制室。区域管制是指飞机飞离起飞航空站区域以后，至到达降落航空站区域之前，全航线飞行过程中所实施的空中交通管制。它的工作内容是监督航线上飞机的活动，掌握天气变化，安排飞机的间隔，调配飞行冲突；协助机长处置特殊情况。

（5）区域管制中心。负责管制与监督本区域管制室辖区内的飞行，协调各管制室之间和管制室与航空公司之间的工作。

（6）民航总局高度室。负责监督、检查全国范围内跨地区高空干线、国际航线的飞行以及外国航空器在中国境内的飞行，控制全国的飞行流量，组织承办和掌握专机飞行，处理特殊情况下的飞行。

2. 管制方法

管制员为获得管制范围内每个航空器的位置和高度信息，并为了在航空器之间配备必要的垂直、纵向或侧向隔，需要实施空中交通管制，采取的管制方法有程序管制和雷达管制。

（1）程序管制。

采用程序管制时，航路和管制区内的航线利用无线电导航设施确定。管制员通过航空器驾驶舱内的仪表向驾驶员提供导航信息。通常驾驶员在起飞前向空中交通管制单位提交飞行计划。管制员根据飞行计划结合当时空中情况，向驾驶员发出飞行许可和有关指示。飞行中驾驶员用无线电向管制员报告位置和高度。当发现航空器之间的间隔小于最低标准时，管制员立即指示航空器改变飞行高度或指挥它在某一报告点上空盘旋等待。在飞行繁忙的机场，尤其是天气不好时，为安排着陆服务，常常要采用等待程序。

程序管制的主要职责是为飞机配备安全间隔。有关间隔的规定为：

1）机场放行仪表飞行的时间间隔。① 同速度、同航迹、同巡航高度时，前一架飞机起飞后 l0min，放行后一架飞机；② 同速度、同航迹、不同巡航高度时，前一架飞机起飞后 5min，放行后一架飞机；③ 不同速度、相同航迹时，速度较快飞机起飞后 2min，放行较慢飞机。

2）航路仪表飞行穿越航线的时间间隔。① 当穿越处无导航设备，在穿越航线中心线时，保持与其他飞机时间间隔不少于 15min；② 当穿越处有导航设备，在穿越航线中心线时，保持与已飞越导航设备的飞机时间间隔不小于 10min，与未飞越导航设备的飞机时间间隔不小于 15min。

管制员利用无线电通信设备与驾驶员沟通双向通信联络，根据驾驶员的报告计算掌握航空器的位置，这种方法速度慢，精确性差。为防止航空器相撞所规定的最低标准间隔不得不大一些，从而在一定空间内所能容纳的交通量就比较少。

（2）雷达管制。

雷达管制是为了克服程序管制对交通量的局限性，随着监视雷达的出现而逐渐形成的一种交通管制方法。管制员根据雷达的显示可以了解本管制空域雷达波覆盖范围内所有航空器的精确位置，因此能够大大减小航空器之间的最低间隔，从而可在一定空域内增加交通量。雷达管制按空中交通管制规则，依靠雷达监视的手段进行管制，即它对飞行中的飞机进行雷达跟踪监视，随时掌握飞机的航迹位置和有关的飞行数据，并主动引导飞机运行。

1）雷达识别。在向飞机提供雷达管制服务前，管制员必须对飞机进行识别确认。识别的方法为：① 二次雷达的识别。从雷达标牌上认出该飞机的识别标志；通过雷达识别的移交；通过使用应答机识别。② 一次雷达的识别。飞机起飞后，其雷达目标在起飞跑道端2krn以内被发现；飞机在某定位点或目视飞行报告点的位置显示与机组报告的一致，并且其航迹也与报告的航向和飞行的航线一致；通过识别移交。

2）雷达引导。雷达管制员通过指定飞机应飞的航向实施雷达引导，引导航空器尽可能沿便于驾驶员利用地面设备检查自身位置及恢复自主领航的路线，避开已知的危险天气。

3）雷达间隔。雷达管制员通过综合考虑航空器的航向、速度、雷达限制、工作负荷等各种因素来确定航空器之间的最小安全间隔，并保证不能低于此安全间隔。如水平最小雷达间隔为9.3km，如果雷达设备定位精确，最小间隔也可以减小到5.6km。

采用雷达管制系统可使管制员有更充裕的时间来调配航空器的间隔，保证飞行安全。

三、空域管理

（一）空域管理的意义

民用航空飞行的航线和区域遍于全国。为了在广阔的空间对航空运输飞行的飞机能提供及时、有效的管制服务、飞行情报服务和告警服务，防止飞机空中相撞和与地面障碍物相撞，保证飞行安全，促使空中交通有秩序地运行，必须进行包括空域划分与空域规划的空域管理。空域管理的基本原则是：

（1）充分满足交通需求的增长，充分利用空域资源，尽可能满足商业运输、通用航空、军事飞行三类用户的基本要求；

（2）尽量减少对空域使用的限制和妨碍，使飞机能沿其最有利的路线飞行，并保证与其他飞机之间的安全间隔。

（二）空域划分

空域划分包括飞行高度层的规定和各种空中交通服务区域的划分。

1. 飞行高度层的规定

为了防止飞机在飞行中相撞，根据飞机的飞行方向、气象条件和飞机性能的区别，规定了不同的飞行高度层。在机场区域内不论航向如何，从600~9 000m，每隔300m为一个高度层；9 000m以上，每隔600m为一个高度层，直到15 000m。在航线区域内，真航线角在0°~179°范围内，从900~8 700m，每隔600m为一个高度层；9 600m以上，每隔1 200m为一个高度层。真航线角在180°~359°范围内，从600~9 000m，每隔600m为一个高度层；9 000m以上，每隔1 200m为一个高度层。

2. 各种空中交通服务区域的划分

按照统一管制和分区负责相结合的原则，我国将全国空域划分为若干飞行情报区和飞行管制区，并建立相应的机构，对在该区内的民用航空飞行提供空中交通服务。同时，为了对民用航空飞行实施有效的管制，要求飞机按规定的路线在规定的区域内飞行，因此在飞行情报区和管制区内划定飞行的航路、航线、空中走廊和机场区域；并对一些禁止飞行和在规定的时间与高度内禁止飞行的区域，划定了空中的禁航区、限制区和危险区。

（1）飞行情报区。飞行情报区是为飞行提供情报服务和警告服务而划定的空间范围。我国的飞行情报区主要为外国飞机进出和飞越我国境内而划定的。目前，在我国内陆、沿海及毗连公海的空域，共划分沈阳、北京、上海、广州、武汉、昆明、兰州、乌鲁木齐和台北9个飞行情报区，其工作由有关的区域管制中心负责。

（2）飞行管制区。飞行管制区是对飞行提供空中交通管制服务而划定的空间范围。我国民航飞行管制区分区域管制区和机场管制区。

区域管制区 以高度界限划分为高空管制区和中低空管制区。我国目前划有民航高空管制区10个，中低空管制区25个。在每个区域管制区内设立区域管制室，负责对在管制区内飞行的民航飞机提供管制服务、飞行情报服务和告警服务。飞行繁忙的区域管制区还划分扇区。

机场管制区 通常是以机场基准点为中心，水平半径50km，垂直高度6 600m以下（不含6 600m）的空间。在每个机场管制区内设立塔台管制室，负责对进、离场和在本场内飞行的飞机提供管制服务、飞行情报服务和告警服务。飞行繁忙的机场，还设立进近管制室。

（3）航路、航线 航路是根据地面导航设施建立的走廊式空域，供飞机作航线飞行之用。划定航路以连接各个地面导航设施的直线为航路中心线，在航路范围内规定有上限高度、下限高度和航路宽度。航路的宽度取决于飞机能保持按指定航迹飞行的准确度、飞机飞越导航设施的准确度、飞机在不同高度和速度时的转弯半径，并需加设必要的缓冲区，因此航路的宽度不是固定不变的。《国际民用航空公约》附件11中规定，当两个全向信标台之间的航段距离在50mile（92.6km）以内时，航路的基本宽度为中心线两侧各4mile（7.4km）；航段距离在50mile以上时，根据导航设施提供飞机保持航迹飞行的准确进行计算，扩大航路宽度。在我国境内飞行密集的航线上建立的航路，其宽度为20km（航路中心线两侧各10km），它沿途应有良好的备降机场、良好的导航设备和监视雷达，以保证飞机准确地在航路内飞行。目前，我国建立的航路主要有北京—上海、北京—广州—深圳、上海—广州、广州—昆明等20条。

航线是飞机飞行的航空运输路线。在两个机场间进行的定期航空飞行，其飞行航线尚未建立航路的称之为固定航线。固定航线的导航设备应尽量与航路相同。因临时性的航空运输或通用航空飞行的需要，在航路和固定航线以外飞行的航线，称之为非固定航线或临时航线。临时航线的导航设备不能保证飞机作仪表飞行时，应作目视飞行。

（4）空中走廊是在机场飞行频繁的地区，为减少飞行冲突、提高飞行空间的利用率，在机场区域内划定飞机进出机场的空中通道，它的宽度8~10km。目前，我国划有空中走廊的机场有沈阳、北京、上海、武汉、广州、成都等城市。

（5）机场区域是指机场及其附近地区上空，为飞机在机场上空飞行、加入航线、进入机场进行降落而规定的空间，包括空中走廊和各种飞行区域。

（6）空中禁航区、限制区和危险区 空中禁航区是指在一个国家的陆地或领海上空，禁止航空器飞行的划定空域，分永久性禁航区和临时禁航区。我国的永久性禁航区，有北京市、上海市、沈阳市、葫芦岛等；临时禁航区，有杭州、北戴河等。限制区是指在一个国家的陆地或领海上空，根据某些规定的条件，限制航空器飞行的划定空域。它用时间和高度等条件限制航空器飞入或飞越，如炮射区、靶场等。危险区是指一个在某些规定的时间内存在对飞行有危险活动的划定空域。它在规定的时间和高度范围内禁止航空器飞越。

（三）空域规划

1. 空域规划的意义

空域规划是指对某一给定空域（通常为终端区），通过对未来空中交通量需求的预测，根据空中交通流的流向、大小与分布，对其按高度方向和区域范围进行设计和规划，并加以实施和修正的全过程。其目的是增大空中交通容量，理顺空中交通流量，有效地利用空域资源，减轻空中交通管制员工作负荷，提高飞行安全水平。

2. 空域规划的过程

（1）制定空域规划的工作计划，提出规划工作的任务，建立规划的组织管理机构和相应的技术工作小组。

（2）交通现状调查与分析。其主要包括现有空域结构形式，进离场航路，空中走廊，航路交叉点，飞行冲突点，交通流量大小、流向与分布，空域空中交通量统计数据，空域容量，导航台分布，禁区，限制区，主要障碍物，机场所在地区航空运输市场现状等。

（3）交通需求分析与预测。研究国家国民经济发展计划和本地区社会经济发展战略，对机场所在地区航空运输市场前景、发展趋势进行预测；对交通现状调查所获得的数据进行分析，研究预测未来空域空中交通需求的模型。

（4）空域规划与评价。利用系统工程方法和空域规划技术，对给定空域提出规划方案。通过对社会、经济、技术性能的定性和定量分析，评价方案的优劣。

3. 空域规划设计技术

空域规划设计的基本内容包括终端区域设计，进离港航路走向设计，航路交叉点设计，空域结构设计。规划时，应考虑的问题有特殊空域，如放油区、军事区等；环境问题，如噪声敏感区、人口密集区、国家保护区、特殊建筑等地形；通信导航设备的类型和特性；邻近设备的相互影响；机场情况，如跑道的数量、排列、长度、宽度和状况，跑道之间的靠近程度，障碍物等；扩建计划等。

空域运行结构可分为基本结构（最简单的一种空域运行结构，只有一个席位，但管制所有的空域）；扇区结构（通常按平行于主要跑道划分）；进/离场结构；四角位置结构（根据导航台的数量和位置划分）。

四、空中交通流量管理

（一）流量管理的意义

空中交通流量管理是当空中交通流量接近或达到空中交通管制可用能力时，适时地进行调整，保证空中交通量最佳地流入或通过相应的区域，以期尽可能提高机场、空域可用容量的利用率。

20世纪70年代以来，随着国际民航运输业的快速发展，空中交通流量增长较快，出现了世界范围内机场、空域和航线网的拥挤，这种拥挤不仅导致飞行冲突的频繁发生，而且还形成了空中交通网络的"瓶颈"。为此，空中交通流量管理问题的研究显得格外突出，逐渐成为国外较热门的研究方向。特别是进入90年代以后，美国和欧洲根据本国、本地区的特点，利用先进、科学的流量管理方法，相继建立了各自的流量管理中心，这不仅对空中交通流量的协调、控制和管理起到了重要作用，而且还大大提高了空域利用率，减轻了管制员负担，增加了空中交通流量，提高了飞行安全水平。

（二）流量管理应考虑的问题

1. 空域结构和网络布局

空域结构与网络布局对其容量有着重要影响，从而影响流量管理的效果。因此，必须认真考虑空域与网络的有关结构及其分布。

2. 空中交通容量

对空中交通容量的准确估计是空中交通流量管理的基础和前提，也是主管部门制定有关空管规章、合理配置空管保障系统设备与管制席位以及进行空域规划的重要依据。

通常，空中交通容量包括机场容量和空域容量两大部分。机场空中交通容量主要由跑道容量、停机位容量和滑行道容量所组成。其中，跑道容量是机场空中交通容量的关键。机场容量受气象条件、跑道状况、空域结构、空管设备、管制员能力等多因素的影响；空域空中交通容量包括终端区和各扇区管制空域容量、航线网容量和航路交叉点容量等。

3. 需要的信息

（1）飞机实时动态信息，包括飞机在某一时刻的高度、速度、航向和位置信息。雷达、GPS、ADS 等均能提供这些信息，其中雷达数据是主要的信息来源。

（2）由飞行计划处提供的所关心区域、航线及相关机场飞行计划的数据信息，是完成流量预测和流量管理的另一主要依据。

（3）实时气象信息。机场、终端区和航路气象条件的变化将直接影响管制区容量的大小，因而气象信息是决定流量管理方案的重要因素。

（4）设备状况信息。通信、导航、监视等设备运行的状况直接影响流量管理系统的运行和实现，同时还影响管制区容量的大小。

（5）人员状况信息。空中交通流量管理的决策方案，要由空中交通管制员来负责实施，因此管制员对流量系统的整体交通产生重要影响。此外，管制员状况的好坏、管制技能的高低将直接影响他所能指挥飞机的数量，即管制区的容量。

五、航空运输管理

（一）基本概念

1. 航路

民航运输服务是航空器跨越天空在两个或多个机场之间的飞行。为了保障飞行安全，必须在机场之间的空中为这种飞行提供相对固定的飞行线路，使之具有一定的方位、高度和宽度，并且在沿线的地面设有无线电导航设施。这种经政府有关当局批准的、飞机能够在地面通信导航设施指挥下沿具有一定高度、宽度和方向在空中作航载飞行的空域，就称为航路（Airway）。我国民用航路的宽度规定为 20 km。

2. 航线

民航运输企业在获得航空运输业务经营许可证之后，可以在允许的一系列站点（即城市）范围内提供航空客货邮运输服务。由这些站点形成的航空运输路线，称为航线（Air Route）。航线由飞行的起点、经停点、终点、航路、机型等要素组成。

开辟新航线，必须考虑航路的地理条件和气象条件，应有利于飞机运输飞行的安全；也应考虑航线站点地区的经济水平，因其决定着客货运量和航空运输市场的发展潜力；同时，新航线的建立，还必须充分考虑与其他航线的衔接、地面交通的综合运输能力，以便航空运输的客货集散。

3. 航段

航段通常分为旅客航段（Segment，简称航段）和飞行航段（Leg，通常称为航节）。旅客航段指能够构成旅客航程的航段，例如，北京—上海—旧金山航线，旅客航程有 3 种可能：北京—上海、上海—旧金山和北京—旧金山。飞行航段是指航班飞机实际飞经的航段，例如北京—上海—旧金山航线，飞行航段为北京—上海和上海—旧金山。

4. 航班

按照民航管理当局批准的民航运输飞行班期时刻表、使用指定的航空器、沿规定的航线在指定的起讫、经停点停靠的客货邮运输飞行服务，称为航班（Flight Service）。航班用航班号标识其具体的飞行班次。我国的民航飞行航班号一般采用两个字母的航空公司代码加 4 位数字组成。例如，航班号为 CAl482，其中 CA 指中国国际航空公司，l 为该航空公司所在民航地区管理局的数字代码，4 为此航班飞抵的终点站所在民航地区管理局的数字代码，82 为具体航班号（单数表示去程航班，双数表示回程航班）。

（二）航空旅客运输管理

航空旅客运输是航空运输业的主要生产任务。随着世界经济的发展和航空运力的不断提高，航空旅客运量逐年增长，对服务质量要求越来越高，生产过程也变得越来越复杂。因此，航空运输生产计划安排要求更加周密，组织实施要求更加严格，以保障航空运输安全正点、优质高效。

航空运输是一个复杂的生产过程，它需要地面保障和空中服务等多方面工作的密切配合，通过各生产体系中有关部门的综合协调来共同完成，如图 6-5 所示。

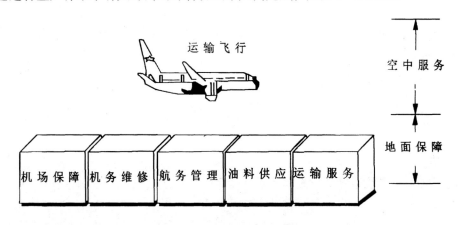

图 6-5 航空运输生产保障体系示意图

1. 航空运输生产体系

航空运输生产可以分成机场保障、机务维修、航行业务管理、油料供应和运输服务五个生产体系，各生产体系分别由民航系统的有关部门负责管理和协调。

（1）机场保障体系，为空中运输的地面准备和空中飞行提供跑道、灯光、特种车辆、旅客候机场所和相关服务设施，并提供安全检查和紧急救援服务。在国际机场，还设有边检、海关、检疫等派出机构，为国际航班旅客运输提供必要的服务。

（2）机务维修体系，维护航空器正常运行，施行对航空器、发动机、通信导航和驾驶控制等机械与电子电气设备的检测与维修，使航空器保持适航状态。

（3）航行业务管理体系，负责航行调度、通信导航、气象信息、航行情报以及空勤人员管理等工作，为航空运输提供一个完整的空中飞行保障体系。

（4）油料供应体系，为航空运输飞行提供航空燃油。在我国民航管理体制改革以后，民航系统成立了航油专业公司，负责航空运输必需的航空燃油的供应和管理。

（5）运输服务体系，负责制定运输生产计划、组织客货运输、提供运输飞行、保证服务质量、开拓运输市场，以达到最佳经济效益。民航运输各部门的工作，始终围绕着"安全正点、优质高效"这一宗旨，为运输生产服务。

2. 航空旅客运输生产过程和管理

航空旅客运输生产的任务是实施航班计划，完成将旅客和行李从始发机场安全地运送到目的地机场。运输生产五大部门应在运输现场指挥部门的统一组织协调下，分工合作，共同完成生产任务。

航空旅客运输生产过程，可以分为5个阶段：

（1）航班计划。航空公司根据公司的发展目标、航线计划、运力、人力资源以及资金等情况，在市场调查的基础上，进行航班安排，具体确定飞行班次、航班频率和经停机场，并制定航班时刻表。航空公司和机场的所有生产活动，将以航班计划为核心进行组织安排，确保航班计划的顺利实施。

（2）市场销售。根据航班计划，航空公司市场销售部门以及销售代理，在公布的订座期限内，进行航班座位销售。市场销售是航空公司回收投资的主要环节。航班座位销售将直接影响航空公司的经济收益。

航班座位管理一般通过计算机订座系统（CRS）来实现，辅以手工操作。管理部门通常采用集中控制、规定配额和始发控制等方法，对航班座位进行有效的管理。乘客可通过多种方式进行航班机票预定或预购。

（3）旅客乘机。航空公司根据航班时刻表，为旅客安排登机准备，接受旅客的行李交运。同时，机场有关部门对旅客和行李进行安全检查，提供候机服务和查询服务。

（4）运输飞行。运输飞行阶段是具体实施运输任务的具体过程，分为飞行准备和飞行实施两部分。

1）飞行准备。为了保证运输飞行安全和正点，航空公司的机务维修部门必须保证飞机各项性能指标符合适航标准，地勤部门必须保障机上服务用品（如配餐、用水等）；机场当局必须确保跑道等设施条件良好，为航班飞机牵引，提供登机桥和其他特种车辆服务；航务管理部门确保飞行调度和通信导航设备可靠，为飞机的起飞、飞行和降落提供可靠的航行指挥和通信服务设施；油料供应必须保障航油优质充足。

2）飞行实施。在飞机的空中飞行阶段，飞行任务主要由机组和地面空中交通管制指挥部门协作完成。在飞行旅途中，乘务人员向旅客提供优质的空中服务。

现场指挥调度部门对飞行的准备过程和实施过程进行统一协调，保障航班飞行计划正常实施。

（5）旅客离港。在飞机安全抵达目的地机场后，运输服务部门安排旅客下机，卸运行李；航空公司为旅客提供查询和领取行李服务。

（三）航空货物运输管理

1. 航空货物运输

与航空旅客运输一样，航空货物运输服务也是航空运输的产品之一。航空货运是一种快捷的现代运输方式。它除具有速度快、超越地理限制、运价高、货物的广泛性（普通货物、邮件、鲜花、贵重物品）和运输具有方向性（来回程运量有差异、通常是经济发达和开放程度高的地区货运量大）等特点。根据顾客需求，航空货运可以分为以下3类：

（1）急快件货物运输。是顾客紧急需要把货物以最快的速度运达目的地。这一类货物的特点首先是时间快，而运输费用在其次，如商业信函票证、生产部件、急救用品、救援物资、以及紧急调运物品等。

（2）易腐货物运输。广义上来说，常规易腐货物是指货物的价值与时间密切相关的货物。这一类货物主要有两种：

1）物品本身容易腐烂变质，对运输时间要求严格，如鲜花、海鲜、应时水果等。

2）物品价值与时间密切相关，对进入市场的时间要求快。如某些商品，进入市场时间越早，越能抢占市场；或希望在市场需求处于最佳时机投放市场，可以取得最佳经济效益。

易腐货物要求运输速度快，货主希望通过时间获得市场价值，以取得更多利润。这一类货物运输的货主对运输价格比较敏感，远远高于急快件运输。因此航空公司必须合理定价，以扩大发展易腐货物运输市场。

（3）常规货物运输。主要是以有时间性要求、不宜颠簸或容易受损的精密仪器设备、价值与体积之比较大的贵重物品等。

2. 航空货运的组织和管理

航空货运应按照市场销售计划，积极开拓市场，组织货源，收集货物，为运输生产作好充分的准备。

（1）直接销售。航空运输企业通过自己的营业处或收货站，直接进行航空货运业务的销售。与航空旅客运输一样，从事直接销售的业务点一般分布在运量较大的城市，航空公司可以直接组织市场。直接销售的优越性是能够直接控制市场，减少中间环节，提高销售利润。

（2）代理销售。航空运输企业进行直接销售可以减少代理费用。但是，直接销售的业务量不足时，会增加销售成本。因此，航空公司的相当一部分货运吨位通过代理人销售。销售代理人根据与航空公司之间的协议，代表航空公司销售空余吨位，并按照协议收取代理费用。航空公司可以采取灵活的代理政策，鼓励销售代理人积极开拓市场，扩大销售业务。销售代理人可以同时代理多家航空公司的货运销售业务。

（3）联运。由于一个航空公司能够提供服务的航线有限，对于本身不能运达的部分航线，航空公司之间可以采用联运服务。这种服务是有偿的，上一个承运人即为下一个承运人的销售代理人，他们之间通过协议分配销售收入。

事实上，航空公司为了扩大自己直销的范围，通常通过与其他航空公司的代理协议，成为其他航空公司的销售代理人。

3. 航空货运生产组织与管理

航空货物运输生产的任务，就是承运人按照货运单上的发运日期和航班要求，组织运力将货物运达目的地。

航空货运生产过程大致分为货物收集、进港、运送、到港和交货等阶段。从生产性质上来看，航空货物运输生产可以分为两大部分，一部分是以货物收集为中心的货运市场组织和管理；另一部分是以货物运送为中心的货物进港、货物运送、货物出港和交付过程。

（1）运输生产计划。根据航空货运市场调查和预测，估算航空货物在各机场之间的流量和流向，确定本公司的市场目标和市场份额。在此基础上，将制定货物运输生产计划，主要包括运力计划、运输量计划、周转量计划、收入计划以及运输综合计划等。

（2）货物进出港生产组织与管理。航空货物运输市场销售部门接收的交运货物，一般在机场组织进港和出港生产。相当一部分航空公司委托机场进行进出港的组织和管理，大型航空公司一般在基地机场自行组织货物进出港生产。货物进出港是一个组织严密的生产过程，有严格的工序控制和定时要求，有严格的操作规范和重量指标，包括载重标准、舱位标准、安全标准等。涉及的部门多，需要统一组织和协调与密切合作。对于旅客航班的货运生产工序，与客运同步进行，以保证航班正点。

（3）吨位控制与配载。航空旅客运输通过座位控制来提高乘坐率。座位控制只考虑客舱的可用座位数，整客舱空间的占有费已计入机票之中。航空货物运输需要通过吨位控制来提高载运率。换言之，货运既要考虑货物的体积，还要考虑货物的重量。因此，吨位控制的任务是通过舱位预订与分配来提高货舱的载运率，避免吨位浪费、超售或装运过载。由于航空货运可以采用全货机或客货混装型飞机运输。因此，吨位控制和配载管理的原则不完全相同。

1）全货机方式运输。采用全货机方式运输时，吨位控制和配载过程比较单一，主要控制货物体积（不能超高、超长）、形状（易于固定），不能超重。

2）客货混装方式运输。客货混装方式运输，由于必须首先考虑运送旅客，因此货运吨位控制和配载要在保证客运的前提下进行。首先必须根据乘客的座位分布情况，按照飞机的配载要求，进行货物的重量和位置控制，在保证飞机飞行平稳安全的前提下充分提高飞机载运率。

无论是航空旅客运输，还是航空货物运输，吨位控制与配载管理是一件非常重要的工作。必须科学地严格地按照飞机的性能指标进行控制，在保证飞机飞行安全的前提下，充分提高生产效率和经济效益。

（四）国际航空运输管理

1. 国际民用航空运输管理

国际民用航空运输管理机构负责制定国际民用航空运输活动的行为规范，协助国际间民用航空运输业务关系，以保障国际航空运输的航行安全和有序发展。因此，通过国际民航管理机构的协调与管理，世界各国民航运输企业在国际民航活动中实行统一的技术标准、航行规则、操作规程；执行统一价格体系、价格标准和票据规格；遵循统一的国际法规准则、公正处理国际航空事务等。

当今世界上有许多国际性航空组织，具有较大影响的主要有两大国际民用航空运输管理机构，一个是"国际民用航空组织 ICAO（International Civil Aviation Organization）"，另一个是"国际民用航空运输协会 IATA（International Aviation Transport Association）"。

ICAO 是联合国系统中负责处理国际民航事务的专门机构。总部设在加拿大蒙特利尔，迄今已有 185 个会员国。其主要活动是研究国际民用航空的问题，制定民用航空的国际标准和规章，鼓励使用安全措施、统一业务规章和简化国际边界手续。ICAO 的作用是：制定和监督执行有关航空运输飞行安全和维护国际航空运输市场秩序的标准，促进发展与和平利用航空技术，以保证飞行安全，在尊重主权的基础上公平发展。1974 年 9 月，中国在 ICAO 的"大会"上当选为理事国。

IATA 是一个由定期航空公司在 1945 年建立的世界范围的非政府组织，目的在于促进安全、正点和经济的航空运输，为航空运输企业之间开展协作以及与国际民航组织，其他国际组织和地区航空公司协会合作提供方便。国际航空运输协会共有两个总部（一个在蒙特利尔，另一个在日内瓦）和四个地区办事处（安曼、圣地亚哥和哥伦比亚特区、华盛顿）。IATA 主要任务是，制定国际航空运输价格、运载规则和运输手续，协助航空运输企业间的财务结算，执行国际民用航空组织 ICAO 制定的国际标准和程序。

2. 国家主权和领空主权的概念

航空运输是当代主要的国际运输方式之一。当开展国际航空运输业务时，将涉及领空主权、国家关系、航空法律、运价、航线权、航班等问题，需要通过国际性民航组织来协调。

（1）国家主权。

在国际事务中，尊重国家主权是一个至关重要的原则性问题。国际航空运输的所有活动应建立在这个原则基础之上。一个国家行使它的主权，对在本国领土和领空范围内，国内和国外的所有航空运输活动以及本国航空运输企业在国外的航空运输事务进行管理。

（2）领空主权。

第一次世界大战之后，各国政府考虑到本国安全和利益，对其领土之上的空间提出了主权要求。1919 年 10 月通过的《国际民用航空公约》（又称《巴黎公约》）确立了领空主权原则。1944 年 12 月在美国芝加哥修订的《国际民用航空公约》（又称《芝加哥公约》）中，进一步明确了领空主权的原则。该公约认为，国家领空主权是"缔约各国承认每一个国家对其领土之上的空气空间具有完全的和排他性的主权"。

航空器的空中活动场所或范围，称为空域或空气空间（Air Space）。根据各国达成的一致原则，空气空间实行领空主权制度，每一个国家对其领空（Territorial Air）享有完全的、排他性的主权。

第七章 管道运输系统

第一节 管道运输系统的发展及其特性

一、管道运输系统的发展过程

管道运输是使用管道输送流体货物的一种运输方式，所输送的货物主要是油品（原油和成品油）、天然气（包括油田伴生气）、煤浆以及其他矿浆。管道运输随石油开发而兴起，并随着石油、天然气等流体燃料需求量的增长而发展。目前，各国主要利用管道进行国内和国际间的流体燃料运输，有不少国家在国内已建成油、气管道网，大型国际管道已横跨北美、北欧、东欧乃至跨越地中海连接欧非两大陆，年输送原油量亿吨以上和天然气百亿立方米以上的管道相继建成，对加速流体燃料运输起着重要作用。近20年来，固体料浆管道的问世给大量运输煤炭等燃料开辟了途径，为管道运输开创了新领域，管道运输的发展正方兴未艾。

我国是最早使用管子输送流体的国家。约在公元前200多年，已经出现用打通竹节的竹子连接起来输送卤水的管道。由于竹子可以就地取材，耐腐蚀，这项技术流传至今。

现代管道运输始于19世纪中叶，1859年8月，在美国宾夕法尼亚州的泰特斯维尔打出第一口油井，开始了油溪地区的石油开发。开采出来的原油要经泰特斯维尔河运到120km以外的匹兹堡炼油厂，运原油的船舶最多时达100艘。1861年，修建了匹兹堡至科里的铁路，但距油田仍有36km。自油田至铁路车站或水运码头，每天要用近2 000辆马车载运原油，不仅运费昂贵，而且还有发生火灾的危险。为改变这种状况，有人提出采用管道输送。

1863～1865年，开始试用铸铁管修建输油管道，因漏失量大而未能实际应用。1865年10月，美国人S. V. 锡克尔用管径50mm，长4.6m搭焊的熟铁管修建了一条全长9 756m的管道，由美国宾夕法尼州皮特霍尔铺至米勒油区铁路车站。沿线设三台泵，每小时输原油13m³。1880年和1893年相继出现管径100mm的成品油管道和天然气管道。1886年，在俄国巴库修建了一条管径100mm的原油管道。这是管道运输的创始阶段，管材、管子连接技术、增压设备和施工专用机械等方面还存在许多问题有待解决。

1895年，生产出质地较好的钢管。1911年，输气管道的钢管连接采用了乙炔焊焊接技术。

1928年，用电弧焊代替了乙炔焊，并生产出无缝钢管和高强度钢管，使修建管道的耗钢量显著降低，至此管子及其连接技术得到初步解决。

最初，油、气管道的增压设备都是以蒸汽为动力直接驱动的，如蒸汽往复泵、卧式往复泵或压气机。19世纪90年代初，出现了内燃机（如柴油机和燃气机），逐渐取代了蒸汽机。1920年，由电动机直接驱动的高转速离心泵开始用于管道，缩小了设备的体积，提高了管道输送效率。从此，柴油机、燃气机和电动机因各具优点一直并存应用于管道运输。

1949 年，开始用燃气轮机驱动离心式压气机，管道运输又多了一种可供选择的动力机。

20 世纪 50 年代石油开发迅速发展，各产油国开始大量兴建油、气管道。20 世纪 70 年代以来，管道运输技术又有较大提高，大型管道相继建成。1972 年建成原苏联至东欧五国的友谊输油管道，管径为 1 220mm 和 820mm，全系统总长 9 739km，年输原油 1 亿 t。1977 年建成纵贯美国阿拉斯加州南北、穿过北极圈的原油管道，管径 1 200mm，全长 1 289km，设计年输原油 1.2 亿 t。1963 年开始投产，后又不断扩建的美国科洛尼尔成品油管道系统，全长 8 413km。原苏联 1982 年完成的乌连戈伊至彼得罗夫斯克的大型输气管道，管径 1 420mm，全长 2 713km。横贯加拿大输气管道的管径 500 ~ 1 000mm，全长 8 500km。中东国家的管道运输也在迅速发展，如沙特阿拉伯的东西石油管道，管径 1 220mm，全长 1 195km。随着北海油田、气田的开发，海洋管道逐渐由浅海走向深海，如从北海油田至英国的原油管道和北海油田至联邦德国的天然气管道都已建成投产。目前，世界上规模最大的煤浆管道是美国 1971 年建成的长 439km 的黑麦萨煤浆管道，其管径有 457mm 和 305mm 两种，年输煤 500 万 t。规模最大的矿浆管道是巴西的萨马科特铁浆管道，全长 400km。

我国 1958 年在新疆建成从克拉玛依到独山子的第一条原油管道，全长 147km，管径为 150mm。1963 年在四川建成了第一条长距离的输气管道，将四川南部的天然气输送到四川的重庆市，总长 54.7km，管径 426mm。我国已在唐山建立了煤浆管道试验中心，全长 460km、年输煤能力 1 200 万 t 的山西平朔至天津的输煤管道也已建成。

二、管道运输的特性

用车、船舶、飞机等运输货物，是驱动装运货物的运输工具将货物运往目的地；用管道运输货物，管道是静止的，它通过输送设备（如泵、压缩机等）驱动货物，使之通过管道流向目的地。因此，管道运输的特性是：

（1）运量大，劳动生产率高。一条管径 720mm 的管道，可年输易凝高粘原油 2000 万 t 以上，相当于一条铁路的运量；一条管径 1 220mm 的管道，年输量可达 1 亿 t 以上。每 100km 的操作人员仅为铁路运输的一半，为公路运输的 1/9。

（2）永久性占用土地少，易选取捷径缩短运距。管道多埋于地下，其埋入地下部分一般占管道总长度的 95% 以上，永久占用土地少；管道可以从河流、湖泊乃至海洋的水下穿过；也可以翻越高山，横越沙漠，允许敷设坡度较铁路、公路大，易选取捷径缩短运距。

（3）耗能低，运输费用低。输送每吨公里轻质原油的能耗只有铁路的 1/12 ~ 1/17。成品油运费仅为铁路的 1/6 ~ 1/3，接近于海运，且无需装卸、包装，无空车回程问题。

（4）受外界影响小，安全可靠。由于深埋地下，密闭输送，能够长期稳定运行，不受气候和其他交通事故的影响；无噪音；对环境污染小。

（5）管道运输不如其他运输方式灵活，承运的货物比较单一，货源减少时不能改变路线，当输量降低较多并超出其合理运行范围时，优越性就难以发挥。适于定点、量大、单向的流体运输。

三、管道运输系统的基本设施

管道运输系统与其运输系统具有很大的差异性，其中最主要的差别在于：管道运输系统中，运输工具都是固定的，不需要凭借运输工具的移动来完成运输任务。因此，管道运输系统所需的基本设施也异于其他运输系统。

管道运输系统的基本设施包括管道、储存库、压力站（泵站）和控制中心。

管道是管道运输系统中最主要的部分，它的制造材料可以是金属、混凝土或塑胶，完全依靠输送的货物种类及输送过程中所要承受的压力大小而决定。

由于管道运输的过程是连续进行的，因此管道两端必须建造足够容纳其所承载货物的储存槽。

货物经由管道从甲地输送到乙地，必须靠压力来推动，压力站就是管道运输动力的来源。一般管道运输压力的来源可有气压式、水压式、重力式及最新的超导体磁力式。通常气体的输送动力来源靠压缩机来提供，这类压力站彼此的设置距离一般为 80～160km。液体的输送动力来源则是靠泵提供，这类的压力站设置距离为 30～160km。

管道运输虽具有高度自动化的特点，但它仍需要有良好的控制中心，并配合最现代的监测器及熟练的管理与维护人员，随时检测、监视管道运输设备的运转情况，以防止意外事故发生时所造成的漏损及危害。

第二节　管道运输系统的分类及其基本组成

一、运输管道的分类

运输管道常按所输送的物品不同而分为：原油管道、成品油管道、天然气管道和固体料浆管道（前两类常统称为油品管道或输油管道）。

1. 原油管道

原油一般具有比重大、黏稠和易于凝固等特性。用管道输送时，要针对所输原油的物性，采用不同的输送工艺。原油运输不外是自油田将原油输给炼油厂，或输给转运原油的港口或铁路车站，或两者兼而有之。其运输特点是：输量大、运距长、收油点和交油点少，故特别适宜用管道输送。世界上的原油约 85％以上是用管道输送的。

2. 成品油管道

成品油管道输送汽油、煤油、柴油、航空煤油和燃料油，以及从油气中分离出来的液化石油气等成品油（油品）。每种成品油在商业上有多种牌号，常采用在同一条管道中按一定顺序输送多种油品的工艺，这种工艺能保证油品的质量和准确地分批运到交油点。成品油管道的任务是将炼油厂生产的大宗成品油输送到各大城镇附近的成品油库，然后用油罐汽车转运给城镇的加油站或用户。有的燃料油则直接用管道输送给大型电厂，或用铁路油槽车外运。成品油管道运输的特点是批量多、交油点多。因此，管道的起点段管径大，输油量大；经多处交油分输以后，输油量减少，管径亦随之变小，从而形成成品油管道多级变径的特点。

3. 天然气管道

输送天然气和油田伴生气的管道，包括集气管道、输气干线和供配气管道。就长距离运输而言，输气管道系指高压、大口径的输气干线。这种输气管道约占全世界管道总长的一半。

4. 固体料浆管道

固体料浆管道是 20 世纪 50 年代中期发展起来的，到 20 世纪 70 年代初已建成能输送大量煤炭料浆的管道。其输送方法是将固体粉碎，与适量的液体配置成可泵送的浆液，再用泵按液体管道输送工艺进行输送。到达目的地后，将固体与液体分离送给用户。目前料浆管道主要用于输送煤、铁矿石、磷矿石、铜矿石、铝矾土和石灰石等矿物，配置浆液主要用水，还有少数采用燃料油或甲醇等液体作载体。

运输管道按用途不同又可分为集输管道、输油（气）管道和配油（气）管道3种。

1. 集输管道

集输管道（或集气管道）是指从油（气）田井口装置经集油（气）站到起点压力站的管道，主要用于收集从地层中开采出来的未经处理的原油（天然气）。

2. 输油（气）管道

以输气管道为例，它是指从气源的气体处理厂或起点压气站到各大城市的配气中心、大型用户或储气库的管道，以及气源之间相互连通的管道，输送经过处理符合管道输送质量标准的天然气，是整个输气系统的主体部分。

3. 配油（气）管道

对于油品管道来说，它是指在炼油厂、油库和用户之间的管道；对于输气管道来说，是指从城市调压计量站到用户支线的管道；压力低、分支多、管网稠密、管径小，除大量使用钢管外，低压配气管道也可用塑料管或其他材质的管道。

二、输油管道的组成

输油管道由输油站和管线两大部分组成。

1. 输油站

输油站包括首站、末站、中间输油站等。

输油管道的起点称为首站，其任务是集油，经计量后加压向下一站输送，故首站的设备除输油机泵外，一般有较多的油罐。输油管道沿途设有中间输油站，其任务是对所输送的原油加压、升温，也俗称中间泵站。中间泵站的主要设备有输油泵、加热炉、阀门等设备。输油管道末站接受输油管道送来的全部油品，供给用户或以其他方式转运，故末站有较多的油罐和准确的计量装置。

2. 管线

输油管道的线路（即管线）部分包括管道、沿线阀室、穿越江河、山谷等的设施和管道阴极防腐保护设施等。为保证长距离输油管道的正常运营，还设有供电和通讯设施。

三、天然气管道运输设备

输气管道系统主要由矿场集气管网、干线输气管道（网）、城市配气管网以及与此相关的站、场等设备组成。这些设备从气田的井口装置开始，经矿场集气、净化及干线输送，再经配气管网送到用户，形成一个统一的、密闭的输气系统。

1. 矿场集气

集气过程指从井口开始，经分离、计量、调压、净化和集中等一系列过程，到向干线输送为止。集气设备包括井场、集气管网、集气站、天然气处理厂、外输总站等。

2. 输气站

输气站又称压气站，其核心设备是压气机和压气机车间，任务是对气体进行调压、计量、净化、加压和冷却，使气体按要求沿着管道向前流动。由于长距离输气需要不断供给压力能，故沿途每隔一定距离（一般为110～150km）设置一座中间压气站（或称压缩机站），首站是第一个压气站，第二站开始称为压气站，最后一站即干线网的终点——城市配气站。压气站也可按作用分为压气站、调压计量站、储气库三类。调压计量站多设在输气管道的分输处或末站，其作用是调节气体压力、测量气体流量，为城市配气系统分配气量并分输到储气库；储气库则设于管道沿线或终点，用于解决管道均衡输气和气体消费的昼夜及季节不均衡问题。

3. 干线输气

干线是指从矿场附近的输气首站开始到终点配气站为止。

由于输气管道输送的介质是可压缩的，其输量与流速、压力有关。压气机站与管路是一个统一的动力系统。压气机的出站压力就是该站所属管路的起点压力，终点压力为下一个压气机站的进站压力。一般地，输气管线可以有一个或多个压气机站。

压缩机站数可根据管线起终点最大供气量、压缩机站最大出站压力、全线管长、末段管线长度、压缩机性能、输送介质等因素来初步确定，再根据地形、地址、水、电、交通等条件最终确定。

4. 城市配气

城市配气指从配气站（即干线终点）开始，通过各级配气管网和气体调压所按用户要求直接向用户供气的过程。配气站是干线的终点，也是城市配气的起点与枢纽。气体在配气站内经分离、调压、计量和添味后输入城市配气管网。城市一般均设有储气库，可调节输气与供气间的不平衡。例如，当输气量大于城市供气量时，储气库储存气体，否则输出气体。

四、固体料浆管道运输设备

料浆管道的基本组成部分与输气、输油管道大致相同，但还有一些制浆、脱水干燥设备。以煤浆管道为例，整个系统包括煤水供应系统、制浆厂、干线管道、中间加压泵站、终点脱水与干燥装置。它们也可分为三个不同的组成部分：浆液制备厂、输送管道、浆液后处理系统。

1. 浆液制备系统

以煤为例，煤浆制备过程包括洗煤、选煤、破碎、场内运输、浆化、储存等环节。为清除煤中所含硫及其他矿物杂质，一般要采用淘选、浮选法对煤进行精选，也可采用化学法或细菌生物法。

从煤堆场用皮带运输机将煤输送至储仓后，经振动筛粗选后进入球磨机进行初步破碎，再经第二级振动筛筛分后进入第二级棒磨机掺水细磨，所得粗流量计浆液进入储浆槽，由提升泵送至安全筛筛分，最后进入稠浆储罐。在进行管输前，为保证颗粒级配和浓度符合质量要求，可用试验环管进行检验。不合格者可返回油罐重新处理。

煤浆管道首站一般与制浆厂合在一起，首站的增压泵从外输罐中抽出浆液，经加压后送入干线。

2. 中间泵站

中间泵站的任务是为煤浆补充压力能。停运时则提供清水冲洗管道。输送煤浆的泵也可分容积式与离心式两种，其特性差异与输油泵大致相同。泵的选用要结合管径、壁厚、输量、泵站数等因素综合考虑。

3. 后处理系统

煤浆的后处理系统包括脱水、储存等部分。管输煤浆可脱水储存，也可直接储存。脱水的关键是控制煤表面的水含量，一般应保证在 7% ~ 11%。

影响脱水的因素主要有浆液温度与细颗粒含量。浆液先进入受浆罐或储存池，然后再用泵输送到振动筛中区分为粗、细浆液。粗浆液进入离心脱水机，脱水后的煤粒可直接输送给用户，排出的废液输入浓缩池与细粒浆液一起，经浓缩后再经压滤机压滤脱水，最后输送给用户。

第三节　管道输油（气）工艺

一、管道输油工艺

管道输油工艺是指实现管道油品输送的技术和方法，即根据油品性质和输量，确定输送方法和流程、输油站类型和位置，选择钢材和主要设备，制定运行方案和输量调节措施。

（一）油品输送方法

油品的输送方法根据油品性质和管道所处的位置确定。轻质成品油和低凝固点、低黏度的原油常采取等温输送方法，即炼油厂或油田采出的油品直接进入管道，其输送温度等于管道周围的环境温度。油品开始进入长输埋地管道时的温度可能不等于入口处的地温，但由于输送过程中管内油品与周围介质间的热交换，在沿线大部分管段中，油温将等于地温。对轻质成品油大多采用顺序输送方法；对易凝高粘油品目前常用加热、掺轻油稀释、热处理、水悬浮、加改性剂和减阻剂等输送方法。

1. 油品顺序输送方法

油品顺序输送是在一条管道中按一定顺序连续输送多种油品的管道输油工艺。顺序输送的油品主要是汽油、煤油、柴油等轻质油品类，以及液化石油气类和重质油品类。同类油品中不同规格或不同牌号的油品，也可按批量顺序输送；不同油田、不同性质的原油，按照炼制要求也可以采取分批顺序输送。根据油品顺序输送的要求，不同的油品之间可以用隔离器或隔离液隔离的方法输送，也可以用相邻的不同油品直接接触的方法输送。这两种方法都会产生混油现象。采用何种方法，由管道的起伏条件和允许混油量等而定。多种油品采用顺序输送与采用多条单一油品管道输送相比，具有明显的经济效益，且产生的混油可以采取技术措施予以处理。因此，油品顺序输送已成为成品油长距离管道输送的主要方式。

2. 易凝高粘油品输送方法

易凝高粘油品常采取降粘和减阻等方法输送，目前主要方法有：

（1）加热。加热油品，以提高蜡和胶质在油中的溶解度，使其在管道输送时不凝、低粘，以降低输油动力消耗的管道输油工艺。目前，世界上的易凝高粘油品输送一般都采用加热输送。加热的油品沿管道流动，其热量不断地向周围介质释放，油温不断下降。长距离输送加热的易凝高粘油品，需要沿管道设置若干加热站，补充油品沿线损失的热量，以维持适宜的输送温度。

（2）高速流动。利用油品在管道中高速流动时产生的摩擦热，使油品保持在一定的温度范围内输送。

（3）稀释。将易凝高粘油品与低凝原油、凝析油或轻馏分油混合输送，以减少输送时的摩阻，并降低油品的凝固点。

（4）改变。蜡在油品中的结构形态在蜡晶形成和长大过程中，加热温度的高低，冷却速度的快慢，剪切力大小或搅动作用的强弱都会影响结晶形态。因此，常常利用热处理方法，将油品加热到某一温度后，按一定条件和速度冷却，使蜡在重新结晶时形成强度较低的网络结构，从而降低凝固点，改善流动性。

（5）用水分散。易凝高粘油品或改变管壁附近的液流形态一般采用水悬浮和乳化降粘两种方法。水悬浮是将易凝油品注入温度远低于凝固点的水中，形成凝油粒与水组成的悬浮液，输送时摩阻仅略大于水。在终点将悬浮液加热并添加破乳剂进行油、水分离，然后脱水。这种输送方法正常运行的关键是保证悬浮液的稳定。乳化降粘方法是将表面活性剂水溶液或浓度 0.05％～0.2％的碱性化合物加入高粘油中，在适当的温度和剪切力作用下，形成水包油型乳化液，可显著降低高粘原油的粘度。

（二）油品输送流程

管道沿线上下两泵站之间的连接方式，可有开式流程和密闭流程两种。

（1）开式流程。是指在上站来油通过中间泵站的常压油罐输往下站的输送流程中，每个中间泵站有不少于两个的油罐。上站来油先进入收油罐，再进入发油罐，使上站来油压力泄为常压，站内油泵从发油罐抽油输往下站。收发油罐可互相倒换使用，借此调节上下游泵站输量的不平衡，并可用于计量各站的输油量。开式流程的各泵站只为站间管道提供压力能，不能调制各泵站的压力。

（2）密闭流程。从 20 世纪 40 年代开始，随着输油自动化水平的提高和离心泵的广泛采用，输油管道逐渐改用密闭流程。密闭流程是中间泵站不设油罐，上站来油直接进泵，沿管道全线的油品在密闭状态下输送。全线各泵站是相互串联工作的水力系统，所以各站输量相等。同开式流程相比，密闭流程的优点是：避免油品在常压油罐中的蒸发损耗；减少能量损失，站间的余压可与下站进站压力叠加；简化了泵站流程；便于全线集中监控；在所要求的输量下，可统一调配全线运行的泵站数和泵机组及组合，最经济地实现输油。但密闭流程运行时，任何一个泵站或站间管道工作状况的变化，都会使其他泵站和管段的输量和压力发生变化，这就要求管道、泵机组、阀件、通信和监控系统有更高的可靠性。

（三）泵站布置

油品在输油首站加压进入管道后，在流动中要克服摩擦阻力，能量不断减少，长距离输送油品，必须建立中间加压泵站。每个泵站供给油品的最大压力能，受泵的管材性能和强度的限制。输送距离愈长，所需的中间泵站愈多。沿线各中间泵站的位置，是在管道设计时，用水力坡降线在管道纵断面图上作图并初步选定，最后经现场勘察确定的。

（四）管道事故防护

输油管道上某个泵站突然停电或事故停泵，或阀门误关使上站来油在进站处突然受阻、油流的动能转化为压力能，会使进站处的压力骤然升高，这种因流速迅速变化而引起压力变化的现象称为水击。水击产生的压力可能超过管道和设备的强度极限而造成破坏，在密闭输送时须有防止水击破坏的措施。进站处产生的水击压力波会沿管道向上游传播，与原来的运行压力叠加；虽然水击压力在传播过程中逐渐衰减，但叠加后的压力仍可能超过管道强度容许值，因而在进站处须设立超压保护装置。常用的自动泄压阀，在压力上升到控制值时自动开启，将部分油流泄放入事故放空罐，避免压力继续上升。在突然停电时，因管内油流的惯性，泵站出站处压力会突然降低，产生降压波。降压波沿管道向下游传播，可能使管内压力降到油品输送温度的饱和蒸汽压以下，并使部分油品汽化而形成气袋或液柱分离现象。密闭输送的中间泵站上都设有自动越站流程，当进站压力上升，出站压力下降到前者超过后者时，越站单向阀自动开启，使油流越站输送，可起到一定的保护作用。

为了提高现有管道的输送能力，对等温输送管道，可采取以下方法：增加各泵站上的运行机组数；在管道沿线增建泵站；在可能情况下提高管道的工作压力；沿管道平行铺设副管道等。

二、管道输气工艺

管道输气工艺是指实现天然气管道输送的技术和方法，即根据气源条件及天然气组分，确定输气方式、流程和运行方案，确定管材、管径、设备、沿线设站的类型及站距等。

早期的天然气管道输送，全靠气井的自然压力，而且天然气在输送过程中不经过处理直接进入管道。现代天然气管道输送则普遍采用压气机提供压力能，对所输送的天然气的质量也有严格的要求。

1. 管道输气流程

来自气井的天然气先在集气站进行加热、降压、分离，计量后进入天然气处理厂，脱除水、硫化氢、二氧化碳，然后进入压气站，除尘、增压、冷却，再输入输气管道。在沿线输送过程中，压力逐渐下降，经中间压气站增压，输至终点调压计量站和储气库，再输往配气管网。

输气管道沿线各压气站与管道串联构成统一的密闭输气系统，任何一个压气站工作参数发生改变都会影响全线。因此，必须采取措施统一协调全系统各站的输量和压力，如调节各站原动机的转速，改变压气机工作特性和采用局部回流循环等，以保持压气机出口压力处于定值，并保障管道、管件和设备处于安全运行状态。

2. 压气站设置

为提高天然气压力或补充天然气沿管道输送所消耗的压力，需要设置压气站。是否需要建设起点压气站，取决于气田压力。当气田压力能满足输气的需要时，可暂不建站。长距离输气管道必须在沿线建设若干个中间压气站。中间压气站的数目主要由输送距离和压缩比决定。站距主要由输气量确定，每个压气站都要消耗一部分天然气作燃料，因此输气量逐站减少，从而使各站距也有所不同。在确定站距时，应根据通过该站的实际输气量和进出口压力值，按输气量公式计算，还应综合考虑压气站址的地理、水源、电力、交通等条件。

3. 末端储气

利用输气管道末端的工作特点作为临时储气手段。末端长度对管道管径及压气站站数的确定有影响，因此也是输气工艺应考虑的问题。输气管道末端与中间各段的工作条件的差别是：中间各段的起终点流量基本相同，而末端的起终点天然气流量和压力则随终点外输量的变化而变化。气体外输量少时，多余的天然气就积存在末端；外输量大于输气管前段的输气量时，不足就由积存在末端中的天然气来补充。

4. 提高管道输送效率的措施

输气管道经一段时间运行后，由于管内积垢、积液和压气机磨损等，管道输送效率就会下降。提高运行效率的措施有：

（1）在用气中心建立储气库，减小终点配气量对输气的影响，保证输气管道经常按高效输气量输送，充分发挥管道的输气能力。

（2）选择排量、功率和压力有较宽调节范围的压气机组，使之在输量变化时仍能有较高的效率。

（3）采用内壁涂层，降低管内粗糙度，减小压力能损失。

（4）采用各种清管器消除管内锈屑和积液。

（5）降低输送温度，提高输气压力，顺序输送多种气体等。

第四节　管道生产管理

一、管道生产管理概述

管道生产管理是指管道运行过程中利用技术手段对管道运输实行统一指挥和调度，以保证管道在最优化状态下长期安全而平稳地运行，从而获得最佳经济效益的生产组织工作。它包括管道输送计划管理、管道输送技术管理、管道输送设备管理和管道线路管理，前二项又统称管道运行管理，是生产管理的中心环节。

管道输送计划管理是指根据管道所承担的运输任务和管道设备状况编制合理的运行计划，以便有计划地进行生产。管道输送计划管理首先是编制管道输送的年度计划，根据年度计划安排管道输送的月计划、批次计划、周期计划等。然后，根据这些计划安排管道全线的运行计划，编制管道站、库的输入和输出计划，以及分输或配气计划。同时，根据输送任务和管道设备状况，编制设备维护检修计划和辅助系统作业计划。

管道输送技术管理是指根据管道输送的货物特性，确定输送方式、工艺流程和管道运行的基本参数等，以实现管道生产最优化。管道输送技术管理的内容包括随时检测管道运行状况参数，分析输送条件的变化，采取各种适当的控制和调节措施调整运行参数，以充分发挥输送设备的效能，尽可能地减少能耗。对输送过程中出现的技术问题，要随时予以解决或提出来研究。

管道输送设备管理是指对管道站、库的设备进行维护和修理，以保证管道的正常运行。管理的内容主要包括：对设备状况进行分级，并进行登记；记录各种设备的运行状况；制定设备日常维修和大修计划；改造和更新陈旧、低效能的设备；维护在线设备。

管道线路管理是指对管道线路进行管理，以防止线路受到自然灾害或其他因素的破坏。管理内容主要包括：日常的巡线检查；线路构筑物和穿越、跨越工程设施的维修；管道防腐层的检漏和维修；管道的渗漏检查和维修；清管作业和管道沿线的放气、排液作业；管道线路设备的改造和更换；管道线路的抗震管理；管道紧急抢修工程的组织等。

二、管道运行管理

（一）管道运行管理及其必备条件

管道运行管理是指用制定管道运行计划的方法，以及运用管道运行状况分析和调度等手段，充分发挥管道和设备的输送效率，实现管道安全、平稳、经济的最优化运行，是管道生产管理的主要组成部分。近代的油、气管道，一般都采用油品顺序输送工艺和全线密闭输送工艺。为了达到最好的经济效益，就要求提高管道运行管理的水平。

管道运行管理需要准确的资料档案，即应有能正确反映全线客观条件的资料，如全线及泵站的竣工图（包括全线线路平面图、纵断面图、全线总流程图、各站流程图及系统图等）和竣工后的更改记录。全线竣工图应准确地标记出各站间距离、各站高程、沿线阀室位置和所有穿越工程的位置；标志出管道试压点、试压值和管道变换管径的位置等。竣工后的变更记录应记录和标志出管道历次发生的事故（包括泄漏、断裂、损伤、设备故障等事故）的原因和位置，标明线路和站内设备更换的原因和时间等。为了积累运行经验，还应保存运行记录和资料。

管道运行管理需要先进、可靠的设备，如要有良好的调度设备和通信设备，以及显示各泵站运行参数及流程的电视屏幕，还要有电子输出设备以便随时记录各站的运行参数。在调度室有用各种灯光表示全线的走向、高程、站距和沿线截断阀位置等的设施；有标志出各站的简明流程，并用灯光显示主要机组的停、运，各站主要阀门开闭状态的设施。通过这些设施可以直观地了解全线的运行情况。在多批量运行的管道，还必须设置批量和界面跟踪台，由专职人员经常监视和指导操作。

管道运行管理需要训练有素的调度人员，他们对管道及各站的设备、流程要熟悉了解，具有掌握现代化设备的知识和能力，具有丰富的运行管理经验。

（二）管道运行管理的基本步骤

管道运行管理包括分析运行资料、编制运行计划和运行调度3个基本步骤。

1. 分析运行资料

对委托管道承运的油品种类和数量，交付输送的时间和地点，油品的特性，以及对管线各泵站收、发油品应具备的条件等进行分析和研究，编制出年度轮廓计划，并做好完成管道年度任务的技术准备。

2. 编制运行计划

在分析运行资料的基础上，编制出指令性强的全线运行计划和各站的运行计划。在编制成品油月份或旬的全线运行计划时，要标明各批油品的名称、编号、特性和输量；标明各批油品到达各站的时间和进入的油罐；明确各批油品输送的顺序和分输时间、分输量；确定各批油品的运行参数；标明有无清管作业和计划性停输作业。编制月或旬的各站运行计划，要明确各站进油任务、倒罐流程；安排倒罐作业、启泵和停泵或倒换泵的作业、流量计标定和清管器接收与投入作业以及各旬的设备维修计划等。

3. 运行调度

运行调度是指按运行计划进行全线指挥、调整、监督等工作，以保证按运行计划完成输送任务。调度人员先对运行计划进行核对，并作适当修改，然后根据计划下达调度指令。全线运行情况均反映到调度室，调度室进行全面监视。顺序输送时跟踪各批油品界面的准确位置，预报分输站切换流程和分输的时间；与此同时，跟踪清管器的运行位置等。

一旦发生事故，调度人员应负责立即处理，采取措施，下达指令，更换运行参数，以减少事故对计划的影响。

三、管道生产管理的技术手段

管道运输线路长，站、库多；输送的货物易燃、易爆、易凝或易沉淀，且在较高的输送压力下连续运行。这就要求管道生产管理具有各种可行的技术手段，即管道监控、管道流体计量和管道通信等技术手段。

1. 管道监控

管道监控是指对管道运行工况的监测和控制，是实现密闭输送工艺，管道安全、平稳和最优化运行所必需的手段。

运输管道线路长，站库多，全线密切相连。因此，运行工艺既需要站库和线路的就地监控，也需要全线的遥测和遥控。管道监控的主要任务是：收集、处理、显示和记录管道系统的运行状态和工艺参数；按输送计划、动态工况分析结果，选择最优运行方案；协助调度人员迅速准确地开关阀门和启停设备，以实现选定的输送工艺流程；调节流量、压力和温度等运行参数；预测、分析和处理事故；进行起点站、终点站和分输站的油、气交接以及账务结算等。

管道监控系统一般由调度中心、远传通道和监控终端三大部分组成。现代调度中心通常设置两台电子数字计算机，即一台在线工作，收集、处理和监视管道运行数据，提供控制指令或在必要情况下直接控制泵站设备和线路上的遥控截断阀；另一台计算机作为备用。备用机除能迅速地切换到在线状态外，还可进行软件开发、制定计划、管理器材，并可完成其他计算或管理工作。为确保遥控指令正确执行，一般采用遥控指令返回校核，并由调度员决定是否发出执行指令的开环控制方式。根据屏幕显示的实时遥测数据，如设备状态和参数发生变化，调度员即可确知指令执行情况。远传通道的功能是将监测和控制信息迅速、准确地从发送端传送到接收端。监控终端包括站、库监控终端和管道线路监控终端。输油管道与输气管道的监控对象不同，但两者的结构和监控的基本内容是一样的。站、库监控终端由站控中心、就地控制装置和仪表系统组成。站、库监控终端除实施遥测遥控功能外，还必须具有站内集中控制功能和现场手动控制功能。

2. 管道流体计量

管道流体计量是指对管道运输的流体货物流动量的测量工作，其任务是：向交运和承运双方提供货物运输量的数据；为实施输送计划、分析运行工况、控制总流量和分输量的平衡提供重要依据；在油品顺序输送中，为批量切换和转换提供依据；为计算输油和输气成本提供依据；监测管道输送过程中的漏失量。

3. 管道通信

管道通信是管道运输借以传递各种信息，进行业务联系和控制管道运行的工具。管道运输具有全线联合作业的特点，即管道的各个环节要密切配合，协调一致，才能完成管道运输作业，这就必须通过通信系统进行统一调度和集中监视。同时，在管道维护和抢修过程中，组织人员，调运器材，协调操作等也缺少不了通信联络。

管道通信系统主要由区段通信、干线通信和移动通信三部分组成。区段通信是指管道各区段内部的通信。每个区段的通信系统不仅要满足本区段的通信需要，而且也是干线通信网的组成部分。干线通信是管道运输部门各级管理机构之间及其与调度中心之间的通信。干线通信网沟通总部、大区中心和调度中心。移动通信是为满足收集和传递管道沿线和各种监视信号的需要，以及为满足管道维护工作的需要所使用的无线电通信系统。

第八章　综合运输系统

第一节　综合交通运输体系的概念

一、综合运输体系

每一种运输方式都有其特定的运输路线和运输工具，且形成了各自的技术运营特点、经济性能和合理使用范围。铁路运输能力大、费用低、连续性强，可以全天候运行，是我国运输的主力。道路运输机动灵活、通用性强、时效性好，能实现"门到门"运输。水路运输能力大、投资省、费用低、占地少，特别是沿海和长江，既是国内运输干线，又是国际运输重要通道，在对外贸易、吸引外资和技术引进方面具有明显优势。航空运输速度快、舒适性好，是大城市间和边远地区长途客运的重要力量，在对外开放的情况下，航空运输作用更为显著。管道运输能力大、占地少、成本低，是石油和天然气运输的最佳方式。

综合交通运输体系是相对单一的运输方式而言的，是在五种运输方式的基础上组建起来的，是各种运输方式在社会化的运输范围内和统一的运输过程中，按其技术经济特点组成分工协作、有机结合、连接贯通、布局合理的交通运输综合体，形成统一的运输过程。

首先，综合运输体系是在五种运输方式的基础上组建起来的。随着经济和社会的发展，科学技术的进步，运输过程由单一方式向多样化发展，运输工具由简陋向现代化发展，而人流和物流移动的全过程往往要使用多种运输工具才能实现，因此运输生产本身就要求把多种运输方式组织起来，形成统一的运输过程。所以，综合运输体系是运输生产力发展到一定阶段的产物。其次，综合运输体系是各种运输方式通过运输过程本身的要求联系起来的。各种运输方式在分工的基础上，有一种协作配合、优势互补的要求，即在运输生产过程中的有机结合；在各个运输环节上的连接贯通，以及各种交通运输网和其他运输手段的合理布局。如果没有这种内在的要求，或者这种内在要求受到限制，也就不可能建立和完善综合运输体系。从运输业发展的历史和现状看，各种运输方式一方面在运输生产过程中存在着协作配合、优势互补的要求，另一方面在运输市场和技术发展上又相互竞争。这两种要求交织在一起，使发展综合运输体系成为一个长期的由低级向高级发展的过程。

综合运输体系虽然是一个新概念，但在经济生产活动中已经存在。如山西煤炭运到华东，可先经道路由汽车集运到火车站，后经铁路干线运到沿海港口或长江港口再换装到船上，由水运到达上海港，之后，再经铁路、道路或内河疏运到各用煤单位。要完成这样的全程运输，不仅要有协调发展和连接贯通的各种运输线路、运输工具及其相应环节的结合部设施（装卸或换装、换乘点），而且要对各种运输方式组织起联合运输，并进行综合运输管理，才能完善煤炭运输全过程。从这里可以看出，综合运输体系大致由三个系统组成。一是具有一定技术装备的综合运输网及其结合部系统。这是综合运输体系的物质基础，系统的布局要合理协调，运输环节要相互衔接，技术装备要相互配套，运输网络要四通八达。二是综合运输生产系统，即各种运输方式的联合运输系统。这个系统要实现运输高效率，经济高效益，服务高质量，充分体现各种运输方式综合利用的优越性。三是综合运输组织、管理和协调系统。这个系统要有利于宏观管理、统筹规划和组织协作。这三个方面构成了综合运输体系生产能力的主要因素，要发展和完善综合运输体系，也主要在这三个方面下功夫。

二、综合运输体系的发展趋势

综合运输体系是一个庞大的系统工程，要在我国逐步建成具有中国特色社会主义的综合运输体系，并使之不断完善和提高，必须从我国国情出发，处理好国民经济大系统与运输系统的关系，综合运输总系统与各种运输方式子系统的关系，各种运输方式内部各个环节之间的关系，等等。我国综合运输体系的发展方向的要点是：

（1）要搞好各种运输方式的综合发展和协作，在全国范围内建设综合运输网，因地制宜地发展相应的运输方式，发挥城市交通在综合交通运输网中的枢纽作用，大力发展各种运输方式的联合运输。

（2）在可预见的将来，铁路仍将是中、长距离客、货运输的主力。要加快铁路的技术改造和新线建设，特别是以运煤为主的干线建设。近期内要加快既有线路的改造和扩建。要发挥铁路在中、长距离大宗货物运输中的优势，对短途客货运输，以及成品油运输应逐步由其他运输方式分担。

（3）充分发挥道路运输机动灵活、送达快、门到门运输的优势，发挥道路运输在短途客、货运输中的主力作用。随着道路状况的改善，汽车技术进步和大型车的增加，道路运输将逐步成为高档工农业产品运输以及中距离客运的重要力量。要加速道路，尤其是干线道路的技术改造，应使道路建设有一个较大的发展。

（4）沿海和内河运输是大宗和散装货物运输的主要方式之一。要加强内河航道建设，以及沿海和内河港口的改造和建设，发展沿海和长江等主要内河运输，实现干支道直达运输和江海联运。

（5）航空运输建设周期短，效益高，速度快，大中城市间长距离客运应优先发展航空运输。对发展边远地区、高档外贸和急需物资的运输，航空运输也有其特别的优势。

（6）除发展原油和天然气管道运输外，在成品油集中的流向上，要建设成品油管道，积极慎重地发展输煤管道。

发展综合运输体系是当代运输业发展的新趋势、新方向。当代交通运输业的发展，出现了两大趋势：一是随着世界新技术革命的发展，交通运输广泛采用新技术，实现运输工具和设备的现代化；二是随着运输方式的多样化，运输过程的统一化，各种运输方式朝着分工协作、协调配合、建立综合运输体系的方向发展。在世界范围内，这两种趋势结合起来，成为当代运输业发展的新方向，已经或正在改变着交通运输业的原来面貌。我国把发展综合运输体系作为发展运输业的途径和方向，既符合运输生产发展规律，也符合世界交通发展趋势，必将使我国运输业发生广泛而深刻的变化。

发展综合运输体系是我国运输业发展的新模式。我国工业和交通运输管理基本上以条条为主，各种运输方式在横向联系很不够，这往往会使该建设的项目没有及时建设，而不该建设的反而建成了，造成浪费。运输业的建设由单一的、孤立的发展模式向综合的、协调的模式转变，这是一个进步，特别对大宗的稳定的客货流方向按照综合运输体系的要求进行建设，一定会收到良好的效果。

发展综合运输体系是增强有效运输生产力，缓解我国交通运输紧张状况的途径之一。现代化生产的一个重要特征就是协作。马克思曾经说过：协作产生一种新的生产力。交通运输是一个大系统，各种运输方式，各条运输线路，各个运输环节，如果出现不协调，就不能发挥有效的运输生产力。例如，几年来我们比较注重沿海煤炭装船港的建设，而不大重视煤炭卸船港的建设，或者港口前沿能力大，而港口后方铁路能力小，使装船港的能力得不到充分利用，这也是较长时期以来煤炭供应紧张的原因之一。

发展综合运输体系是提高运输经济效益的重要方法。运输业的根本任务是在提高经济和社会效益的前提下完成运输任务。按照各种运输方式的技术经济特点，建立合理的运输结构，发展综合运输体系，就能使各种运输方式扬其所长，避其所短，既可扩大运输能力，又能提高经济效益。运输结构合理化的标准，最根本的是选择哪种经济和社会效益好的运输方式。

第二节　综合运输系统构成

一、综合运输体系的运输方式构成

综合运输体系中的运输方式结构，包括铁路、道路、水运、航空和管道等五个运输子系统。这些子系统各有优势，在一定的地理环境和经济条件下有其各自的合理使用范围。

按照系统论与运输经济学的观点，建立合理的运输结构，不仅要科学地确定各种运输方式在综合运输系统中的地位和作用，而且还必须在全国范围内根据运输方式的合理分工和社会经济发展对运输的需求，做到宜铁则铁、宜道则道、宜水则水、宜空则空，逐步建立一个经济协调、合理发展的综合运输系统。运输系统结构的形式，从不同国家或地区来看，主要有以下几种形式：

1. 并联结构

各运输子系统间为一个并联关系，如图 8-1 所示。

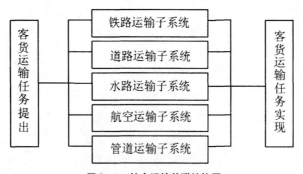

图 8-1　综合运输并联结构图

一般在区域面积大、经济发达国家或区域可能出现这种结构，当然并联方式可能是两种、三种、四种或五种运输方式。

2. 串联结构

各运输子系统间为一个串联关系，如图8-2所示。

图8-2 综合运输串联结构图

当然串联的运输方式可能是两种、三种、四种或五种，其中具体运输子系统亦可能不同，如铁—道—水或道—铁—水或水—铁—道……

3. 串并联结构

一个国家或地区交通子系统的组成结构，大多数为串并联关系，如图8-3所示。当然，串并联的运输子系统可能又有不同的组合。

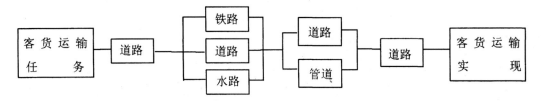

图8-3 综合运输串并联结构图

二、综合运输体系的设备构成

现代化的综合运输系统的共同特点是使用机械动力驱动运载工具在线路上运送人员和物资（管道运输是接受动力推进）。因此，综合运输系统的设备结构基本上有两大子系统，即固定设备子系统和移动设备子系统。只有这两个系统能在综合运输能力的范围内协调配合，才能形成最优的综合运输能力。

1. 固定设备子系统

综合运输系统固定设备子系统，包括线路、港站的土木建筑及其相关的技术设备，具体地说包括铁路、道路、航道、管道、桥梁隧道、车站、枢纽、港口码头、船闸、客货运设施、航空港、机场、管路、油气泵站以及相关的通讯信号与控制等设备。对于交通运输系统来说，其特点之一是国家设施不仅投资额大，而且建设周期长，同时一经建成就不能移动。为此，如何根据国民经济发展和地区经济的需要，及时地科学地建设好交通运输的固定设备子系统，是交通运输系统工程的基本内容。

2. 移动设备子系统

综合运输系统的特点是使用机械动力驱动载运工具在线路上（包括铁路线、道路、航道与空中航线等）运送人员和物资，这些动力装置和运载工具即为铁路的机车车辆、道路的汽车、城市的电车、水上的船舶，这些设施都是在交通网上移动，故谓之移动设施。它们主要是直接运输货物和旅客。为发展综合系统除了有固定设施子系统外，还必须有相应的移动设施子系统，才能保证运输功能的实现。

综合运输的设备子系统就是上述两类设施子系统的合成，共同承担客货运输任务。如需综合运输系统设备提供最优的综合运输能力，就要使这两个子系统能协调配合，通过科学的运输组织，实现既有设备的最优综合运输能力。

三、综合运输网络系统

综合运输网是在一定空间范围（国家或地区）内由几种运输方式的线路和枢纽等固定技术装备组成的综合体。运输网是运输生产的主要物质基础，其空间分布、通过能力和技术装备体现了整个运输系统的状况与水平，在运输业发展中占有十分重要的地位。运输网的结构与水平更直接影响着交通运输系统的功能，为此，应该对运输网结构进行深入分析。

（一）运输线路

根据运输网同国民经济和生产力地域组合的关系，可将组成全国综合运输网的各种交通线路，按照以下功能结构进行建设。

1. 骨干线路（主干线路）

这是全国运输网的骨干和大动脉，它把全国主要工矿区、大城市、重要海港和主要粮食和商品、农产品基地联系起来，把各个大经济区、省（自治区）联成一个有机的整体。骨干线路最明显地体现着这种物质基础的作用。我国的骨干线路一般来说由铁路主要干线和沿海以及长江干流组成，但在一些地区，如西藏等区域，道路干线为其骨干线路。

2. 开发线路

它是骨干线路向边疆地区和新开发区的延长。这种线路对开发资源、改变原来生产力分布的不平衡性有巨大意义。同时，它们在国民经济中起先行作用。

3. 给养线路

这是联系主干线路和工业、农业以及矿产品，运入肥料、工矿设备、粮食和日用品等给养物资的线路。给养线路可以是铁路、道路，也可能是大河的支流或人工运河。它所以重要，是因为许多工农业地区并不分布在主干线路上，因而就必须用相关线路将其连结起来。一般来说，工厂、矿山在开始建设前就要修建铁路或公路支线。

4. 腹地线路

它们是分布在广大农村和工矿区内部的交通线，一般呈网状分布，像微血管一样灌输全国各地区。腹地线路一般为三级以下公路和小河航线，在城市工矿区有时也采用铁路和高级公路。

5. 企业线路（或叫专用铁道与专用线）

这是为工矿企业和乡镇、国营农场内部生产服务的交通线，它本身也是企业生产过程的组成部分。它好像微血管一样和企业外部的运输系统连通起来。

以上五类功能线路组成全国运输网，要使全国运输网能发挥其基本功能，运输网就要有上述功能的线路。当然随着科学技术发展，运输网的综合能力水平也将有较大的提高。

（二）综合运输网的层次结构

综合运输网还有其层次结构，既包括了全国综合运输网，同时还包括在全国运输网的覆盖下各级地方运输网。一个高水平的综合运输网也必然是一个从全国到各级地方的运输网，即综合运输网要层次完善，结构合理，以实现其最大的功能。

综合运输网是生产地域综合体的一个组成部分。从运输是为生产服务的观点出发，运输网的体系应该与国民经济体系相协调。同样，各级地方运输网则要求与各级地方经济发展相适应，这就要求要形成各具特色的运输网。各级综合运输网的判别主要表现为其技术装备水平的高低和综合运输能力的大小。全国和大经济区级的运输网的骨干主要是由现代化的铁路、水运干线、高等级公路和航空线组成的。省级的运输网还包括一定比例的一般公路和地方航道。而省内的地方综合运输网则根据各省经济水平和自然条件的差异，技术状态亦会有所不同。如淮河、长江流域一些地区，内河运量占地区运量的70%以上（如浙江省），而北方地区水运比重却是微不足道的。又如东北和华北地区，与其发达的工业，特别是重工业相适应的是稠密的、通过能力较大的以铁道为主的运输网。南方各省区工业较分散，运输网的骨干是由不太稠密的铁路和水运干线共同组成；而西北和西南等新开发地区公路在运输网中亦占有重要地位。

综合运输体系的空间布局本身就形成典型的网络结构。各种运输方式的线路、航道、道路、航线构成网络的边，这些边的端点及交叉点，如交叉路口、车站、码头、机场和交通枢纽构成交通运输网络的节点。各子系统内部点是由线路、道路、运输服务设施及库场、站台、出入口等组成的复杂的网络子系统。这是区域、城市及各种运输方式等共同具有的网络结构特点。

交通网络的层次性是根据地理条件、行政区划分、交通设施等状况人为地确定的。根据我国的具体情况，我们认为，像我国这样一个面积大、人口多的国家，交通网络分三个层次比较合理：

（1）国家级交通网络；

（2）省级交通网络；

（3）地县级交通网络。

国家级的交通网络主要研究交通运输通道，为建立完整的综合运输体系服务，可以清晰地反映如下几方面的问题：

（1）与国外联系的重要口岸及通道。它的实质是国家级交通网络和国际大交通网络的接口问题；

（2）国家重要资源的运输通道；

（3）重要交通枢纽在交通网络中的地位；

（4）行政区域间的联络；

（5）与国家经济发展战略相适应的运输通道。

对于省和地区级的交通网络，应主要研究其主干道以及与国家网络的接口，这就是从大流量的观点出发布置运输通道的方法。省级网应着重考虑国家干线和省内的主要干线。在研究地区网时，主要应考虑国家和省级网络在该地区的部分以及本地区的其它重要线路构成的网。

四、综合运输枢纽系统

1. 运输枢纽的含义

运输枢纽是在两条或两条以上运输线路的交汇、衔接处形成的，具有运输组织、中转、装卸、仓储、信息服务及其他辅助服务功能的综合性设施。服务于同一种运输方式的叫做单式运输枢纽，例如，我国目前的航空机场，铁路的车站，海运、内河的港口，道路的客货运输中心。服务于两种或两种以上运输方式的叫做复式运输枢纽。

运输枢纽是国家或区域交通运输大系统的重要组成部分，是运输网相邻路径的交汇点，是由若干种运输所连接的固定设备和移动设备组成的整体，共同完成着货物及旅客运输的中转与地方作业。各种引入枢纽干线的客货运输汇合点与分流点及大量市郊运输的终点站均属运输枢纽研究的范围。

2. 运输枢纽的功能

运输枢纽集中了交通运输大系统的多种运输方式，其基本功能是将一个或几个方向和运输方式的客货流分送到另一个或几个方向和运输方式，具体体现在如下方面：

（1）运输枢纽是多种运输方式的交汇点，是大宗客货流中转、换乘、换装与集散地，是各种运输方式衔接和联运的主要基地。

（2）运输枢纽是同一种运输方式多条干线相互衔接，进行客货中转，及对营运车辆、船舶、飞机等进行技术作业和调节的重要基地。

（3）从旅客到达枢纽到离开枢纽的一段时间内，为他们提供舒适的候车（船、机）环境，包括饮食服务；提供货物堆放、存储场所，包括包装、处理等服务；办理运输手续，货物称重，路线选择，路单填写和收费；旅客购票，检票；运输工具的停放、技术维护和调度。

（4）运输枢纽大都依托于一个城市，对城市的形成和发展有着很大的作用，是城市实现内外联系的桥梁和纽带。

从运输枢纽在运输全过程中所承担的主要作业任务来看，它的基本功能是保证完成四种主流作业：直通作业、中转作业、枢纽地方作业以及城市对外联系的相关作业。

3. 运输枢纽的分类

运输枢纽可按以下几种方法进行分类：

（1）**按地理位置分**：

1）陆路运输枢纽，如北京、郑州；

2）滨海运输枢纽，如上海、大连；

3）通航江河岸边运输枢纽，长江干流从宜宾至上海共有 13 个此类运输枢纽。

（2）**按承担的客货运输业务分**：

1）中转枢纽。以办理中转或直通客货运输业务为主，地方运量比例很小，如郑州；

2）地方性枢纽。以办理地方作业为主，中转运输量较少，如本溪、鞍山；

3）混合枢纽。具有大量的地方业务，同时还办理相当数量的直通客货运输业务，如兰州、成都。

（3）**按交通方式的组合分**：

1）铁路—道路枢纽。这种由陆路干线组成的枢纽都分布于内陆地区，在较长的时期中，这是运输枢纽的主要形式。我国运输枢纽目前有 43% 属于此类。

2）水路—道路枢纽。由河运或海运与道路运输方式组成，一般水运起主要作用，道路以集散客货为主。

3）水路—铁路—道路运输枢纽。因水路有海、河之分，此类枢纽又包括：海运—河运—铁路—道路枢纽，海运—铁路道路枢纽，河运—铁路—道路枢纽。前两种都以海运为主，并有庞大的水路联运设施系统，如我国的上海，荷兰的鹿特丹，俄罗斯的圣彼得堡（列宁格勒）；后一种有些以铁路为大宗，有些以水运为主，如武汉。

4）综合运输枢纽。这是交通运输发展的高级阶段。其具体组成方式有的由铁、公、水、空、管多条干线组成，有的无水而由其他四种方式组成。上海、北京、沈阳、天津、武汉等均已形成了多方式组合的综合交通运输枢纽。

（4）**按交通运输干线与场站空间分布形态分**：

1) 终端式枢纽。分布于陆上干线的尽端或陆地的边缘处，如乌鲁木齐、青岛；
2) 伸长式枢纽。干线从两端引入呈延长式布局，如兰州；
3) 辐射式枢纽。各种干线可以从各个方向引入，如郑州、徐州；
4) 辐射环形枢纽。由多条放射干线和将其连接起来的环线构成，如北京；
5) 辐射半环形枢纽分布于海、湖、河岸边城市。

第三节　各种运输方式的合理配置与分工协调

一、各种运输方式配置

在国民经济和社会发展以及运输技术不断进步的条件下，综合利用和发展各种运输方式的问题日益受到各国的重视。在各国综合运输体系的发展中，都很注意研究如何随着运输需求的变化，充分发挥各种运输方式的技术经济优势和功能，合理配置和协调发展，力求达到最合理地满足运输需求，保证运输安全，合理利用自然资源，保护环境等目标。

综合运输体系是国家的宏观运输结构，包括铁路、道路、水路、航空、管道等五种主要运输方式，它们既有相对独立性，又是互相依存的运输方式，包括干线运网、区域运网、城市运网、乡镇运网、运输枢纽等局部运输系统。

运输结构是指运输业的内部结构，也就是五种运输方式在运输业中的地位和作用，以及相互之间的比例关系。综合运输体系的发展也是反映运输结构的变化和发展。各国在发展综合运输体系方面，都是根据本国的自然地理、经济和社会发展、技术进步等条件，制定运输政策。在经济发达的资本主义国家，各种运输方式之间是相互竞争，通过运价和提高服务质量来争夺客货运市场。在自由竞争的基础上，政府是通过协调运输与经济和社会发展关系来推动各种运输方式的综合利用和协调发展的。

各种运输方式的合理分工，在不同国家、不同地区和不同历史时期各不相同。我国是大陆国家，幅员辽阔，资源分布，产业配置、国土开发和经济发展很不均衡。矿产资源分布在北部和西部，加工工业大量集中在东部沿海及相邻地区，形成强大的货流，同时随着对外开放政策的深入贯彻，外向型经济的发展，进出口贸易将大幅度增加。因此，地区之间和进出口运输通道的建设，必须从全国各地区经济布局和各种运输方式的技术经济条件出发，统筹考虑各种运输方式的合理配置和协调发展，以提高总体的综合运输能力。

从各种运输方式完成的旅客平均行程和货物平均运距趋势来看，在运输距离方面，反映了各种运输方式的分工日趋合理。在客运方面，铁路运输大量承担中长途客运，道路运输以中短途客运为主，民航运输以长途客运为主。在货运方面，铁路、水路以完成中长途货运为主，道路运输以完成中短途货运为主。

二、交通运输综合布局原则

综合运输布局指铁路、道路、水运、航空和管道等五种现代化运输方式的线路（包括铁路线、道路线、水运航道和航线、航空线及管道等）、站点（包括河港、海港、航空港等）的土木建筑物及相关技术设备和交通运输工具组成综合运输网的地区分布。综合运输布局取决于工农业生产的特点、水平和布局、当地的自然条件、各种运输业的技术经济特征，城镇居民点分布、国防要求，以及现有运输。综合运输布局是实现各种运输方式相互协调、相互合作的手段和方法。

1. 影响综合运输布局的因素

（1）国民经济的发展需求是影响综合运输布局的首要因素。运输业是社会物资交流、商品流通和社会发展生产的一个非常重要条件，综合运输布局必须从生产和消耗两个方面来考虑，那就是既为生产者服务又为消费者服务。因此，综合运输布局要以满足全国或地方国民经济发展的需要为前提，使运输系统在发展生产和保障供给之间起桥梁和先行作用。

（2）自然条件是影响综合运输布局的重要因素。各种运输方式的运输活动都是在广大的地域空间中进行的。因此，自然条件对综合运输布局的影响很大，从某种意义上讲，甚至是决定性的影响。如占我国货运总量40％的煤炭，其资源85％以上集中在秦岭、淮河以北地区，其中山西和内蒙古占61.4％，而河南等九个省、市仅占18％。煤炭资源的地区分布，在客观上决定了我国煤炭运输的流向是自北向南，由西向东，这就在一定程度上决定了我国综合运输网的基本格局。地形、地质条件对于陆上运输（铁路、道路）的线路、车站、港口码头的地基和周围地段的稳定性有重要影响，在地震活动地段、断裂破碎带、软土沼泽地区不宜建设铁路和港口。对于滑坡崩塌、泥石流、岩溶地段等也应尽可能避开或采用必要的工程措施予以防护。

气候条件对各种运输方式的正常运行有着一定影响。特别是水运和航空运输受气候条件影响很大。有些河流在冬季封冻，使轮船无法通航，有些河流季节性枯水，达不到一定水位也无法行船；有些气候不宜飞行。所以，水运和航空运输受气候影响最大。

水文因素中的流量、水深及其季节性变化，直接影响到水运、港址的选择、码头位置及规模等。地下水的高度对于铁路、道路、管道的路基稳定性也有一定影响。

（3）技术条件是影响综合运输发展的重要因素。随着科学技术的不断进步，技术条件对综合运输布局的影响越来越大。新型交通工具的出现，对运输业的发展产生更深远的影响。19世纪，随着蒸汽机的发明应用，铁路成为当时人类的主要交通工具。20世纪以来，随着道路、民航、管道等运输业相继高速发展，大大改变了世界范围内综合运输布局的面貌。

（4）名胜古迹和旅游胜地对综合运输布局也有重要影响。名胜古迹吸引大量国内外游客，客观上要求提供舒适、安全、迅速、方便的交通运输条件。另一方面，在铁路、道路线路和机场布局时，应注意靠近名胜古迹，同时要注意保护，严禁交通运输线路设施的建设破坏沿途的文物古迹。

2. 综合运输布局的原则

（1）综合运输布局要满足国民经济发展的要求，同时要起到促进国民经济各部门及对外贸易的发展作用，并要与工农业布局和人口分布相适应。在进行运输布局时不仅要使综合运输的各种运输方式相互协调，还要适应工农业布局、客货流动等方面的要求。综合运输布局最终要符合国家建设与国民经济发展的要求。

（2）综合运输布局要以科学的客、货运量预测为基础，它所担负的客、货运量的多少是国民经济和人民生活对它需求的数量尺度。因此，综合运输布局和改造的标准与规模直接取决于客、货运量的大小。所以搞好近、中、远期客、货运量的预测，是做好综合运输布局的基础。

（3）综合运输布局要因地制宜，充分考虑各地区的自然条件和特点。地形、地质、气候、水文等可影响交通线站的位置、走向和技术标准，同时，因地制宜是处理好综合运输布局的前提。在综合运输布局中必须重视影响较大的地形、气候、水文、地质等自然条件的研究分析工作。

（4）综合运输布局要综合利用各种运输方式，加速综合运输网的形成，保证运输枢纽有规律、步调一致地组织运营。在综合运输网中，铁路、道路、水运、航空、管道运输各有其不同的技术和经济特点，都占有一定的地位和作用。一般来说，旅客从始发地到目的地，货物从产地到消费地，往往要由几种运输工具共同完成。综合运输布局要做到点（站、港、枢纽）、线（线路、航线）、面（交通网）的结合，形成综合运输能力；要根据客、货流量和流向来规划运输网，在规划综合交通运输网的基础上，安排好交通运输枢纽的分布和建设。

（5）综合运输布局要尽量少占土地，节约用地。我们国家人多地少，土地资源非常宝贵。所以，在满足运输需要的前提下，尽量做到节约用地，少占农田，不占良田。

（6）综合运输布局要与城市规划相结合。交通运输是城市建设和发展的基本条件，交通运输条件的变化必须影响到城市的兴衰，而城市建设和发展反过来促进交通运输业的发展。

（7）综合运输布局要适应巩固国防和加强战备的需要。综合运输布局对实现全国政治稳定，巩固国防有着重要的作用。新线建设和旧线改造都要满足国防安全的需要，处理好国防需求与经济建设需求的关系。

三、各种运输方式合理配置

（一）各种运输方式合理配置的影响条件

（1）自然地理条件 各种运输方式的合理配置，要根据具体地区的自然地理条件。在铁路、道路、海洋、江河运输条件具备的情况下，要进行合理分工，宜水则水，宜陆则陆。

（2）社会经济条件 各种运输方式合理配置及协调发展，必须同这个地区的经济与发展相适应，要充分满足这个地区的客货运输量增长的要求。

（3）空间布局条件 各种运输方式合理配置要同地区内工农业生产布局相适应。

（4）运输结构条件 各种运输方式合理配置应考虑历史上已经形成的运输结构，如水陆分工，铁公分工，运输部门、物资部门已经形成的设备能力，如铁路专用线、站场、港口、货主码头等，在分工中应充分利用这些设备，同时要根据今后国民经济的发展，逐步发展或调整运输分工，形成合理的运输结构。

（5）运输技术条件 运输方式间的分工，并不是机械的分工，在很多情况下，是通过两种或两种以上运输方式的联运，才能实现整个运输过程。如在水陆联运中，既要考虑铁路、道路的运输能力，陆水衔接换装和港口能力、枢纽内部能力和航运能力的配合协调，同时又要考虑在采用运输新技术后，运输能力和运输效率将有很大提高，这些因素将对运输方式的分工有较大的影响。

（6）经济效益条件 各种运输方式合理配置，要讲究经济效益，根据技术经济论证，应以最少的社会劳动消耗使国民经济和社会获得最大的经济效益为准绳。

（7）国家运输政策 各种运输方式合理配置，必须要在国家制定的运输政策指导下进行，国家的政策是多方面的，如产业政策、技术政策、投资政策、运输政策、运价政策等，这些政策与运输方式分工和协调发展密切相关。

（二）各种运输方式合理配置的研究方法

1. 调查研究地区和地区间各种运输方式的现状及运输结构

如铁路、道路、航空、管道等线路网等级及其能力；港、站、场、枢纽等设施及其能力；各种运输方式完成的客货运输量和周转量；运输工具类型、数量、载重量及其技术参数，完成的运营指标和经济指标等；以及存在的主要问题。

2. 国民经济和社会对运输需求的预测

（1）搜集社会经济历史统计资料和现状，如国民经济统计资料、交通运输网历年变化状况（设备和能力）、各种运输方式历年完成的客货运输量和周转量统计资料、地区内的工业布局状况及重要物资产量和运量。

（2）研究全国或地区的国民经济发展规模，如社会总产值、国民生产总值、国民收入；重要物资如钢铁、煤、石油、矿石、水泥、木材、粮食等与运输关系较大的物资产量；人口增长及旅游事业的发展等。

（3）根据国家（地区）的社会经济发展战略、产业政策、技术政策、价格政策、经济结构、产业结构、产品结构、交通运输政策等研究运输业发展的影响。

（4）综上所述，研究和预测未来时期客货运输量和周转量的增长量，分为总量和各种运输方式各自可能分担的运输量。

3. 运输能力与运量增长的平衡分析

根据预测的客货运输量，对照现有的运输能力，衡量其能否承担以及满足需要的程度，并根据各种运输方式适应运量增长需要列出应采取的措施，如增加运输设备的能力；对各种运输方式综合利用和协调发展进行技术经济评价。

4. 各种运输方式合理配置的经济评价次序

（1）各种运输方式的技术特征；

（2）各种运输方式的运输费用计算；

（3）各种运输方式能力扩展费用，如线路、站场、港口、机场、管道、运输工具、运输设备等的投资；

（4）各种运输方式根据运输建设项目经济评价方法，确定发展运输业的国民经济效益和社会效益，以及财务效益。

5. 各种运输方式扩展能力的投资效益的研究和分析

在研究各种运输方式扩大能力的同时，还要研究考虑国家（地区）发展交通运输的投资来源和资金筹措，使运输项目建设资金来源有保障。

6. 确定国家（地区）综合运输网模型

（1）各种运输方式的合理配置；

（2）各种运输方式的协调发展；

（3）发展运输业的步骤和建设次序；

（4）综合运输网给国家（地区）经济的发展带来了国民经济效益和社会效益。

各种运输方式合理配置的模型方框图如图 8-4 所示。

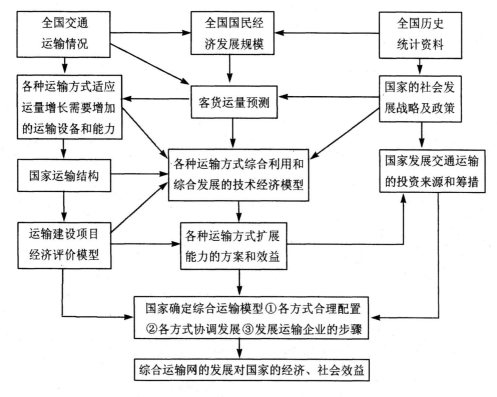

图8-4　各种运输方式合理配置模型

四、各种运输方式的协调发展

1. 货物流向流量和运输线路的协调

在考虑运输方式分工时，首先必须研究国民经济对运输需求的总运量，同通道上的总运输能力之间是否协调；第二，要研究具体货物的流向和流量同运输方式、运输径路是否协调；第三，对运输通道上能承担运量的不同运输方式，应进行技术经济比较，既要对几种可能承担的运输方式的适应程度进行比较，又要从不同运输方式的物资消耗和建设投资费、运营费及货物在途时间和损耗等方面进行比较。根据国民经济整体利益来实现运输合理分工。

2. 地区间各种运输方式的协调

我国幅员辽阔，每个地区的自然地理条件不同，地区之间和地区内部，运输联系及运输方式的发展和布局也不同。如西北、西南地区是内地大陆区，以陆上运输方式为主，铁路、道路在地区之间和地区内部的运输联系方面起到主导作用。如果西北内地开发石油，从长远看则以发展管道运输为宜。在东部和南部沿海地区，运输方式有铁路、道路、海运、河运、管道等。在研究各种运输方式分工时，除了要研究地区之间大通道运输联系外，还要研究地区内部与大通道相联系的干支线运输方式，两者是密切相关的。只有两者协调，才能达到合理分工的要求。

3. 各种运输方式设备能力的协调

各种运输方式各自有其特点，在完成整个运输过程中，犹如一套联动机，要求各个环节相互配合和协作。如铁路运输由车站、编组站、线路、机车、车辆、通讯信号设备等组成，铁路运输要使设备能力配套和协调，如线路能力要与车站、编组站的能力相配套，机车车辆能力与线路能力相配套，如果没有配套协调，铁路运输的总体能力就不能充分利用。在水运方面，有港口、航运、集疏运的配合问题。港口是水上运输的起讫点和水陆、江海联运的枢纽，又是各种运输方式相互衔接完成运输任务的结合部，有些港口又是工农业生产（加工）的基地和进出口贸易的口岸。因此，港口本身除了泊位、装卸设备、堆场、仓库、港区线路和设备等协调配合外，还要同外部的航运部门、铁路、道路等部门协调配合。民航航空港（机场），除了本部门的跑道、停机坪、导航设施、候机楼、货场及装卸设备、停车场等配套外，还要同城市交通协调配合，以保证旅客及时畅通地集疏运送。

随着科学技术的进步和发展，运输业采用新技术装备日益增加，这对运输方式的分工很有影响。我国铁路运输逐步向重载、高速等方面发展，机车车辆和线路必须与之相适应，铁路采用重型钢轨，制造大功率的电力和内燃机车，以逐步代替蒸汽机车和小功率的内燃机车；车辆方面逐步采用大型货车、专用车，以代替原来载量小的货车；旅客列车为了高速运行而采用机动车组。这些新技术的应用，可以提高铁路运输的经济性能，降低运输成本和降低能源消耗，扩大运输能力。在沿海运输发展大吨位、专业化、装备先进的适用船舶，如 3.5 万 t 级的散装货船、运煤船和第三、四代的集装箱船，可以提高海运经济性能，节省能耗，降低运输成本，扩大运输能力。在道路运输方面发展大吨位车、柴油车、集装箱车、特种车，并与道路主干线相适应。要改变道路运输的落后面貌，提高道路汽车运输的经济性和灵活机动性，扩大汽车运输的使用范围。航空运输将根据国际和国内航线客流量的迅速增长，发展大、中型客机，选用单位油耗省的客机，逐步淘汰耗油量大的陈旧客机，以充分发挥航空长途快速运输的优越性和经济性。

4. 各种运输方式运输组织工作的协调

不同运输方式的运输组织工作也不相同，这对运输分工和选择运输方式很有影响。如铁路运输对各生产环节的组织工作，包括旅客运输组织，货物运输组织及列车运行组织等就极为重要。水运船舶运行组织也应根据水上客货运输任务和船舶、港口、航道的技术运营条件，综合考虑水运生产的各个环节，以及同其它运输方式之间的配合，对船舶运行做出全面的组织和安排，主要包括规划航线系统、为各航线选取适当船舶、研究拖船和驳船的配合和制定船舶运行时刻表。为选择好航线和航次，水运企业与有关部门协作，在定货、定港、定船基础上，组织好船舶定期和定时运行，也要为完成某项临时的运输任务安排好航次。汽车运输生产过程中各个环节的组织工作，主要有规划和开辟道路营运路线，组织客货源，安排车辆班期，配置沿线运力，做好从事各项承运业务的生产准备工作。民航运输组织也要根据飞机运用计划，包括航线网建设、航班计划、航线运输计划和作业计划，对运输生产进行组织工作。

在两种或两种以上的运输方式（工具）或两个以上的运输企业，相互接力联合完成货物或旅客的全程运输任务时，这种联合运输更要加强运输组织工作，除在商务上和换装点的技术作业衔接联合外，在技术装备上通常还有两种类型：一类是通过集装箱或托盘等的形式，将铁路、水路、道路和航空等不同的货物运输系统一元化；另一种类型是复合运输系统，这种运输系统具有两种不同运输工具的功能。如牵引运输（驮背运输），汽车机头（牵引车）与拖运部分（半挂车、挂车或带轮集装箱）分开，干线运输利用铁路、两端（始发和终到站）运输利用道路。拖运部分兼有铁路和道路两种不同运输方式的功能，它既可以发挥铁路在长途货运方面速度快、运量大、成本低的优势，又可以收到道路运输办理门到门服务、机动灵活的效果。此外，还有汽车渡船和火车渡船也属于这种类型。

我国大宗货物大量联运的主要物资有：煤炭、石油、矿石、钢铁、粮食、矿建、化肥、木材等。主要联运海港有：大连、秦皇岛、天津、青岛、连云港、上海、宁波、广州、湛江等，它们通过铁路、道路、水路、管道等运输方式组成联合运输网。加强运输组织工作，各方面协调配合好，可以充分发挥各自的优势，加快车、船周转，提高运输效率，加快港口、车站、库场、货位周转，提高运输能力和吞吐能力，缩短货物送达期限，节约运输费用。由此可见，加强运输组织工作的协调配合，对各种运输方式合理配置将起到重要作用。

5. 运价和运输费用的协调

运价和运输费用对货主和旅客选择运输方式时具有很重要的地位。当各种运输方式的运输能力都能满足需求时，货主和旅客将从运输速度、安全、方便、及时以及运价和运输费用等方面，选择所需要的运输方式。

第四节　多式联运

一、多式联运的基本概念

多种方式联合运输（多式联运）是指根据单一的联合运输合同，使用两种或两种以上的运输方式，由联运经营人组织将货物从指定地点运至交付地点的全程连续运输，如铁—道联运、铁—海—道（铁）联运等。多式联运是不同运输方式的综合组织，这种综合组织是指在一个完整的货物、旅客运输过程中，不同运输企业、不同运输区段、不同运输方式和不同运输环节之间衔接和协调组织，是一种新的运输组织形式。

联合运输与传统的单一方式、单程运输是有区别的，主要特征是：

（1）根据多式联运的合同进行操作，运输全程中至少使用两种运输方式，而且是不同方式的连续运输。

（2）多式联运是一票到底，实行单一费率的运输。发货人只要订立一份合同、办理一次托运、一次结算费用，一次保险，通过一张单证即可完成全程运输。

（3）多式联运是不同方式的综合组织，全程运输均是由多式联运经营人完成或组织完成的，无论涉及几种运输方式，分为几个运输区段，多式联运经营人要对全程负责。

（4）货物全程运输是通过多式联运经营人与各种运输方式、各区段的实际承运人订立分运（或分包）合同来完成的，各区段承运人对自己承担区段的货物运输负责。

（5）在起运地接管货物，在最终目的地交付货物及全程运输中各区段的衔接工作，由多式联运经营人的分支机构（或代表）或委托的代理人完成。这些代理人及承担各项业务的第三者对自己承担的业务负责。

（6）多式联运的货物主要是集装箱货物，具有集装箱运输的特点。

（7）多式联运经营人可以在全世界运输网中选择适当的运输路线、运输方式和各区段的实际承运人，以降低运输成本，提高运达速度，实现合理运输。

二、多式联运的作用与优点

1. 多式联运的作用

多式联运是一种新的运输组织形式，是交通运输活动中的一个重要环节。它便于组织发挥各种运输方式的优势与特点，推动运输横向经济联合，提高运输效率。对发展商品经济、国际贸易，促进工农业生产以及发展旅游事业，方便人民旅行等，有着十分重要的作用。

（1）有利于发挥综合运输的优势。通过联运公司开办、代办业务，合理组织各种运输方式的衔接和配合，可以做到选择最佳运输方式和运输路线，使道路、铁路、水运合理分流，使车船库场充分利用，从而加速货物和资金周转，缩短车船停靠时间和库场使用周期，充分发挥综合运输的整体功能。

（2）有利于提高经济效益和社会效益。联运公司既为货主、旅客服务，又为运输企业服务。通过实行代办、代理运输，简化了货主自办托运的手续，减少中间环节，提高运输效率，以取得良好的经济效益和社会效益。

（3）有利于挖掘运输潜力，加速货位周转，提高运输效率。就铁水干线联运而言，铁路组织直达列车和成组运输，水运组织专用船舶定线、定班运输，港口定专用码头进行装卸，彼此之间及时预确报，使车、港、船紧密地协调衔接，这种把全程运输组成统一的作业体系，可以大大地提高运输效率。

（4）有利于形成以城市为中心、港站为枢纽的综合运输网络。城市是交通运输的枢纽，港站是联运网络的集结点，是客货集散的中转地。许多联运公司是以中心城市和港站为依托建立起来的。通过联运，发展联运企业之间、联运企业与运输、仓储企业之间的横向联合，发展跨地区的联营与协作，并向乡镇辐射。

（5）有利于无港站的县、市办理客货运输业务。全国还有不少县、市，由于没有港口、火车站，严重影响了货物的集散和人民群众的旅行，影响经济的发展。通过联运公司为货主代理运输，以及开展客票代售或联售业务，把乡镇企业和厂矿分散的物资集零为整，运到车站和港口中转全国各地，同时把外地运入的物资化整为零，分送乡镇企业和厂矿以及居民家庭，并使旅客方便出行。

（6）有利于交通运输管理体制的改革。由于多式联运通过组织协调，运用合同、协议等经济办法，加强了产、供、运、销，运输与仓储以及各种运输方式之间的配合与衔接，不但改变了人民的传统观念和习惯势力，而且也打破了部门与部门、部门与地区、地区与地区的界限，有力地冲击了条块分割、自成体系的管理体制，促进了交通运输企业横向的经济联合。

2. 多式联运的优点

目前，发达国家大部分国际贸易货物运输均采用多式联运的形式，发展中国家采用多式联运的比例也逐年上升。多式联运已成为国际货物运输的主要方向。

（1）统一化、简单化。采用多式联运时，不论运输全程有多远，不论由几种方式共同完成货物运输，也不论全程分为几个运输区段，经过多少次转换，所有一切运输事项均由多式联运经营人负责办理。一旦在运输过程中发生货物的丢失和损害时，可由多式联运经营人负责解决。运输中通过一张单证，采用单一费率，因而也大大简化了运输与结算手续。

（2）减少中间环节，提高运输质量。多式联运以集装箱为运输单元，可以实现"门到门"的运输。尽管运输途中可能有多次换装、过关，但由于不须掏箱、装箱、逐件理货，只要保证集装箱外表状况良好，铅封完整即可免检放行，从而大大减少了中间环节；由于使用了专用机械设备，且又不直接涉及箱内货物，货损、货差事故、货物被盗的可能性大大减少；由于全程运输由专业人员组织可做到各环节与各种运输工具之间衔接紧凑、中转及时、停留时间短，从而使货物的运达速度大大加快，有效地提高了运输质量，保证了货物安全、迅速、准确、及时地运抵目的地。

（3）降低运输成本，节约运杂费用。多式联运全程运输中各区段运输和各区段的衔接是由多式联运经营人与各实际承运人订立分运合同和与各代理人订立委托合同（包括其他有关人与有关合同）来完成的。由于他们之间都订有长期的协议，因此可得到运价的优惠。再者，通过对运输路线的合理选择和运输方式的合理使用，可以降低全程运输成本，提高利润。此外，多式联运全程运输采用一张单证，实行单一费率，从而简化了制单和结算的手续，节约了货主的人力、物力。

（4）扩大运输经营人业务范围，提高运输组织水平，实现合理运输。在多式联运开展以前，各种运输方式的经营人都是自成体系、独立运输的，其经营业务的范围与货运量也因此受到限制。一旦发展成为多式联运经营人或作为多式联运的参加者，其经营的业务范围即可大大扩展。其他与运输有关的行业及机构（如仓储、港口、代理、保险、金融等）都可通过参加多式联运扩大业务。

三、多式联运运输组织方法

1. 协作式多式联运组织方法

协作式多式联运的组织者是在各级政府主管部门协调下，由参加多式联运的各种运输企业和中转港站共同组成的联运办公室。货物全程运输计划由该机构制定，这种联运组织下的货物运输过程如图8－5所示。

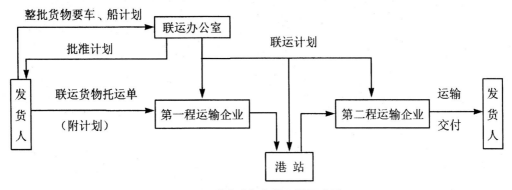

图8－5 协作式多式联运过程示意图

在这种机制下，需要使用多式联运形式运输整批货物的发货人根据运输货物的实际需要，向联运办公室提出托运申请并按月申报整批货物要车、要船计划，联运办公室根据多式联运线路及各运输企业的实际情况制定该托运人托运货物的运输计划，并把该计划批复给托运人及转发给各运输企业和中转港站。发货人根据计划安排向多式联运第一程的运输企业提出托运申请并填写联运货物托运委托书（附运输计划），第一程运输企业接受货物后经双方签字，联运合同即告成立。第一程运输企业组织并完成自己承担区段的货物运输至后一区段衔接地，直接将货物交给中转港站，经换装由后一程运输企业继续运输，直至最终目的地并由最后一程运输企业向收货人直接交付。在前后程运输企业之间和港站与运输企业交接货物时，需填写货物运输交接单和中转交接单（交接与费用结算依据）。联运办公室（或第一程企业）负责按全程费率向托运人收取运费，然后按各企业之间商定的比例向各运输企业及港站分配。

在这种组织体制下，全程运输组织是建立在统一计划，统一技术作业标准，统一运行图和统一考核标准基础上的，而且在接受货物运输、中转换装、货物交付等业务中使用的技术装备、衔接条件等也需要在统一协调下同步建设或协商解决，并配套运行以保证全程运输的协同性。

这种多式联运的组织体制也称为"货主直接托运制"。这是国内过去和当前多式联运（特别是大宗、稳定重要物资运输）中主要采用的体制。

2. 衔接式多式联运组织方法

衔接式多式联运的全程运输组织业务是由多式联运经营人（多式联运企业，Multimoal Transport Operator，MTO）完成的，这种联运组织下的货物运输过程可用图8-6来说明。

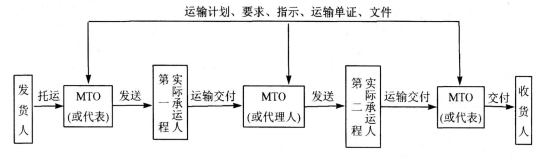

图8-6　衔接式多式联运过程示意图

在这种组织体制下，需要使用多式联运形式运输成批或零星货物的发货人首先向多式联运经营人（MTO）提出托运申请，多式联运经营人根据自己的条件考虑是否接受，接受时由双方订立货物全程运输的多式联运合同，并在合同指定的地点（可以是发货人的工厂或仓库，也可是指定的货运站中转站、堆场或仓库）双方办理货物的交接，联运经营人签发多式联运单据。接受托运后，多式联运经营人首先要选择货物的运输路线，划分运输区段（确定中转、换装地点）、选择各区段的实际承运人，确定零星货物集运方案，制定货物全程运输计划并把计划转发给各中转衔接地点的分支机构或委托的代理人。然后根据计划与第一程、第二程等的实际承运人分别订立各区段的货物运输合同。通过这些实际承运人来完成货物全程位移。全程各区段之间的衔接，由多式联运经营人（或其代表或其代理人）采用从前程实际承运人手中接受货物再向后程承运人交接货物，在最终目的地从最后一程实际承运人手中接受货物后再向收货人交付货物。

在与发货人订立运输合同后，多式联运经营人根据双方协议（协议内容除货物全程运输及衔接外，还包括其他与货物运输有关的服务业务），按全程单一费率收取全程运费和各类服务费、保险费（如需经营人代办的）等费用。多式联运经营人在与各区段实际承运人订立各分运合同时，需向各实际承运人支付运费及其他必要的费用。在各衔接地点委托代理人完成衔接服务业务时，也需向代理人支付委托代理费用。

在这种多式联运组织体制下，承担各区段货物运输的运输企业的业务与传统分段运输形式下完全相同，这与协作式体制下还要承担运输衔接工作是有很大区别的。

这种联运组织体制，也称为"运输承包发运制"。目前在国际货物多式联运中主要采用这种组织体制，在国内多式联运中采用这种体制的也越来越多。随着我国经济体制的改革，这种组织体制将成为国内多式联运的主要组织体制。

四、联合运输系统的组织方式

所谓联合运输系统是指由两种或两种以上运输工具组成，在两地之间对托运人所托运的货物，采用单一费率或联合计费，并且共同承担运送责任的运输服务系统。通常，联合运输系统可有以下几种运输组织方式：

1. 道路与铁路的联合运输

道路和铁路的联合运输也称为背载运输或驼背运输，如铁路平车载运拖车或平车装载集装箱，即将拖车或集装箱置于铁路平车上输送。这是一种以充分发挥铁路和道路长、短途运输优势为特征，由汽车货运与铁路合作、协调所提供的运输服务方式。

2. 道路与水路的联合运输

道路与水路的联合运输也称为船背运输。采用这种运输组织方式时，船上无需装卸货物设备，而将集装箱装载在特设的载货汽车拖车上，经岸上所架设的跳板驶进船舱，集装箱和拖车同留舱内。到达目的港卸船时，集装箱连同原载货汽车拖车一起驶出船舱。

3. 道路与航空的联合运输

道路与航空的联合运输也称为鸟背运输。它是一种由道路载货汽车直接驶进机舱，飞机卸货时再驶离机舱，或由道路载货汽车负责短途货物之接送，配合航空的长途运输，以期将货物以"门到门"的运输服务方式运达目的地的运输组织形式。

4. 铁路与水路的联合运输

铁路与水路的联合运输也称为车—船运输，它是一种在两江或两洋天然地堑之间，没有可供铁路跨越的桥梁时，在水运码头将铁路载货汽车送入特别建造的船舱，越过江海，驶往内陆目的地，从而构成铁路列车与货船的联合运输系统。

5. 货船与驳船的联合运输

为了减少货船滞港时间，使用起重机，在短时间内将一批装货的驳船（子船）吊至货船（母船）上，到达目的地港口外，再用起重机将驳船吊下水面，然后由拖船将驳船拖进港口卸货的联合运输系统。货船与驳船的联合运输也称为子母船运输。

五、集装箱运输

1. 集装箱运输概述

集装箱运输是交通运输现代化的产物。美国人马克康·麦克林最早提出现代化集装箱运输设想，他首先建议集装箱运输应由陆上运输推向海上运输，并主张在一个公司控制下实现海—陆联运。1956 年，他通过自己拥有的大西洋轮船公司（后更名为海陆联运公司）首先在纽约—休斯顿航线上开展了海陆集装箱联运试验。试验取得了巨大的成功并获得了巨大的经济效益，每吨货物装卸成本仅为原来的 1/37。该公司的成就引起了世界航运界的重视，一些大的航运公司竞相效仿，从此集装箱运输开始发展成为国际贸易中通用的运输方式。一般认为麦克林的这次试验是现代意义的集装箱产生的标志。现代集装箱运输从一开始就是与多式联运紧密联在一起的。

1967 ~ 1983 年期间，集装箱运输在世界范围内迅速发展，是世界交通运输进入集装化时代的关键时期。在这一阶段，在世界范围内完成了集装箱箱型的标准化，世界集装箱保有量达到 440 万 TEU，集装箱运输工具（陆上、海上）也逐渐完成了由改装型向专用型的过渡，集装箱专用码头（泊位）和专用作业线大量建立和投入使用，大型的专用装卸设备和堆场机械投入使用。与此同时，传统的件杂货运输管理体系得到了全面改革，与集装箱运输相适应的管理体系逐步形成。1984 年后，集装箱运输进入了成熟阶段。该阶段的主要特征体现在以下四个方面：其一是箱子保有量，专用泊位和作业线，大型化、专业化工具和集装箱货物运输量（吞吐量）迅速增加，世界货物的集装箱化已成为不可阻挡的发展趋势；其二是集装箱运输的硬件（运输工具、线路、设施等），软件（管理方法、手段、法规、惯例等）及成套技术趋于完善；其三是开始进入"门到门"的多式联运阶段；其四是集装箱运输的理论与实践臻于完善。

目前，集装箱运输方兴未艾。从世界范围来看，集装箱运输发展的总趋势是：降低运输成本、缩短运输周期和提高服务质量。

2. 集装箱及其标准规格

集装箱是指专供周转使用，便于机械作业和运输，且具有一定强度和刚度的大型货物容器。因为其外形像一个箱子，又可以集装成组货物，故称之为集装箱。集装箱虽然是一种装货容器，但与其他容器不同，除装货外，还必须适应许多特殊要求。根据国际标准化组织（ISO）的规定，集装箱应具备以下特征：

（1）具有足够的强度，能够长期反复使用；

（2）适于一种或多种运输方式运送，途中转运时，箱内货物不需换装；

（3）具有快速装卸和搬运装置，特别便于从一种运输方式转移到另一种运输方式；

（4）便于货物的装满和卸空；

（5）具有 1m³ 及其以上的内部容积。

集装箱标准化，可以提高集装箱作为共同运单元在海、陆、空运输中的通用性和互换性，而且能够提高集装箱运输的安全性和经济性，促进国际集装箱多式联运的发展。同时，集装箱的标准化还给集装箱的载运工具和装卸机械提供了选型、设计和制造的依据，从而使集装箱运输成为相互衔接配套、专业化和高效率的运输体系。目前，国际集装箱共有 13 种规格。

表 8 – 1   国际标准集装箱现行箱系列表

集装箱 类型	长度			宽度			高度			总重	
	mm	ft.	in.	mm	ft.	in.	mm	ft.	in.	kg	lb
1AA	12 192	40	0	2 438	8	0	2 591	8	6	30 480	67 200
1A	12 192	40	0	2 438	8	0	2 438	8	0	30 480	67 200
1AX	12 192	40	0	2 438	8	0	< 2 438	< 8	0	30 480	67 200
1BB	9 125	29	11.25	2 438	8	0	2 591	8	6	25 400	56 000
1B	9 125	29	11.25	2 438	8	0	2 438	8	0	25 400	56 000
1BX	9 125	29	11.25	2 438	8	0	< 2 438	< 8	0	25 400	56 000
1CC	6 058	19	10.5	2 438	8	0	2 591	8	6	24 000	52 920
1C	6 058	19	10.5	2 438	8	0	2 438	8	0	24 000	52 920
1CX	6 058	19	10.5	2 438	8	0	< 2 438	< 8	0	24 000	52 920
1D	2 991	9	9.75	2 438	8	0	2 438	8	0	10 160	22 400

集装箱类型	长度			宽度			高度			总重	
	mm	ft.	in.	mm	ft.	in.	mm	ft.	in.	kg	lb
1DX	2 991	9	9.75	2 438	8	0	<2 438	<8	0	10 160	22 400
1AAA	12 192	40	0	2 438	8	0	2 896	9	6	30 480	67 200
1BBB	9 125	29	11.25	2 438	8	0	2 896	9	6	25 400	56 000

注：TEU 为 20ft. 集装箱换算单位，简称"换算箱"。

3. 集装箱运输的特点

（1）集装箱运输是一种高效率的运输方式。

由于货物的标准化和装卸机械、运输工具的专业化和大型化，使集装箱运输成为一种高效率的运输方式，具体体现在：

1）装卸效率高。

2）运输工具利用率高。由于装卸效率提高，各种运输工具，在港站停留时间大大缩短，使运输工具每个航次（班次）中航行（运行）时间与航次（班）总时间的比值明显增大，大大提高了运输工具的使用率。

3）货物运达速度快，使流动资金周转率提高。由于货物装卸效率提高，货物在港站停留时间减少，加上集装箱货物在运输过程中普遍采用大批量高速的运输组织方式（如铁路中的直达专列、快运班车，海运中的干线运输等）和行政手续的简化，使货物的运达速度比传统的零担运输明显缩短。这样可以缩短买方货物占用资金的周期。而对于卖方来说，由于集装箱货物交接地点已从港口、车站交接转变为内陆地区以至"门到门"的交接，卖方可以在交货后即可取得运输单据，使结汇时间提前。因此对买卖双方来讲，由于货物运输而占用的流动资金周转率都有较明显的提高。

4）节省货物的运输包装费用和运杂费用。由于集装箱本身是一种具有较高强度的容器，在运输途中可以起到保护货物的作用，货物使用集装箱运输时，可以简化运输包装，节省包装费用。在集装箱运输过程中各港口、车站对装卸费、中转费大都采用优惠价格，加之可以减少运输途中由于换装而引起的理货和办理海关手续次数，因而采用集装箱运输可以减少运杂费用。

5）提高库场使用率。由于集装箱的强度远远大于货物运输包装的强度，集装箱货物在库场中堆码时，最多可达四层，因而可以大大减少货物堆码占用面积，提高库场利用率。

（2）集装箱运输是一种高质量的运输方式。

1）集装箱运输中是以箱为运输单元的，其装卸、换装、运输暂存过程中都是以箱为单位整体进行的，加之在运输过程中，货物都是装在箱内且箱子又有较高强度和较好的封闭性，货物装载又有较高要求，因此使用集装箱运输货物，可以减小全程运输过程中，由于各种原因引起的货损、货差、被盗、丢失的可能性。

2）货物运达速度快。

3）为了保证集装箱运输的高效率，货物全程运输所涉及的各环节（托运、装卸、通关等）都简化了手续，大大方便货主办理单据和各种财务及行政手续。

（3）集装箱运输是一种资金高度密集型的运输产业。

集装箱运输中的集装箱、各类运输工具、各种港站设施、机械设备及整个集疏运系统都需要投入大量的资金。随着运输工具的现代化、大型化，装卸机械的大型化、专业化和管理的现代化，集装箱运输需要的人力资源将会进一步减少，但对人员素质提出更高的要求。

（4）集装运输是一种专业化、标准化的运输方式。

1）由于箱型的标准化及货物装在箱内运输带来的货物重量和外形尺度的标准化；

2）各种运输方式中运输工具的专业化和标准化；

3）各类港、站设施的专业化和结构、布局及设计要求的标准化；

4）各类装卸、搬运机械设备的标准化；

5）运输管理组织、运输装卸技术工艺标准化；

6）运输法规、运输单据的统一化标准化等。

（5）集装箱运输是一项复杂的系统工程。

集装箱运输是把高效装卸的专业化码头，快速周转的运输船队，四通八达的集疏运网络，功能齐全的中转站，各种类型的运输经营人和实际承运人，遍及世界的代理网络，科学准确的信息传递和单证流转，协调工作的口岸各部门（海关、三检、理货、保险及其他服务部门等）有机结合在一起的大规模运输工程。

集装箱运输系统整体功能的发挥，要依赖于上述各方面的协调发展和密切配合。

由于集装箱运输具有上述特点和优点，使集装箱运输在世界范围内迅速发展，并使物流全过程的诸环节（如包装、装卸、运输、保管及信息传递等）都发生了革命性的变化。这也是集装箱运输被说成是"运输史上的一场革命"的原因。

4. 集装箱运输的运输组织

提高运输效率、降低货物运输总成本是集装箱运输系统建立的主要目的，然而集装箱运输系统的建设又需要极高的投入。解决这一矛盾的惟一思路是把集装箱运输建立在大规模生产方式的基础上，以规模求得效益。这就决定了集装箱运输系统应当具有合理的结构和货物流转过程的特点。

货主的托运行为是相互独立的，要实现大规模运输，就必须把这些独立托运人的小批量货物，预先在几个集装箱货物集散点上集中起来，形成大的批量后使用大型、高效、低成本的运输方式，统一组织继续运输。集装箱运输系统中的集疏运子系统的多级结构，为这种大规模运输提供了保证。货物从各货主的工厂和仓库至干线枢纽港投入干线运输的集运过程（反向则是疏运过程）可以采取下面一些方式：

1）各枢纽港一般都是在内陆地区设立内陆港（或内陆货站，有时是与铁路办理站合作建立）。这些内陆港与枢纽（码头堆场）间有定期集装箱专用列车，在这些内陆港周围地区的集装箱货物由各货主或其他托运人分别通过汽车拖运至内陆港完成第一次集中过程，然后通过直达专列集中运至枢纽堆场。

2）一些大型铁路办理站在集中多个托运人的小批量货物后，也可通过定期与不定期直达专列运往枢纽港。

3）在由内陆通往枢纽港的铁路线上有若干个集装箱办理站，可使用一般快运列车或普通货运列车采用沿线逐站集中的方式运往枢纽港堆场。

4）各支线港分别集中货物后，通过支线以较大批量运往枢纽港堆场。

5）枢纽港附近的货主分别直接用汽车将集装箱运往枢纽港堆场。

6）货物由以上各种方式集中运到枢纽港堆场再集中后，以更大的批量投入干线运输。

从以上过程可以看出，集装箱货物的集疏过程是把过去由货主独立组织的小批量货物运输，变成了通过集散点集中后由一个运输企业统一组织的大批量运输，这种大批量货物由于可以采用大型运输方式组织运输，因而可以从大规模中取得效益。

六、欧亚大陆桥运输

1. 概述

大陆桥运输是指利用集装箱专用列车，通过横贯大陆的铁路干线，把大陆作为连接两边海上运输的桥梁的一种特殊形式的国际多式联运。

目前世界上的大陆桥运输线主要有两条：一是欧亚大陆桥，它是把欧亚大陆作为连接太平洋和大西洋的桥梁，以西伯利亚大铁路为干线；另一是北美大陆桥，它是把北美大陆作为连接大西洋和太平洋的桥梁，以横贯美国的铁路作为干线。

近年来，为适应与配合我国对外贸易运输的发展需要，我国对某些国家和地区已开始采用国际多式联运方式。目前，我国已开展的国际多式联运路线主要包括我国内地经海运往返日本内地、美国内地、非洲内地、西欧内地、澳洲内地等联运线以及经蒙古或前苏联至伊朗和往返西、北欧各国的西伯利亚大陆桥运输线。其中西伯利亚大陆桥集装箱运输业务发展较快，目前每年维持在 1 万 TEU 左右。我国办理西伯利亚大陆桥运输主要采用铁—铁、铁—海、铁—公三种方式。除上述已开展的运输路线外，新的联运线路正不断发展，其中包括举世瞩目的新亚欧大陆桥。

1990 年 9 月 12 日，随着中国兰新铁路与哈萨克斯坦土西铁路接轨，连接亚欧的第二座大陆桥正式贯通。新亚欧大陆桥东起中国连云港，西至荷兰鹿特丹，途经哈萨克斯坦、乌兹别克斯坦、吉尔吉斯斯坦、塔吉克斯坦、俄罗斯、白俄罗斯、波兰、德国和荷兰等国，全长 10 900 km。该陆桥为亚欧开展国际多式联运提供了一条便捷的国际通道。远东至西欧，经新亚欧大陆桥比经苏伊士运河的全程海运航线，缩短运距 8 000 km，比通过巴拿马运河缩短运距 11 000 km。远东至中亚、中近东，经新亚欧大陆桥比经西伯利亚大陆桥，缩短运距 2 700 ~ 3 300 km。该陆桥运输线的开通将有助于缓解西伯利亚大陆桥运力紧张的状况。

新亚欧大陆桥在中国境内经过陇海、兰新两大铁路干线，全长 4 131 km。它在徐州、郑州、洛阳、宝鸡、兰州分别与我国京沪、京广、焦柳、宝成、包兰等重要铁路干线相连，具有广阔的腹地。新亚欧大陆桥于 1993 年正式运营。至此，亚太地区运往欧洲、中近东地区的货物可经海运至中国连云港上桥，出中国西部边境站阿拉山口后，进入哈萨克斯坦国境内边境站德鲁日巴换装，经独联体铁路运至其边境站、港，再通过铁路、道路、海运继运至西欧、东欧、北欧和中近东各国。而欧洲、中近东各国运往亚太地区的货物，则可经独联体铁路进入中国西部边境站阿拉山口换装，经中国铁路运至连云港后，再转船继运至日本、韩国、中国香港、中国台湾地区和菲律宾、新加坡、泰国、马来西亚等国家和地区。

2. 欧亚大陆桥运输的联运形式

欧亚大陆桥是远东—欧洲—北美（或中近东）间运输距离最短的运输线。其东部入口港包括俄罗斯哈巴罗夫斯克、海参崴和中国大连、天津和连云港等，我国境内和通过这

215

些港口中转的货物通过西伯利亚铁路进行陆桥运输的联运形式有三种：

（1）铁—铁联运

由国内铁路将集装箱运至我国边境满洲里或阿拉山口站，转前苏联铁路运至前苏联西部边境站，再转有关国铁路运至东西欧各国内陆或港口。

（2）铁—海联运

由国内铁路将集装箱运至我国边境满洲里或阿拉山口站，经俄罗斯和哈萨克斯坦铁路运至波罗的海沿岸港口后，转船运至北欧、西欧和巴尔干地区港口。

（3）铁—公联运

由国内铁路将集装箱运至我国边境，转俄罗斯铁路运之前苏联铁路运至前苏联西部边境站，再转运至德国、瑞士等国家。

参 考 文 献

1 胡思继编著．交通运输学．北京：人民交通出版社，2001

2 沈志云主编．交通运输工程学．北京：人民交通出版社，2001

3 佟立本主编．交通运输概论．北京：中国铁道出版社，2001

4 姚祖康编著．运输工程导论．上海：同济大学出版社，1996

5 李俊利编著．运输工程．北京：人民交通出版社，1994

6 毛保华等编著．城市轨道交通．北京：科学出版社，2002

7 杨兆升主编．交通运输系统规划—有关理论与方法．北京：人民交通出版社，1998

本书介绍了交通运输系统的基本概念及发展趋势，交通运输系统规划的基本步骤及交通需求预测方法。概括介绍了铁路、道路、水路、航空及管道五种现代化基本运输系统的基本知识、基本概念和基本原理；各种运输工作的组织管理和方法；综合运输体系的基本概念及组织方法。

本书可供交通运输、交通工程等专业相关师生教学与研究参考，也可供交通运输规划与管理等方面的工程技术人员学习参考。

责任编辑：陆彩云　　　　　　　**责任校对：韩秀天**
装帧设计：段维东　　　　　　　**责任出版：杨宝林**

图书在版编目（CIP）数据

交通运输工程／冯树民编 . —北京：知识产权出版社，
2004. 10（2010. 12 重印）
高等院校交通运输工程专业试用教材
ISBN 978 – 7 – 80198 – 128 – 8

Ⅰ.①交…　Ⅱ.①冯…　Ⅲ.①交通工程学 – 高等学校 – 教材
Ⅳ.①U491

中国版本图书馆 CIP 数据核字（2010）第 224208 号

高等院校交通运输工程专业试用教材
交通运输工程
冯树民　编

出版发行：知识产权出版社

社　　址：北京市海淀区马甸南村 1 号		邮　　编：100088		
网　　址：http：//www. ipph. cn		邮　　箱：bjb@ cnipr. com		
发行电话：010 – 82000860 转 8101/8102		传　　真：010 – 82005070/82000893		
责编电话：010 – 82000860 转 8110		责编邮箱：lcy@ cnipr. com		
印　　刷：北京中献拓方科技发展有限公司		经　　销：新华书店及相关销售网点		
开　　本：787mm×1092mm　1/16		印　　张：14		
版　　次：2004 年 10 月第 1 版		印　　次：2012 年 8 月第 3 次印刷		
字　　数：353 千字		定　　价：23. 00 元		

ISBN 978 – 7 – 80198 – 128 – 8/U · 011　（1299）